방송학 원론

제 4 개 정 판

방송학 원론

유세경 지음

이화여자대학교출판문화원

서문

2015년 『방송학 원론』 제3개정판 서문에 '급변하는 방송 환경에 따라 시청자들의 시청 행태도 변화하고 있다'로 시작하면서 인터넷 동영상 플랫폼인 OTT(Over the Top) 서비스의 활성화로 시청자들의 시청 행위가 실시간(Linear), 고정형 시청에서 비실시간(Non Linear), 이동형(Mobile) 시청으로 변화될 것임을 예측했다. 3년이 지난 지금 시청자들의 비실시간, 이동형 시청 행위는 보편화되고 있고, 시청 행위 변화는 방송 산업 생태계에 큰 영향을 미치고 있다. OTT 서비스의 활성화는 시청자들에게 시간 확장뿐만 아니라 공간 확장까지 가능하게 하면서 사업자들 간 경쟁도 국내 시장에서 글로벌 시장으로 확대되고 있다. 2016년 1월 글로벌 온라인 동영상 사업자 '넷플릭스'가 한국에서의 서비스를 시작함으로써 시청자들은 다양한 국내외 영상 콘텐츠를 국내 플랫폼이 아닌 넷플릭스를 통해 소비할 수 있게 된 것이다. 이제 방송 프로그램 시장도 국내 시장을 넘어서서 글로벌 사업자들과의 경쟁이 불가피해졌다. 실제로 '넷플릭스'는 한국 시청자들을 끌어들이기 위해 한국 영화, 오락 프로그램 제작에 투자하며 한국 방송 산업 생태계를 위협하고 있다. 글로벌 미디어 시장 환경 변화와 함께 국내 방송 사업자들도 국내 시장을 넘어서서 글로벌 시장으로의 진출을 꾀하면서 제작과 유통의 다각화를 추진하고 있다. 급변하는 방송 환경에서, 미래의 방송 전문가들은 무엇을 배우고 준비해야 할까? 저자는 이 물음에 답하기 위해서 국내외 방송학 서적을 탐독하고, 많은 자료를 찾아보았다. 그리고 커뮤니케이션으로서의 '방송'의 본질에 집중하면서, 기술 발전에 따라 방송 커뮤니케이션이 사회, 문화, 산업/경제 분야에 미치는 영향을 탐구하고 분석하는 것이 바로 이 질문의 답이라는 생각을 하게 되었다. 방송 커뮤니케이션의 본질을 꿰뚫고 이의 영향력을 숙지함으로써 기술 변화에 선제적으로 대응하는 방송 커뮤니케이션 전문가로 성장할 수 있기 때문이다.

이러한 관점에서 『방송학 원론』 제4개정판에서는 우리나라의 방송 기술 변화에 따른 방송 산업 생태계와 플랫폼 사업자의 운영 변화 부분을 수정·보완했고, 각종 통계 자료와 수치들을 업데이트했다. 또한 온라인 플랫폼의 활성화로 다양한 유형의 프로그램이 제작 편성됨에 따라 좀 더 다양한 기준에서 방송 윤리에 대해 논의하고 프로그램을 비평할 수 있도록 내용을 보완하고 사례를 추가로 제시했다. 이전의 책 구성과 달라진 것은 각 장별로 '더 생각해볼 문제'를 제시해, '방송의 주요 개념과 이론이 방송 환경 변화로 인해 어떻게 변화되는지' 숙고하면서, 바람직한 발전 방향에 대해 논의하는 기회를 제공했다는 점이다. 구체적으로 제1장인 '방송 커뮤니케이션'에서는 커뮤니케이션으로서의 방송의 개념과 특성, 유형에 대해 기술했고, 방송·통신 융합에 따른 방송 커뮤니케이션의 변화에 대해서도 설명했다. 특히 방송의 특성에 대해서는 개념적 특성뿐만 아니라 문화 상품적 특성, 매체 기술적 특성, 경제적 특성, 사회심리학적 특성 등 방송이 다른 유형의 커뮤니케이션과 구별되는 특성들을 다양한 측면에서 설명했다. 제2장인 '방송의 공익성과 규제'에서는 방송이 왜 규제의 대상이 되는가라는 근본적인 질문에 답변하기 위해 방송의 이념, '공익성'에 대해 설명했다. 일반적 의미의 공익성과 방송의 공익성의 의미를 비교 설명했으며, 방송 규제의 근거와 규제 유형에 대해 선진 방송 국가의 사례를 들어 비교 설명했다. 특히 미디어법 개정에 따른 규제의 변화에 대해 상세히 분석했다. 제3장인 '방송 영상 산업의 이해'에서는 방송 영상 산업을 이해하기 위한 기본적인 방송 영상 산업의 시장 구조에 대해 고찰했다. 방송 영상 산업을 채널 사업자, 제작자, 프로그램 유통 사업자로 나누어 설명했으며, 새로이 등장한 MCN(Multi Channel Network) 사업자에 대해서도 설명했다. 제4장인 '방송사 조직과 운영'에서는 방송사라는 조직의 특성에 대해 외부 환경과 내부 환경으로 나누어 살펴보았다. 방송사의 외부 환경과 관련해서는 정치경제학적인 관점에서 방송사와 사회의 다른 여러 조직인 정부, 광고주, 경쟁 매체, 시민단체 등과의 관계에 대해 설명했고, 내부 환경 부분에서는 조직 관리의 관점에서 방송사 내부 조직의 특성과 인력에 대해 설명했다. 제5장인 '방송 편성'에서는 광범위한 의미의 방송 편성에 대해 자세히 기술했다. 편성의 개념, 편성의 결정 과정과 영향 요인에 대해 폭넓게 다루고 있으며, 성공적인 편성을 위한 구체적인 편성 전략에 대해 지상파, 케이블 등 플랫폼 사업자들 별 편성 특성을 실제적 사례를 들어 설명했다. 이 밖에도 편성 성과로 활용되는 시청률의 정확한 이해를 돕기 위해 시청률의 의미와 활용 방안에 대해 실제 시청률 데이터를 가지고 분석했다. 특히 다양한 단말기를 이용해 프로그램을 시청하는 크로스 오버(cross-over) 시청에 대한 시청률 측정 방식에 대해서도 설명했다. 제6장인 '방송 프로그램의 개념과 제작'에서는 프로그램의 개념과 유형, 분류 방식, 프로그램 제작 과정에 대해 기술했다. 제7장인 '방송 비평'에서는 방송 비평의 목적과 기능, 필요성에 대해 설명했고, 프로그램 장르에 따라 비평이 어떻게 달라지는지를 장르별 프로그램 비평문을 사례로 들어 비교 설명했다. 제8장인 '방송 윤리'에서는 방송 윤리의 개념, 필요성, 윤리 영역에 대해 설명했고, 방송 윤리를 준수하기 위한 방안을 제시했다. 제9장에서는 '방송 심의'에 대해 설명했는데 우리나라와 미국 · 영국 · 일본 등 해외 방송 선진국의 심의 현황, 심의 내용과 기준 등에 대해 비교 설명함으로써 방송 심의의 객관적인 잣대를 제시하고자 했다. 마지막으로 제10장 '디지털 미디어 시대의 시청자 운동'에서는 시청자 운동의 개념과 목적에 대해 살펴보았고, 미국 · 영국 · 일본의 시청자 운동의 현황과 성과에 대해서도 기술했다. 그리고 디지털 미디어 시대의 시청자 운동의 미래 방향에 대해서도 분석했다.

끝으로 이번 제4개정판을 내는 데 자료 수집과 원고 정리를 도와준 이화여대 장지연 석사과정생과 책을 출판하는 데 지원을 아끼지 않은 이화여자대학교출판문화원에도 깊은 감사를 드린다.

2019년 1월

유세경

차례

제1장

방송 커뮤니케이션

1. 커뮤니케이션으로서의 방송

1) 커뮤니케이션의 정의

'Communicate'의 사전적 의미는 '소통하다'라는 뜻으로 매우 포괄적인 의미를 담고 있다. 그렇기 때문에 '누구와 소통하는가', '어떠한 방식으로 소통하는가'에 따라 커뮤니케이션 유형이 달라질 수 있다. 실제로 인간은 사회에서 혼자 살 수 없기 때문에 누군가와는 소통하며 생존하게 되어 있다. 인간은 생각을 주고받거나 정보를 얻기 위해 다양한 방식으로 소통하는데 소통을 위해 주로 사용하는 표현 수단에는 '말'이나 '문자'와 같은 언어적 요소뿐만 아니라 특정 문화 내에서 해독 가능한 고유한 몸짓과 표정과 같은 비언어적 요소까지 포함된다. 따라서 커뮤니케이션 범주에는 언어적 전달뿐만 아니라 비언어적 전달까지 포함된다.

2) 커뮤니케이션의 과정

그렇다면 구체적으로 인간은 자신의 생각과 의견을 어떠한 과정을 거쳐 다른 사람과 나누게 되는 것일까? 커뮤니케이션 과정에 대해 많은 학자들이 연구를 했고, 라스웰(Lasswell, 1943)이 정의한 커뮤니케이션 과정, '누가(Who)', '무엇을(Says What)' '어떠한 채널을 통해(In Which Channel)', '누구에게(To Whom)', '어떤 효과를 가지고 말하는가(With What Effect)?'가 널리 인식되고 있는 커뮤니케이션의 개념이다. 라스웰은 구체적으로 커뮤니케이션 과정을 구성하는 다섯 가지 요소를 제시했는데 첫째, 정보를 작성하고 전달하려는 의도를 지닌 전달자(sender), 둘째, 정보를 전달받는 수용자(receiver), 셋째, 정보의 구체적인 내용(message)이 있다. 넷째는 정보를 전달하는 매체(channel)로서 인간이나 미디어가 이에 속하며, 다섯째, 수용자에게 전달된 정보가 초래하는 효과(effect)의 영역이 그것이다. 이를 도식화하면 [그림 1-1]과 같다.

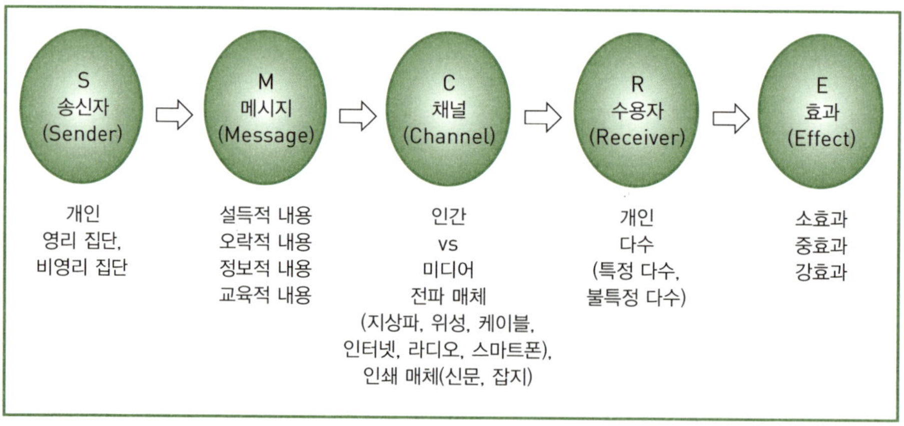

[그림 1-1] 라스웰의 커뮤니케이션 모형

3) 커뮤니케이션의 유형

라스웰의 커뮤니케이션 모형에서 알 수 있듯이, 커뮤니케이션을 구성하는 과정에서의 각 구성 요소에 따라 커뮤니케이션 종류가 달라진다. 예를 들어 누가 어떠한 내용을 가지고 어느 채널을 사용해 누구에게 전달하는가에 따라 커뮤니케이션 유형이 달라지는데 이윤을 추구하는 기업이 불특정 다수에게 즐거움을 주기 위한 것을 목적으로 오락적 내용을 메시지로 만들어 라디오라는 채널을 통해 송신하게 될 경우 이를 '라디오 방송'이라 한다. 그러나 개인이 특정 개인에게 스마트 폰이라는 채널을 이용해 오락적인 이야기를 전달했다면 이를 방송이라고 말하지 않고 통신이라고 말한다. 방송과 통신의 가장 큰 차이는 방송이 불특정 다수에게 메시지를 전달하는 것인 데 비해 통신은 특정 개인이나 집단에게 메시지를 전달하며, 방송과는 달리 비밀 보호를 받는다. 커뮤니케이션의 유형은 커뮤니케이션을 구성하는 다섯 가지 요소들에 따라 달라지는데 주로 송신자와 수용자를 연결해주는 채널의 종류에 따라 커뮤니케이션 유형이 나뉘어진다. [그림 1-1]에서 알 수 있듯이 송신자와 수신자를 연결해주는 채널이 인간이냐, 미디어이냐에 따라 인간 커뮤니케이션과 매스 커뮤니케이션으로 나눌 수 있다. 미디어를 채널로 이용할 경우 많은 사람들에게 메시지를 전달할 수 있기 때문에 매스 커뮤니케이션으로 분류된다. 매스 커뮤니케이션은 채널이 전파로 전달되는 전파 매체냐 비전파로 전달되는 매체냐에 따라 전파 매체와 인쇄 매체로 구분된다.

커뮤니케이션 유형에 대해 구체적으로 살펴보면, 첫째, 인간 커뮤니케이션(Human communication)은 한 개인이 메시지의 발신인인 동시에 수신인이 되는 '인간 내부에서의 커뮤니케이션 (Intra-personal communication)'과, 두 사람 이상이 커뮤니케이션에 참여하는 '인간 상호 커뮤니케이션(Interpersonal communication)', 동일한 집단에 소속된 구성원 간의 '집단적 커뮤니케이션(Group communication)', 조직이라는 사회 구조적 환경에서 발생되는 '조직 커뮤니케이션(Organizational communication)'으로 나눌 수 있다.

둘째, 매스 커뮤니케이션은 인간이 아닌 미디어를 채널로 이용하는 커뮤니케이션으로 크게 전파 매체와 인쇄 매체로 구분된다. 전파 매체를 이용하는 매스 커뮤니케이션으로는 지상파, 위성, 케이블, 인터넷 커뮤니케이션 등이 있고, 인쇄 매체를 이용한 매스 커뮤니케이션으로는 신문, 잡지, 서적 등이 포함된다. 사회가 거대해지고 복잡해짐에 따라 보다 많은 사람에게 많은 양의 정보를 효율적으로 전달하고자 하는 욕구가 커졌고, 커뮤니케이션 기술의 발달로 매스 커뮤니케이션이 가능하게 된 것이다. 최근에는 커뮤니케이션 기술의 발달로 매스 커뮤니케이션의 유형 및 정보 전달 방법이 혁명적으로 변모되고 있다. 예를 들어 통신 기술의 발달로 통신망을 통해서도 방송 메시지를 전달할 수 있게 됨에 따라 스마트 폰이 새로운 채널로 부상했다.

4) 방송 커뮤니케이션의 개념과 유형

라스웰이 정의한 커뮤니케이션 모형을 기반으로 방송 커뮤니케이션을 정의하면 방송은 송신자가 의도를 가지고 설득적, 오락적, 정보적, 교육적 내용의 메시지를 TV, 라디오, 위성, 케이블, 인터넷, 스마트 미디어 등의 채널을 통해 특정 또는 불특정 다수의 수용자에게 전달해 효과를 나타내는 것이다. 그러므로 방송 커뮤니케이션도 송신자, 메시지, 채널, 수신자, 효과의 다섯 가지 요소가 어떻게 결합되어 커뮤니케이션이 이루어지는가에 따라서 유형이 달라진다. 예를 들어 지상파를 채널로 사용했을 경우 지상파 방송이 되고 위성을 사용했을 경우 위성 방송으로 구분된다.

보편적으로 국가에서 정의하고 있는 방송에 관한 내용을 살펴보면, 미국의 경우 방송은 '공중이 직접 혹은 중계국의 중계를 통해 공중에 의해 수신되는 것을 목적으로 하는 무선 통신의 전달(통신법 제3조)'이다. 영국의 경우 방송은 '음향의 일반 수신을 위해 전화 방식과 영상의 일반 수신을 위한 텔레비전 방식을 병용한 무선 통신(특허장 2조)'이라고 정의하고, 일본의 경우 방송은 '공중에 의해 직접 수신되는 것

<우리나라 방송의 정의 - 방송법 제2조>

제2조 (용어의 정의) 이 법에서 사용하는 용어의 정의는 다음과 같다. [개정 2004.3.22, 2006.10.27, 2007.1.26, 2011.7.14, 2013.3.23]

1. "방송"이라 함은 방송 프로그램을 기획 · 편성 또는 제작해 이를 공중(개별 계약에 의한 수신자를 포함하며, 이하 "시청자"라 한다)에게 전기 통신 설비에 의해 송신하는 것으로서 다음 각목의 것을 말한다.
   가. 텔레비전 방송 : 정지 또는 이동하는 사물의 순간적 영상과 이에 따르는 음성 · 음향 등으로 이루어진 방송 프로그램을 송신하는 방송
   나. 라디오 방송 : 음성 · 음향 등으로 이루어진 방송 프로그램을 송신하는 방송
   다. 데이터 방송 : 방송 사업자의 채널을 이용해 데이터(문자 · 숫자 · 도형 · 도표 · 이미지 그 밖의 정보 체계를 말한다)를 위주로 해 이에 따르는 영상 · 음성 · 음향 및 이들의 조합으로 이루어진 방송 프로그램을 송신하는 방송(인터넷 등 통신망을 통해 제공하거나 매개하는 경우를 제외한다. 이하 같다)
   라. 이동 멀티미디어 방송 : 이동 중 수신을 주목적으로 다채널을 이용해 텔레비전 방송 · 라디오 방송 및 데이터 방송을 복합적으로 송신하는 방송
2. "방송 사업"이라 함은 방송을 행하는 다음 각목의 사업을 말한다.
   가. 지상파 방송 사업 : 방송을 목적으로 하는 지상의 무선국을 관리 · 운영하며 이를 이용해 방송을 행하는 사업
   나. 종합 유선 방송 사업 : 종합 유선 방송국(다채널 방송을 행하기 위한 유선 방송국 설비와 그 종사자의 총체를 말한다. 이하 같다)을 관리 · 운영하며 전송 · 선로 설비를 이용해 방송을 행하는 사업
   다. 위성 방송 사업 : 인공위성의 무선 설비를 소유 또는 임차해 무선국을 관리 · 운영하며 이를 이용해 방송을 행하는 사업
   라. 방송 채널 사용 사업 : 지상파 방송 사업자 · 종합 유선 방송 사업자 또는 위성 방송 사업자와 특정 채널의 전부 또는 일부 시간에 대한 전용 사용 계약을 체결해 그 채널을 사용하는 사업
3. "방송 사업자"라 함은 다음 각목의 자를 말한다.
   가. 지상파 방송 사업자 : 지상파 방송 사업을 하기 위해 제9조 제1항의 규정에 의해 허가를 받은 자
   나. 종합 유선 방송 사업자 : 종합 유선 방송 사업을 하기 위해 제9조 제2항의 규정에 의해 허가를 받은 자
   다. 위성 방송 사업자 : 위성 방송 사업을 하기 위해 제9조 제2항에 따라 허가를 받은 자
   라. 방송 채널 사용 사업자 : 방송 채널 사용 사업을 하기 위해 제9조 제5항의 규정에 의해 등록을 하거나 승인을 얻은 자
   마. 공동체 라디오 방송 사업자 : 공중선 전력 10와트 이하로 공익 목적으로 라디오 방송을 하기 위해 제9조 제11항의 규정에 의해 허가를 받은 자
4. "중계 유선 방송"이라 함은 지상파 방송(방송을 목적으로 하는 지상의 무선국을 이용해 행하는

방송을 말한다. 이하 같다) 또는 이 법에 의한 한국방송공사 및 특별법에 의해 설립된 방송 사업자가 행하는 위성 방송(인공위성의 무선국을 이용해 행하는 방송을 말한다. 이하 같다)이나 대통령령이 정하는 방송을 수신해 중계 송신(방송 편성을 변경하지 아니하는 녹음 · 녹화를 포함한다)하는 것을 말한다.

5. "중계 유선 방송 사업"이라 함은 중계 유선 방송을 행하는 사업을 말한다.
6. "중계 유선 방송 사업자"라 함은 중계 유선 방송 사업을 하기 위해 제9조 제2항의 규정에 의해 허가를 받은 자를 말한다.
7. "음악 유선 방송"이라 함은 「음악산업진흥에 관한 법률」에 따라 판매 · 배포되는 음반에 수록된 음악을 송신하는 것을 말한다.
8. "음악 유선 방송 사업"이라 함은 음악 유선 방송을 행하는 사업을 말한다.
9. "음악 유선 방송 사업자"라 함은 음악 유선 방송 사업을 하기 위해 제9조 제5항의 규정에 의해 등록을 한 자를 말한다.
10. "전광판 방송"이라 함은 상시 또는 일정 기간 계속해 전광판에 보도를 포함하는 방송 프로그램을 표출하는 것을 말한다.
11. "전광판 방송 사업"이라 함은 전광판 방송을 행하는 사업을 말한다.
12. "전광판 방송 사업자"라 함은 전광판 방송 사업을 하기 위해 제9조 제5항의 규정에 의해 등록을 한 자를 말한다.
13. "전송망 사업"이라 함은 방송 프로그램을 종합 유선 방송국으로부터 시청자에게 전송하기 위해 유 · 무선 전송 · 선로 설비를 설치 · 운영하는 사업을 말한다.
14. "전송망 사업자"라 함은 전송망 사업을 하기 위해 제9조 제10항의 규정에 의해 등록을 한 자를 말한다.
15. "방송 편성"이라 함은 방송되는 사항의 종류 · 내용 · 분량 · 시각 · 배열을 정하는 것을 말한다.
16. "방송 분야"라 함은 보도 · 교양 · 오락 등으로 방송 프로그램의 영역을 분류한 것을 말한다.
17. "방송 프로그램"이라 함은 방송 편성의 단위가 되는 방송 내용물을 말한다.
18. "종합 편성"이라 함은 보도 · 교양 · 오락 등 다양한 방송 분야 상호간에 조화를 이루도록 방송 프로그램을 편성하는 것을 말한다.
19. "전문 편성"이라 함은 특정 방송 분야의 방송 프로그램을 전문적으로 편성하는 것을 말한다.
20. "유료 방송"이라 함은 시청자와의 계약에 의해 수개의 채널 단위 · 채널별 또는 방송 프로그램별로 대가를 받고 제공하는 방송을 말한다.

20의2. "채널"이라 함은 동일한 주파수 대역을 통해서 연속적인 흐름 또는 정보 체계의 형태로 제공되어지는 텔레비전 방송, 라디오 방송 또는 데이터 방송의 단위를 말한다.

21. "방송 광고"라 함은 광고를 목적으로 하는 방송 내용물을 말한다.
22. "협찬 고지"라 함은 타인으로부터 방송 프로그램의 제작에 직접적 · 간접적으로 필요한 경비 · 물품 · 용역 · 인력 또는 장소 등을 제공받고 그 타인의 명칭 또는 상호 등을 고지하는 것을 말한다.
23. "방송 편성 책임자"라 함은 방송 편성에 대해 결정을 하고 책임을 지는 자를 말한다.
24. "보도"라 함은 국내외 정치 · 경제 · 사회 · 문화 등의 전반에 관해 시사적인 취재 보도 · 논평 · 해설 등의 방송 프로그램을 편성하는 것을 말한다.
25. "보편적 시청권"이라 함은 국민적 관심이 매우 큰 체육 경기 대회 그 밖의 주요 행사 등에 관한 방송을 일반 국민이 시청할 수 있는 권리를 말한다.

을 목적으로 하는 무선 통신의 송신(방송법 제2조, 전파법 제5조)'이라고 정의한다.

우리나라의 경우 방송법에서 방송의 정의를 매우 포괄적으로 다루고 있다. 방송법 제2조에서 방송이란 '방송 프로그램을 기획 · 편성 또는 제작해 이를 공중에게 전기 통신 설비에 의해 송신하는 것'으로 정의한다. 텔레비전 방송, 라디오 방송, 데이터 방송, 이동 멀티미디어 방송을 포함하는 것으로 규정하고 있다. 또한 방송사업이란 지상파 방송 사업, 종합 유선 방송 사업, 위성 방송 사업, 방송 채널 사용사업을 포함하고 있다. 유 · 무선을 모두 포함하는 것으로 케이블을 고려해 일반 공중과 함께 케이블 가입자를 수용자에 포함시켰으며, '프로그램을 기획 · 제작 또는 편성해'라고 함으로써 자가 시설을 갖고 제작하는 것만을 가리키던 종래의 개념보다 한 걸음 앞으로 나아간 셈이다.

5) 디지털 기술의 발전에 따른 방송 커뮤니케이션 유형 변화

(1) 디지털 방송의 개념[1]

라스웰의 커뮤니케이션 과정은 일방향적인 커뮤니케이션 특성을 보이고 있다. 그러나 최근 디지털 기술의 발전에 따라 방송 커뮤니케이션 과정에서 혁신적인 변화가 일어나고 있다. 디지털 방송은 "음성과 영상 또는 데이터를 1과 0의 연속인 이진수로 전환해 전송하는 방송"으로 간단히 정의할 수 있다. 좀 더 구체적으로 방송과 연결해 설명하면 "영상, 음성, 데이터 등 정보의 서로 다른 감각적 유형을 디지털 신호라는 단일한 신호 처리 방식에 따라 통합적으로 처리하고 전송하고 표시하는 방송"이라고 정의할 수도 있다. 기존의 아날로그 텔레비전 방송은 하나의 전

1 우리나라는 2000년 9월부터 디지털 TV 시험 방송을 시작했으며 2001년 11월 서울과 수도권 일부에서 본 방송을 실시한 이후, 2005년 전국 방송으로 확대했다. 정통부는 기존 아날로그 TV 시청자들을 위해 디지털 TV 수상기 보급률이 95%에 이를 때까지 디지털과 아날로그 동시 방송을 의무화했으며, 2012년을 기점으로 지상파 아날로그 방송이 종료되고 2013년부터 디지털 방송이 전국화되었다. 우리나라 공중파 방송사(KBS, MBC, SBS, EBS)들은 2012년 12월 31일 새벽 4시 아날로그 방송을 종료하고 이후 100% 디지털 방송을 실시하고 있다.

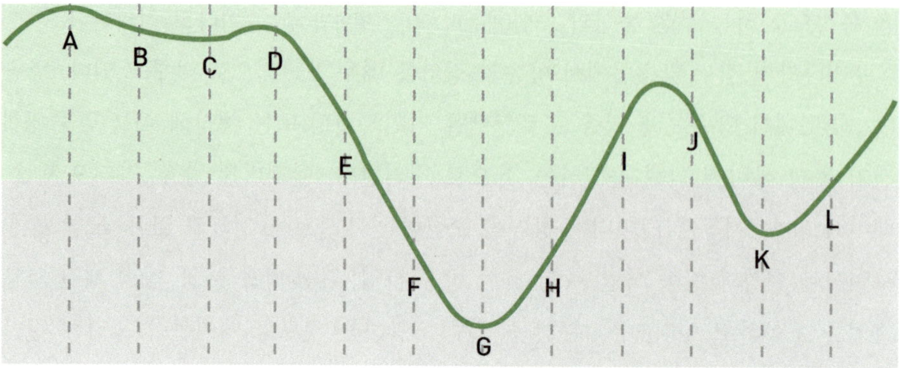

일정 간격으로 샘플을 취한다		정수화한다	2진수로 나타낸다	자릿수를 채운다
A	0.80632	81	1010001	01010001
B	0.69613	70	1000110	01000110
C	0.63328	63	111111	00111111
D	0.67935	68	1000100	01000100
E	0.19112	19	10011	00010011
F	−0.41191	−41	−101001	10101001
G	−0.78211	−78	−1001110	11001110
⋮	⋮	⋮	⋮	⋮

[그림 1-2] 디지털 변조의 원리
출처: 권만우(2000), 「방송기술의 이해」, 『현대방송의 이해』, 59쪽.

파에는 하나의 영상밖에 실을 수 없고, 음성은 다른 전파로 보내야 했다. 이에 비해 디지털 방송은 하나의 전파에 복수(複數)의 영상이나 음성 등을 실을 수 있다. '영상 압축 기술'을 사용해 동일한 폭의 주파수로 더욱 많은 정보가 전달되므로, 기존 텔레비전의 3~6배에 이르는 고화질 영상과 영화 수준의 음향 전달이 가능하고 채널 수도 3~6배나 많다. 구체적으로 디지털 방송의 원리를 살펴보자. 지상파 방송은 전파를 이용해서 메시지를 전달하는 것이기 때문에 전파의 어딘가를 인위적으로 변화시켜 서로 알아들을 수 있도록 약속을 만들어놓는데 상호간의 약속을 변조라고 한다(권만우, 2000: 57). 디지털 방송의 경우 전파를 변조함에 있어서 0과 1 두 가지의 수를 사용해 변조하는 것이다.

이와 같이 전파를 세밀하게 나누어 간격마다 0과 1의 숫자를 배합해 표시함으로써 전파를 수신하는 쪽에서도 0과 1의 숫자만을 해독하면 되기 때문에 정확하게 전파를 수신할 수 있는 것이다. 이러한 디지털 방송의 전파 변조 방식의 원리로 인해 디지털 방송에서는 하나의 전파에 여러 개의 영상이나 음성 그리고 다른 데이터를 방송 품질의 훼손 없이 전송할 수 있게 됨에 따라 다양한 데이터 방송 서비스가 가능하며, 또한 컴퓨터를 사용하므로 주문형 정보 제공 등 쌍방향 방송 서비스를 할 수 있다.

(2) 디지털 방송의 특성

구체적으로 디지털 방송의 특성을 살펴보면 첫째, 다채널 방송 서비스를 가능하게 한다. 디지털 방송은 아날로그 신호를 디지털 방식으로 전환하면서 생겨난 여유 주파수를 사용할 수 있기 때문에, 기존 아날로그 채널 1개로 여러 개의 디지털 방송 채널을 송출할 수 있다. HDTV 서비스를 기준으로 할 경우에는 기존의 한 개 채널로 1~2개 채널 서비스가 가능하고 SDTV를 기준으로 할 때는 4~6개 채널 확보가 가능하다.

둘째, 고화질, 고음질의 서비스가 가능해졌다. 디지털 방송은 압축 기술을 이용해 영상 및 음성 신호를 압축함으로써 일정한 전송 대역폭 하에서 보다 많은 정보량을 전송할 수 있게 되었기 때문에 기존의 텔레비전보다 깨끗한 화면과 음질을 서비스할 수 있다.

셋째, 다양한 형태의 방송 신호들을 공통의 디지털 신호로 처리할 수 있어 멀티미디어 방송이나 대화형 서비스가 가능하게 되었다. 이러한 서비스는 또한 데이터 방송 서비스 등의 확대로 이어져 수용자가 직접 방송에 참여할 수 있는 기회를 열어주었다. 수용자들은 여유 대역폭을 활용해 구축한 상향 채널(return channel)을 통해 자신이 원하는 프로그램의 실시간 · 비실시간 시청, 방송 중인 프로그램 참여, 취향에 따른 편성 참여, 제작 참여 등이 가능해졌다.

또한 디지털 방송에서는 방송 미디어, 방송 사업자, 수용자, 방송 콘텐츠 등 방송과 관련된 개념들이 기존의 방송들과는 차별성을 갖는다. 일반적으로 말하는 디지털 방송은 기존의 지상파 방송, 케이블 TV의 디지털 전환에 따른 디지털 지상파, 디지털 케이블 TV, 디지털 위성 방송과 DMB, 데이터 방송 등이 있으며, 지난 2008년부터 서비스를 시작한 IPTV(Internet Protocol TV)는 인터넷 전송망을 이용한 또 다른 새로운 디지털 매체로 등장했다.

〈표 1-1〉 디지털 방송 환경에서의 방송 관련 개념의 변화

구분	아날로그		디지털
방송 사업자 개념	정형화된 프로그램을 송출하는 송출국 (station)	⇒	다양한 콘텐츠를 제공하는 콘텐츠 서버 (server)
	송출국 개념	⇒	콘텐츠 정보 서버 개념
	프로그램 배포자 (program distributor)	⇒	콘텐츠 제공자(content provider)
수용자 개념	수동적 수신자	⇒	능동적 추구자
방송 편성 개념	획일적 편성	⇒	수용자 요구에 부응하는 맞춤 편성
메시지 개념	아날로그 기술 기반의 콘텐츠	⇒	디지털 가공 기술을 기반으로 통합형 콘텐츠 제작
송수신 채널	송신자에서 수신자로의 일방향적 모델 중심	⇒	수용자의 다양한 수신 환경에 탄력적으로 대응하는 다양한 송신 채널의 복합적 활용
수신기	방송과 통신이 분리된 송신사(사업자) 중심의 수신기 보급	⇒	방송 · 통신 기능이 결합된 이용자 편의 중심의 다기능 복합형 수신기의 보급

출처: 박흥수(2001), 『디지털 미디어의 이해』, 42쪽의 재구성.

(3) 디지털 방송 서비스의 특성

디지털화는 단순히 음질이나 영상의 질을 향상시키는 것 이상의 의미를 가지고 있다. 디지털은 어느 한 형태의 표현 미디어를 다른 형태의 표현 미디어로 조작하고 변환시키는 것을 가능하게 만들었다. 예를 들면 텍스트를 디지털 형태로 저장했다가 이를 다시 소리의 형태로 바꿀 수 있게 된 것이다. 정보가 디지털화되면 텍스트, 음성, 영상, 데이터가 모두 같아지는 것이다. 매체 간의 융합 현상을 갖고 온 것은 이 같은 정보 형태의 유동성 때문이다. 초기에 컴팩트 디스크(CD)는 음악(소

리)을 담는 매체였지만 디지털 기술로 인해 음악뿐만 아니라 데이터, 영상까지 담을 수 있는 수단으로 변모한 것도 이 같은 유동성 때문이다(홍기선 외, 1998: 67-68 재인용). 디지털 방송의 서비스는 아날로그 방송의 정해진 서비스 틀에서 벗어나 영상 및 음성 등의 주요 정보를 디지털 신호로 처리, 전송하기 때문에 미디어 융합(media convergence), 상호작용성(interactivity), 상호연결성(interconnectedness)이라는 특성을 갖는다.

첫째, 미디어 융합이란 서로 다른 유형의 정보들이 하나의 미디어 시스템으로 수렴되고 정보 유통이 단일한 채널을 통해 이루어지는 상황을 말하는 것으로, 미디어의 기술적인 구조 변화뿐만 아니라 정보 유형과 그에 따른 분류 기준 및 경계가 사라지는 것을 의미한다. 인터넷과 TV가 융합된 IPTV의 경우가 대표적인 융합 미디어라고 볼 수 있다. 즉 방송을 디지털 신호로 바꾸어 송출함으로써 기존의 방송망이 아닌 통신망, 인터넷망을 이용해 방송을 전달할 수 있게 되었다. 그렇기 때문에 정부는 통신 사업자인 KT와 SK가 자신의 통신망, 인터넷망을 이용해 방송 서비스를 할 수 있도록 IPTV 사업자로 허가했다.

둘째, 디지털 방송의 상호작용성이란 미디어 이용자와 이용자 상호간, 혹은 미디어 이용자와 미디어 시스템 간에 즉각적이고도 상호작용적인 피드백이 가능하다는 것을 의미한다. 이러한 상호작용성은 다수의 사람이 동시에 쌍방향 커뮤니케이션을 할 수 있는 다중적 상호작용이 가능하다는 점에서 전통적 면대면 커뮤니케이션이나 전화와 같은 일대일 커뮤니케이션과는 구별되는 특성이다. 예를 들어 UCC와 같은 경우 특정 이용자가 만들어 콘텐츠를 생성함과 동시에 다른 불특정 이용자들이 이를 소비하고 또 다시 이를 이용해 새로운 콘텐츠가 제작되는 등의 형태를 보인다. 따라서 이전에는 단순 소비자였던 수용자가 이제는 생산자와 소비자의 위치를 동시에 점하는 프로슈머(prosumer)적인 성격을 갖는다고 설명할 수 있다. 아프리카 TV의 실시간 대화창과 별풍선 시스템은 방송 시청자가 방송 생산자인 BJ(Broadcasting Jockey)의 방송에 실시간으로 상호작용할 수 있는 기회를 제공한 대표적인 인터넷 방송 프로그램으로 볼 수 있다. 하나의 전송로를 통해 방송 서비스와 통신 서비스의 동시 제공이 가능해지면서 방송 통신이 융합되는 현상이 나타나고 있고 이에 따른 다양한 서비스가 제공되고 있다. 즉, 방송 사업자들이 인터넷 접속 서비스, 쌍방향 데이터 서비스 등의 정보 통신 서비스를 제공할 수 있고, 통신 사업자들도 과거 방송 매체가 제공하던 동영상 서비스, 인터넷 방송 등의 방송 서비스를 제공할 수 있게 되면서 방송 서비스가 일방향 커뮤니케이션에서 쌍방향적인 커뮤니케이션으로 전환되는 특성을 보이고 있다.

셋째, 디지털 방송의 상호연결성은 물리적, 사회적으로 단일한 정보 수용자가 다른 사람과 항상 상호적 관계를 가지는 수용자 간 연결성과 미디어 시스템 간의 즉각적이고 상호작용적인 피드백을 가능케 하는 기기 간 상호작용성을 의미한다. 종전에는 방송사에서 시청자에게 이르는 일방향적, 수직적 성격이 강했지만, 인터넷에 연결된 디지털 방송은 방송사와 시청자, 그리고 시청자 간의 수평적이고 쌍방향적인 커뮤니케이션 채널을 형성시켰다. 더 나아가 디지털 방송은 멀티미디어에서 더 발전해 디지털 네트워크(digital network)화함으로써 미디어 시스템에 연결된 사람들이 다양한 정보를 서로 공유하고 유통할 수도 있게 되었다. 기기 간 상호작용성이란 휴대폰으로 듣던 음악을 태블릿 PC와 같은 또 다른 디바이스에서 그대로 듣는 것을 말한다. 이처럼 서로 다른 기기가 직접 연결되어 데이터를 공유하고 활용하는 것을 의미하는 것이다.

6) 방송 통신 융합 서비스의 개념과 유형

디지털 방송 기술의 발전으로 인해 방송과 통신이 하나의 지향점을 향해 융합되고 있다. 스마트 폰은 대표적인 통신망을 이용해 커뮤니케이션하는 대표적인 통신 기기이나 통신 기술의 발달로 인해 스마트 폰을 이용해 드라마, 영화와 같은 오락용 콘텐츠를 시청할 뿐만 아니라, 자신이 보내고 싶은 메시지를 불특정 다수에게 보낼 수 있게 되었다. 따라서 디지털 시대의 방송 · 통신은 그 경계가 모호해지고 있다. 디지털 방송이 보편화되면서 케이블 TV망을 이용한 인터넷 접속 서비

DMB IPTV

[그림 1-3] 대표적인 융합 서비스인 DMB와 IPTV의 예

스, 인터넷을 이용한 전화 서비스, 통신 위성을 이용한 위성 방송, 이동전화를 통한 인터넷 접속 서비스 등 다양한 융합 서비스가 지속적으로 제공되고 있다. 방송과 통신의 대표적인 융합 서비스는 DMB(digital multimedia broadcasting)와 IPTV, 그리고 스마트 TV가 있다. 이러한 서비스들은 다수를 대상으로 하는 방송의 특성과 일대일 서비스라는 통신의 특성이 결합되어 특정 다수를 대상으로 하는 새로운 방송 서비스 형태이다. DMB는 고해상도의 영상, CD음질 수준의 음악, 데이터 방송(증권, 날씨, 교통정보 등)을 휴대형 및 고정형 전용 수신기나 차량 내 텔레매틱스 시스템의 일부 또는 휴대폰, PDA, 가정용 컴퓨터에 내장 형태를 통해 제공할 수 있다.

DMB에서 제공 가능한 콘텐츠는 고음질 라디오, 영상 방송, 데이터 방송 등의 세 가지 유형으로 구분된다. DMB에서는 케이블 TV나 위성 방송을 통해 이미 서비스되고 있는 스포츠 경기의 온라인 배팅, 생방송 중인 프로그램과 관련된 상품의 구매 등 연동 서비스가 가능하다. 인터넷으로 실시간 방송과 VOD를 볼 수 있는 서비스인 IPTV[2] 서비스 역시 쌍방향성을 활성화시킨 융합형 서비스로 보다 수용자

---

2 국내에는 SK의 'BTV', KT의 '올레TV(쿡TV)', LG의 'U+ tv G' 등 세 가지 IPTV가 서비스된다. TV에 직접 적용되는 제품도 있지만 대체로 셋톱박스 형태로 TV와 연결한다. 기존에도 주문형 비디오 서비스는 있었지만, 채널 기반의 방송은 2007년 IPTV와 함께 시작되었다.

중심적 매체이다. IPTV는 IP 네트워크를 통해 제공되는 TV 서비스로 초기에는 전통적인 방송 모델의 장점과 비디오 대여 모델의 장점을 결합해 보다 나은 TV 시청 경험을 제공하는 것에 주력해왔다. IPTV의 강점은 실시간 방송뿐 아니라 인터넷을 통한 주문형 비디오 서비스를 이용할 수 있다는 것이다. 흔히 '다시 보기'로 부르는 서비스로 TV 방송을 원하는 시간에 볼 수 있고, 영화나 다큐멘터리 등 여러 동영상 콘텐츠도 공급된다. 요즘은 영화도 극장 다음으로 IPTV 채널에 최우선 순위를 둘 정도로 영상 유통의 중요한 채널로 자리잡고 있다. 최근에는 스마트 폰으로 다운로드 받은 영상 콘텐츠를 거실의 TV나, PC에서도 볼 수 있게 하는 N 스크린 통합 서비스에 주력하고 있다. 향후에는 이러한 수준보다 더욱 정교화된 쌍방향 커뮤니케이션 기술과 서비스가 개발되면서 보다 다양한 방송 서비스가 등장할 것이고, 이를 통해 방송 · 통신 융합에 따른 커뮤니케이션 유형 역시 진화할 것으로 보인다.

마지막으로 스마트 TV는 방송과 인터넷이 접목된 서비스를 제공하는 TV 혹은 셋톱박스를 의미하는 것으로 스마트 폰, 태블릿 PC, 스마트 가전 등의 스마트 미디어 기기와 마이크, 카메라, 터치스크린, 센서 등의 디바이스의 협업으로 방송, 인터넷, 컴퓨팅 기술의 융합이 구현되는 미디어 기기이다. 스마트 미디어는 다양한 영역으로의 서비스 확장을 일컫는 개념이다. 방송통신위원회에서 내린 정의에 따르면, "디지털 TV에 운영 체제 및 인터넷 접속 기능을 탑재함으로, 실시간 방송이나 게임과 같은 애플리케이션을 편리하게 이용할 수 있도록 제공하는 것"이라고 이해할 수 있을 것이다(방송통신위원회, 2010).

스마트 미디어는 기존 미디어와는 달리, 사용자와의 인터랙션이 가능하며 시공간의 제약이 없어 사용자의 위치에 기반한 이동형 기기를 사용한다. 따라서, 기존 미디어가 지면 혹은 고정형 디스플레이를 이용해 텍스트나 이미지 위주의 정보를 전달했다면, 이와는 달리 스마트 미디어는 동영상이나 상호작용성이 강화된 멀티미디어를 제공할 수 있게 되었다. 결론적으로 스마트 미디어의 일종인 스마트 TV는 기존의 TV나 컴퓨터 등의 단일 미디어에서 여러 종류의 미디어를 통합시켜 사용자 중심의 지능형 융합 콘텐츠 서비스를 제공받을 수 있는 환경을 만들어주었다.

〈표 1-2〉 기존 미디어와 스마트 미디어 비교

<table>
<tr><th colspan="2">구분</th><th>기존 미디어</th><th>스마트 미디어</th></tr>
<tr><td rowspan="5">특징</td><td>전달 매체</td><td>지면, 고정형 디스플레이</td><td>스마트폰, 태블릿 등 스마트 기기</td></tr>
<tr><td>전달 방향성</td><td>단방향, 일방성(콘텐츠 제공자 → 사용자)</td><td>양방향, 사용자 주문형(콘텐츠 제공자 ↔ 사용자)</td></tr>
<tr><td>시간 의존성</td><td>시간제약적, 1회성</td><td>원하는 시간에 이용 가능</td></tr>
<tr><td>공간 의존성</td><td>공간 제약(집, 사무실 등)</td><td>모바일(사용자 위치 기반)</td></tr>
<tr><td>표현성</td><td>텍스트, 이미지 위주의 정보 전달형 미디어</td><td>동영상, 상호작용 등이 강화된 멀티미디어</td></tr>
<tr><td rowspan="3">사례</td><td>TV</td><td>지상파 TV, IPTV</td><td>스마트 TV</td></tr>
<tr><td>출판물</td><td>지면 인쇄(종이책, 종이신문 등)</td><td>전자출판(e북, e신문 등)</td></tr>
<tr><td>웹</td><td>텍스트, 이미지 등 단순 정보 표현 및 전달 중심의 웹</td><td>동영상, 3D, 상호작용, 소셜 등 멀티미디어 및 지능이 강화된 차세대 웹</td></tr>
</table>

출처: 조용상, 「스마트 미디어가 보여주는 IT 서비스의 미래」, KT경제경영연구소, 2011. 12. 26.

2. 방송의 특성

방송의 특성이란 방송이 다른 매체와 구별되는 특수한 성질을 의미하는 것으로, 전파를 이용하고, 시각, 청각 등 여러 감각 기관을 이용해 표현한 메시지를 전달함으로써 갖게 된다. 방송의 특성은 다양한 차원에서 설명할 수 있는데 구체적으로 개념적 측면, 메시지적 측면, 기술적 측면, 수용자적 측면, 산업/경제적 측면으로 나누어 살펴보자.

1) 개념적 특성 : 방송의 공익성

개념적 측면이란 방송의 본질과 관련된 것들을 말하는 것으로 가장 대표적인 개념적 특성은 '방송은 공익을 추구해야 한다'는 것이다. 텔레비전을 시청하다 보면 '저희 ○○○ 방송은 공익을 추구하며……'라는 말을 자주 듣게 된다. 공영 방송인 KBS나 MBC뿐만 아니라 민간 기업이 설립한 민영 방송의 경우에도 공익성 추구를 제일 중요한 가치로 여기고 있다. 방송이 공익을 추구해야 하는 이유는 무엇일까? 그 이유는 다음과 같다.

(1) 전파의 공공 소유권

방송이 공익을 추구해야 하는 이유는 방송의 정의에서 그 실마리를 찾을 수 있다. 방송은 무선 전파를 전달 수단으로 삼는다는 점에서 신문이나, 잡지, 영화, 레코드와 구별된다. 같은 매스미디어라 해도 신문과 방송은 이 점에서 큰 차이가 있다. 신문은 사용자의 용지와 돈만 있으면 얼마든지 찍어낼 수 있다. 그러나 방송은 전파를 사용해야 하며, 전파란 공중에게 소유되어 있는 공공의 소유물인 것이다. 다시 말해, 신문은 사업자의 소유물인 용지나 인쇄기 등을 이용해 서비스가 가능하지만, 방송은 사업자의 소유가 아닌 공중의 소유물인 전파를 이용한다는 것이다. 따라서 자신의 소유물이 아닌 전파의 사용권을 공공으로부터 수탁받은 것에 불과하므로 공익을 위해 사용해야 하고, 공중은 자신의 소유물인 전파를 방송이 사용하기 때문에 그 전파가 어떻게 쓰여지는가에 관해서 간섭할 권리를 갖게 된다. 민영 방송사라 할지라도(SBS) 방송사만 세웠을 뿐 전파를 이용하기 때문에 공공성이 준수되어야 한다. 전파를 활용하지 않는 케이블 TV, IPTV의 경우 공공성이 기존의 방송사보다는 떨어지지만 그래도 여전히 이에 대한 문제가 대두되고 있다.

그렇기 때문에 지상파 방송 사업자(KBS, MBC, SBS 등)는 정부로부터 방송 허가를 받아야하는데 이는 바로 전파 사용권을 허가받는 것이다.

(2) 전파의 희소성

전파는 근본적으로 희소한 자원이다. 지상파 텔레비전 방송은 최대 13개 채널을 이용할 수 있을 뿐이다. 더구나 전파는 서로 간섭하는 성질이 있으므로 채널을 배정할 때 13, 11, 9, 7, 6, …… 하는 식으로 하나씩 건너뛰는 것이 일반적이다. 다만 채널 6과 7처럼 낮은 주파수대에서는 인접한 대역을 동시에 사용하는 경우가 있으나, 예외적인 경우이고 바로 옆의 대역은 비워 두는 것이 관례이다. 그렇기 때문에 전파는 무한정 있는 것이 아니라 유한한 것이며, 소수의 제한된 사람만이 전파를 사용할 수밖에 없게 된다. 따라서 국민의 자산인 전파를 이용해서 사업을 하는 사람은 사회 전체의 공익이나 편익, 필요를 위해서 전파를 사용해야 한다. 이러한 논리를 바탕으로 정부는 희소한 자원인 방송 전파를 누가 사용할 것인가를 결정하며, 일단 사용을 허가했다 하더라도 공익 증진의 목적으로 사용되었는가를 확인하는 허가 갱신 제도를 확립해놓고 있다. 그러나 이러한 전파의 희소성 문제는 커뮤니케이션 기술이 발전하면서 약화되고 있다. 위성과 케이블의 발달로 인해 수십, 수백개의 채널 사용이 가능해졌기 때문이다. 따라서 최근에는 위성과 케이블을 이용한 뉴미디어 방송을 중심으로 공익성 · 공공성 개념이 약화되고 있는 추세이다.

2) 메시지적 특성: 사회, 문화, 정치의 공론장

오늘날 TV는 한 사회의 가장 중심적 역할을 하는 이야기 전달 매체이다. 허쉬(P. Hirsch)는 현대 사회 속의 TV가 '국가적 매체(national medium)'로서 과거에 영화, 라디오, 사진, 잡지, 신문 등의 다양한 대중 매체들이 분산적으로 맡아 수행하던 역할을 총체적으로 해내고 있다고 주장한다. 현대 사회의 '현실'이란 사회적으로 창출되고 또 타협되는데 바로 이 과정에서 텔레비전이 핵심적 역할을 한다는 것이다(박동숙, 1994). 특히 방송이 만들어내는 상품인 프로그램은 다른 일반적인 상품과 달리 사상과 가치 등을 담는 문화 상품이므로 방송이 사회 전반에 미치는 영향력과 침투력이 다른 매체에 비해 월등히 높다. 불량 과자와 사탕의 경우 그것을 먹은 사람만이 유해한 영향을 받지만, 질이 낮은 방송 프로그램의 경우는 사회 전반에 영향력을 미치기 때문에 그것을 직접적으로 선택한 사람이 아니라 하더라도 유해한 영향력을 받게 된다. 이러한 방송의 파급력을 간과해서는 안 된다. 예를 들어 방송에서 과도한 폭력물이나 음란한 내용이 방송되었다면, 진실과 허구에 대한 판단력이 낮은 어린이 또는 감수성이 예민한 청소년들은 이를 받아들이는 데 있어 가치관에 혼란을 가져올 수 있다. 따라서 공익이라는 잣대를 놓고 방송의 내용을 규제하지 않으면 사회 전체에 불이익이 돌아갈 수 있다는 우려가 있다.

학자들은 방송 메시지의 특성과 기능을 크게 두 가지 관점에서 다루고 있는데 첫째는 TV 방송의 문화적 역할을 강조하는 문화적 공론장(Cultural Forum) 관점이다(Newcomb & Hirsch, 1983). 이는 방송 메시지는 동시대의 가치, 삶의 양식을 반영하고 있고, 시청자들은 방송을 시청하면서 적극적이고 주체적으로 의미를 생산해내기 때문에 방송이 문화적 공론장의 역할을 한다는 것이다. 문화적 공론장은 공론장(Public sphere) 개념에서 비롯된 것으로 공론장이란 개인들이 사회적이고 공적인 문제를 합리적이고 비판적인 토론을 통해 정치적, 문화적 여론을 형성하는 영역을 의미하는 것이다. 즉 방송을 통해 시청자들은 그 사회의 중요한 사회적, 문화적 이슈에 대해 인지하고 토론함으로써 문화적, 사회적 여론을 형성할 수 있다는 것이다. 예를 들어 2007년 SBS에서 방송한 드라마 〈강남 엄마 따라잡기〉는 우리나라 과열 교육현장을 그대로 담은 것으로 자녀 교육을 위해 무엇이든지 행하는 부모들의 잘못된 욕망과 희생을 그려내었고, 이는 사회적 반향을 일으켜 교육 문제에 대한 공론장을 구축했다.

두 번째는 TV의 정치적 역할을 강조하는 숙의 민주주의(Deliberative democracy)의 장으로서의 역할이다. 숙의(deliberation)는 심사숙고하는 것으로 숙의 민주주의는 많은 사람들이 심사숙고해 정책을 결정하는 것으로 숙의 민주주의를 위해 TV가 큰 역할을 한다는 것이다. 즉 특정한 이슈에 대해 다양한 시각, 의견들을 TV를 통해 보다 합리적인 해결점을 찾아낼 수 있다는 것으로, TV는 다양한 시각과 스펙트럼을 보여주어야 한다는 것이다.

4대강 사업과 관련한 방송 보도의 예

- KBS '여당 소통 노력' 부각, MBC "친환경 인증 실패"

MBC 〈PD수첩〉

KBS 〈특별생방송 4대강 새물결 맞이〉

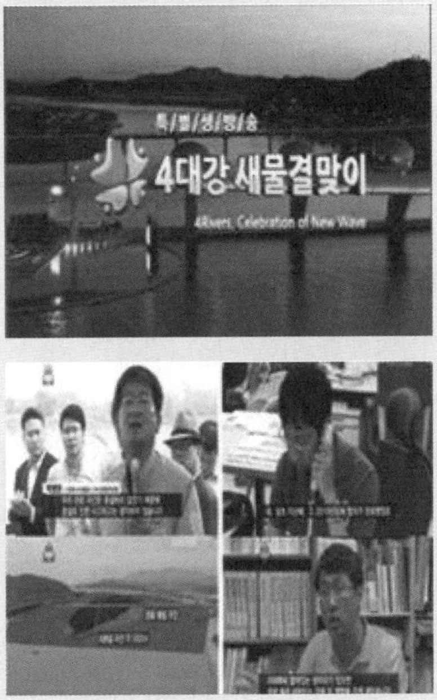

KBS는 한나라당 의원들이 4대강 사업 현장에서 농성을 벌이고 있는 환경운동가들을 만난 소식을 전하며 '대화와 소통' 노력을 강조하면서 4대강 사업의 진척을 보도했고, MBC는 정부가 유엔에 4대강 사업을 친환경 인증 받으려다 실패했다는 보도를 전하며 환경 파괴의 우려를 부각시켰다.

3) 매체 · 기술적 특성

(1) 쿨 미디어로서의 방송

마샬 맥루한(Herbert Marshall McLuhan)은 저서 『미디어의 이해(Understanding Media)』(1964)를 통해 미디어와 메시지를 결코 이분법적인 관점에서 바라보지 않고 연장선상에서 바라보는 새로운 시각을 제시하면서 "미디어는 메시지이다"라고 주장했다. 맥루한의 미디어에 대한 개념은 단순한 매스미디어에 국한되지 않고 넓은 의미에서 인간이 고안한 도구나 기술까지도 포함하고 있다. 즉, 매체란 인간 감각의 확장이라고 보았으며, 인간의 신체 및 감각 기관의 기능을 확장하는 것은 모두 매체라고 보고 있다. 따라서 차량 · 바퀴는 다리의 확장이며, 비행기는 손, 문자는 시각, 의복과 집은 피부, 전화는 귀, 텔레비전은 시각 · 청각 · 촉각, 전자회로는 중추신경 계통의 확장으로 이 모두를 매체로 보아야 한다는 것이다. 또한 새로운 발명이나 기술도 인체의 기능을 확장한다는 점에서 새로운 매체로 보는 것이다.

이렇게 미디어를 인간의 감각의 연장으로 보는 입장에서 모든 미디어를 '핫 미디어(hot media)'와 '쿨 미디어(cool media)'라는 독특한 언어 감각을 통해 구분했는데, 핫 미디어와 쿨 미디어는 매체가 전달하는 정보의 정세도(精細度, definition)와 수용자의 참여도에 따라 다르게 나타난다고 했다.

핫 미디어는 단일 감각이 높은 정세도로 채워져 있는 미디어이다. 따라서 사람의 감각적인 관여가 적다. 사람의 감각적인 관여는 미디어의 내용을 채워야 할 때 발생하는 것으로, 이는 모든 감각의 사용(모든 감각 간의 교통)과 상상력 그리고 감정의 이입을 필요로 한다. 대표적인 핫 미디어는 인쇄이다. 인쇄는 시각 정보만이 높은 정세도로 채워져 있는 미디어이다. 인쇄 매체와 상호작용하는 데 시각 이외의 다른 감각은 불필요하다.

이와 반대로 쿨 미디어는 핫 미디어보다 정보의 정세도가 낮아서 수용자의 높은 참여, 즉 더 많은 감각의 참여와 상상력이 요구되는 매체이다. 쿨하다는 것은 사람의 전 능력이 관여하는 상황에 있어서의 참여나 연루를 의미하며, 따라서 일정한 순서대로 따라 읽어나가 그 결과를 받아들이기만 하면 되는 책읽기와 달리 불교에서의 화두와 같이 이리 저리 생각하며 상상력을 동원하는 과정이 중요하다는 개념이다. 이러한 과정에서는 모든 감각의 동원이 필요하다(이윤진, 2002). 대표적인 쿨 미디어는 텔레비전이다.

(2) 전파적 특성

방송 미디어가 전파를 사용함으로써 갖는 기술적 특성으로는 크게 광파성과 동시성을 들 수 있다.

첫째, 광파성은 광범위한 전달 영역을 포괄하는 전파 미디어의 전달적 특성이다. 예를 들어 위성 방송은 지상에서 전송한 방송 신호를 지구로부터 36,700km 떨어진 정지 궤도의 위성을 이용해 지상의 수신 안테나에 재전송함으로써 위성 방송 수신기를 가진 시청자는 전국 어디서나 방송을 시청할 수 있도록 한다. 새로운 방송 미디어 테크놀로지가 발달할수록 방송의 광파역 범위는 더욱 확장될 것이고, 이로 인해 시 · 청취자들은 지리적 한계에서 벗어나 보다 편리한 방송 서비스를 제공받을 수 있을 것이다.

둘째, 동시성은 방송 전파의 동시적인 매개적 특질이 공간적으로 유리된 현실의 수용자를 동시적 시간선상에서 접근시켜 참가하도록 한다는 것을 의미한다. 이것은 방송의 광파성의 특징으로 인해 가능하게 된 것으로, 어느 특정 지역 또는 사회적 계층을 초월한 상징의 보편성이 강조되는 것을 의미한다. 예를 들어 무궁화3호 위성의 수신 범위는 한반도 전역을 기본으로 하고 가변 빔 안테나와 통신용 중계기의 규정을 적용할 수 있어서 동남아시아와 호주까지도 수신권역에 포함하게 되었다. 이에 따라 수신권역에 방송을 동시에 보낼 수 있게 되면서, 전국 시청자들의 동시 시청이 가능하게 되었다. 따라서 방송 미디어는 최대한의 인구가 공통의 문화적 경험을 공유하는 기회를 제공하게 된다.

전파가 갖고 있는 광파성과 동시성 때문에 신문이나 다른 매체에 비해 특별히 갖고 있는 장점으로서 문화적 공론장이 생기는데 이를테면 문화적 동시대에 다양한 주제를 놓고 여러 가지 의견을 나누며 토론할 수 있게 된다. 이렇게 공론화가 되고 영향력 있는 매체가 되는 것은 방송의 전파적 특성 때문이다.

4) 대(對) 수용자 효과 특성: 사회, 심리학적 측면

방송 미디어는 대표적인 쿨 미디어로서 시 · 청각을 사용하며 메시지를 전달할 때 수용자의 감각적 참여와 상상력을 이끌어낸다. 또한 현실감이나 현장감 표현에서 다른 미디어보다 월등하게 강하고 호소력이 있어 심리적 거리를 단축시키고 친근감과 강한 매력을 느끼게 하는 특성을 지님으로써 수용자에게 강력한 영향력을 행사한다. 방송의 수용자에 대한 효과 특성은 주로 수용자들의 심리에 영향을 미침으로써 나타나는 경우가 많아 심리학적 특성이라고 지칭하기도 한다.

(1) 유사 환경 창조와 현실 재구성

방송 메시지의 편집 기술과 클로즈업 능력은 생각을 인위적 · 허구적으로 조작할 수 있는데, 그 결과 방송 매체는 현실의 사상과 유리된 환경, 즉 유사 환경을 창조한다(김규, 1993: 203). 텔레비전의 유사 환경 창조에 관한 특성은 특히 선거 방송 때 많이 논의된다. 선거 보도 시 카메라가 선거 유세장의 어떤 모습을 촬영하고 보여주는가에 따라 실제 선거 유세장에 있었던 사람들과 TV로만 선거 유세 상황을 지켜본 사람들 간에 큰 차이가 있을 수 있다. 예를 들어 카메라가 선거 유세장에 있었던 대다수의 유권자들이 무관심한 표정을 보였음에도 불구하고 열광적으로 박수치고 환호하는 유권자의 모습만 클로즈업해서 보여준다면 시청자들은 후보자가 유권자들로부터 열광적인 지지를 얻고 있다고 생각하게 할 수 있다. 이와 같이 실제와는 다른 환경을 창조하는 것이 유사 환경 창조와 현실 재구성 특성이라 할 수 있다.

또한 시위 군중과 진압 경찰이 대치하고 있는 현장을 방송한다고 가정할 때, 똑같은 시위 현장이지만 한 방송사는 군집한 시위대가 경찰 쪽으로 몰려드는 쪽에서

평화로운 분위기를 강조한 촛불시위 장면

경찰과의 대립을 강조한 촛불시위 장면

[그림 1-4] 시위 장면 비교

이 장면을 촬영하고, 또 다른 방송사는 경찰이 무력으로 시위를 진압하는 모습을 방송했다면 과연 이 두 가지 다른 방송을 본 시청자들은 어떠한 반응을 보일까? 현실 속에서는 똑같은 사건임에도 불구하고 시청자가 어떤 방송을 보았는가에 따라 그 반응에는 엄청난 차이가 있게 된다. 한쪽의 시청자들은 아마도 갑자기 몰려드는 시위 군중의 모습에 무서움을 느꼈을 것이고, 경찰의 진압이 합당했다고 주장할 것이다. 그러나 다른 쪽의 시청자들은 경찰의 지나친 무력 진압에 무고한 시민이 피해를 입었다고 분노하게 될지도 모른다.

우리는 넓은 세상을 직접적으로 관찰하고 경험하는 것이 불가능하기 때문에 방송을 통해 우리가 살고 있는 사회에 대해 알게 된다. 이 때문에 방송은 사회를 보는 거울이라 불리기도 한다. 미국의 유명한 앵커 월터 크롱카이트(Walter Cronkite)는 뉴스의 마지막에 항상 "And that's the way it is"라는 멘트를 덧붙인다. 방송이 현실을 객관적으로 보도하고 있음을 강조하는 것이다. 그러나 방송에 비추어지는 모습과 우리가 실제로 살아가는 일상적인 삶 간에는 어느 정도의 괴리가 존재한다. 그 때문에 방송이 현실을 반영하기보다는 현실을 구성한다는 쪽에 무게를 싣게 되기도 한다.

방송이 현실과 다른 새로운 유사 환경을 창조하는 것은 그 내용이 재생산되는 과정 중에 다차원의 요소가 개입되기 때문이다. 일차적으로 방송은 그 내용물을 창조해내는 방송 종사자들의 영향으로부터 완전히 자유로울 수가 없다. 예를 들어 방송 기자라는 직업은 아직도 남성이 많은 비중을 차지하고 있으며, 대부분 언론고시라는 치열한 경쟁을 뚫고 입사한 엘리트들이라 할 수 있다. 이들이 만드는 제작물은 자신들이 받아온 교육과 사고, 가치 기준으로부터 완전히 자유로울 수 없다. 개인 차원의 영향 이외에도 방송사라는 조직의 영향 또한 무시할 수 없다. 방송사의 목표가 이윤의 극대화일 경우 최대의 시청자를 끌어들일 수 있는 내용을 위주로 꾸며지게 마련이다. 공익을 추구하는 공영 방송의 경우 극단의 오락물을 피하고 문화적인 내용을 다룰 수 있다. 영국의 BBC가 시청률에 구애받지 않고 질 높은 프로그램 제작에 힘쓰는 것은 개인의 차원을 넘어서 조직 차원의 영향을 받았기 때문인 것이다.

조직뿐만 아니라 조직 외적인 요인 역시 방송 내용에 영향을 미친다. 정부의 통제나 광고주의 영향, 기술 등이 그 예이다. 정부가 방송 내용을 통제하거나 프로그램의 존폐에 영향을 미치는 경우는 우리 사회에서 적지 않게 경험해왔다. 광고주가 프로그램의 내용에 영향을 미치는 방식 역시 많은 연구의 대상이 되고 있으며, 방송의 문화적인 영향력을 감안해 프로그램 내용 중의 간접 광고를 금지하고 있다. 마지막으로 그 사회를 지탱해주는 지배 이데올로기 역시 방송의 내용에 직·간접적인 영향을 미치는 보이지 않는 힘으로 작용하고 있다.

(2) 친밀성

보통 사람은 하루 평균 3시간을 텔레비전 시청에 할애한다. 70년을 산다고 가정할 경우 8년 이상을 꼬박 텔레비전을 보면서 지낸다는 이야기이다. 일하고 잠자는 시간을 제외하면 가장 많은 시간을 할애하고 있는 방송은 우리 생활에 일상화되어 우리와 상호작용하며 우리의 의식과 행동에 영향을 미친다. 흔히 방송에 출연한 유명인과 갑작스럽게 마주쳤을 때, 보통 사람들은 '이 사람이 누구'라는 판단을 미처 내리기 전에 인사부터 하게 된다. 방송에 출연한 유명인은 우리가 비록 직접 만난 적은 없지만 우리의 의식 속에서 나와 상호작용을 하면서 유대관계를 형성하고 있었던 것이다. 시청자들은 TV에 보여지는 사물을 눈과 귀로 인식하게 되고, 반복적으로 시청하게 될 때 TV 속의 사물이나 인물이 이미지화되면서 친밀감을 형성하게 된다. 이러한 방송의 특성을 활용한 대표적인 메시지가 방송 광고이다. 방송을 통해 광고를 함으로써 대중에게 상품에 대한 친밀감을 구축하게 되고 광고 효과를 높일 수 있는 것이다.

(3) 공적인 위상

방송이 공적인 위상을 갖게 되는 이유는 방송은 공공재인 전파를 이용해 커뮤니케이션을 하고 동시에 넓은 지역에 메시지를 전달하기 때문이다. 따라서 방송은 한정된 개인을 상대로 하는 사적인 커뮤니케이션과는 달리 수용자의 범위를 한정하지 않는 공개된, 공공의 사회적 커뮤니케이션이므로 '공적인 위상(sacrosanct official aura)'을 갖게 된다(김규, 1999: 204). 이러한 공적 성격은 방송이 그 사회에서 가지고 있는 권위와 직결된다. 예를 들어 방송이 공공 매체로서의 위상을 확고히 하고 있을 경우, 방송 프로그램에 출연해 표출하는 의견이나 주장은 권위를 부여받게 된다. 그 때문에 기자나, 앵커, 전문가뿐만 아니라 연예인이나 스포츠 스타 등 TV에 출연하는 인기인들도 공인(公人)으로 취급되어 부도덕적, 비윤리적인 사건에 연루되면 출연을 정지당하기도 한다. 이는 텔레비전 매체 자체가 공적 커뮤니케이션을 하는 매체이기 때문에 방송을 통해 보여지는 이들의 말과 행동이 공중에게 큰 영향을 미칠 수 있기 때문이다. 따라서 영화 평론가가 새로이 개봉한 영화에 대해 자신의 트위터나, 페이스북 등 SNS를 통해 평을 할 때보다 지상파 방송 프로그램에 출연해 영화 평을 할 때 영화평이 더 중요하게 취급되고 신뢰성까지 부여받게 된다.

(4) 신뢰성

신뢰성은 방송이 가지는 공적인 위상에서 기인한다고 할 수 있다. 그러나 방송이 공적인 위상을 갖고 있다 하더라도 방송에서 보여지는 모든 메시지가 신뢰성을 부여받는 것은 아니다. 방송 메시지의 신뢰성은 방송이 시청자의 눈과 귀를 대신해 객관적인 사실을 보여주고 들려줄 때 생긴다. '백문이 불여일견'이라는 속담이 있듯이 방송은 시각, 청각 등 다양한 표현 방식을 동원해 메시지를 전달하기 때문에 다른 매체에서 전달되는 메시지보다 신뢰성을 높일 수 있다. 그렇기 때문에 신뢰성이 가장 중요한 평가 기준이 되는 시사, 보도, 다큐멘터리 프로그램들은 시청자들이 시각, 청각을 활용해 메시지를 신뢰할 수 있도록 다양한 증거 자료, 인터뷰 등을 제시해야 한다. 최근에는 시사, 보도 프로그램뿐만 아니라, 연예, 교양 · 정보 프로그램에서도 방송의 신뢰성을 활용하는 경우가 많다. 최근에는 tvN의 맛집 리뷰 프로그램인 〈수요미식회〉가 협찬 없이 제작이 이루어져 시청자들이 뽑은 가장 신뢰 가는 맛집 프로그램으로 선정되기도 했다.

(5) 대리 만족

대리 만족(vicarious satisfaction)이란 충족되지 않은 욕구를 공상, 백일몽을 제공하

[그림 1-5] 〈수요미식회〉 방송 화면
사진: tvN 방송 캡처

는 메시지 속에서 대리적으로 해소함을 뜻한다. 예를 들면, 텔레비전을 통해 불행했던 사람들이 사랑과 부를 얻으면서 행복해지는 해피엔딩을 다룬 신데렐라 스토리의 드라마를 시청한 사람들은 이러한 프로그램을 시청함으로써 자신도 신데렐라가 된 느낌이 들면서 대리만족을 하고 행복해진다는 것이다. 즉 텔레비전을 통해 그동안 축적되었던 자신의 욕구 불만을 해소하게 된다는 것이다. 이는 매스 미디어의 효과 연구 중 카타르시스(catharsis) 이론을 통해 설명된다. 카타르시스 이론은 텔레비전 폭력물이 어린이와 청소년의 공격적 성향에 어떠한 영향을 미치는가에 관한 연구에서 비롯되었다. 방송 매체가 카타르시스나 대리 만족 기능을 긍정적으로 수행하고 있는가에 대해서는 연구의 결과가 분분하고 명쾌한 결론을 내리기 어렵다(김규, 1993: 208). 카타르시스 이론을 정면으로 반박하는 이론은 학습·모방 이론이다. 이 이론에 의하면 매스미디어를 통한 자극이 대리 만족을 시켜주는 것이 아니라 오히려 모방하게 한다는 것이다. 예를 들어 텔레비전의 폭력물이 시청자의 공격적 행동을 유발하고, 등장인물의 행동을 학습해 모방하게 하는 역할을 한다고 주장한다. 국내 영화 〈주유소 습격 사건〉을 본 청소년이 유사한 폭력 행위를 했던 사건은 모방 가설을 지지해준다. 이처럼 텔레비전 시청이 시청자들의 공격성을 유발한다는 연구 결과가 지배적이었지만, 이를 반박하는 연구 결과가 최근 다수 등장하고 있다. TV 시청과 폭력성에 관한 전통적인 연구 결과는 '시청량'에 초점을 맞춰 TV 시청량이 늘어나면 폭력성도 증가한다는 상관관계를 밝혀내었지만, 최근에는 시청량뿐만이 아니라 시청 환경이나 시청 프로그램의 '질'적인 변수를 고려해 TV 시청 효과를 분석할 경우 TV 시청이 긍정적인 영향을 준다는 연구 결과도 등장하고 있다. 예를 들어 미국의 라이트 교수는 TV 시청이 저소득 아동들의 어휘력 향상과 학습 태도 향상에 긍정적인 영향을 미친다는 연구 결과를 발표했다 (Wright et al., 2001).

5) 산업 · 경제적 특성

일반적으로 방송 프로그램은 무료로 제공되는 문화적인 상품으로 생각될 뿐 거래되는 경제적 상품이라는 생각은 하기 힘들다. 그러나 케이블, 위성 방송 등 수신료를 부담하고 시청하는 방송 프로그램이 많아지면서 방송 프로그램 역시 다른 일반 상품처럼 거래될 수 있다고 생각하기 시작했다. 경제적인 관점에서 볼 때 방송이 제공하는 프로그램에는 공급자와 수용자가 있고, 이들이 만나서 가격이 결정되는 시장이 존재하므로 프로그램은 분명 일반적인 상품으로 간주할 수 있다. 반면에 방송 프로그램은 신문이나 서적과 같은 여타의 매체들 또는 빵, 옷과 같은 다른 상품과 구별되는 몇 가지 특징을 지니고 있다.

(1) 방송 상품의 이중 시장적 특성

자동차, 컴퓨터와 같은 일반 상품은 생산자가 물건을 만들어 소비자에게 직접 물건을 판매하고 소비자 역시 자신이 상품에 대한 가격을 지불해 상품을 사용하게 된다. 그러나 방송 프로그램의 경우 일반 상품과는 다른 거래 속성을 갖게 되는데 이를 방송 상품의 이중적 특성이라 부른다. 방송 프로그램의 경우 프로그램을 판매하는 대상은 시청자이지만 프로그램의 가격을 지불하는 사람은 시청자가 아니라 광고주인 경우가 많다. 즉 방송사는 프로그램을 만들어 시청자 시장과 광고주 시장이라는 두 가지 별개의 시장에 참여하고 있다. 이를 가리켜 방송 상품의 이중 시장적 특성이라 부르며, 이원화된 시장 중 어느 한 시장에서의 실적은 다른 시장의 실적에 영향을 미치게 된다.

방송사가 참여하는 첫 번째 종류의 시장은 프로그램을 시청자들에게 판매하는 시장이다. 방송이 프로그램을 시청자들에게 판매한다는 것은 프로그램에 수용자의 주목을 끌어들이는 것을 의미한다. 수용자들은 프로그램을 시청하는 대가로 시간을 내주거나 돈을 지불한다. 수용자들이 프로그램의 값을 반드시 돈으로 지불해야 하는 것은 아니지만, 모든 소비자들은 자신의 희소 자원인 시간을 그 대가로 지

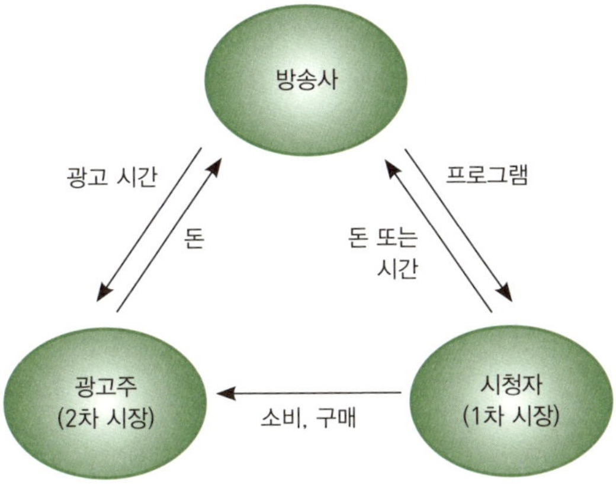

[그림 1-6] 방송 상품의 이중 시장적 특성

불해야 한다.

방송이 참여하고 있는 두 번째 종류의 시장은 광고 시장이다. 방송이 광고주들에게 판매하는 것은 시청자들의 시청 시간이다. 우리가 지상파 방송을 무료로 시청할 수 있는 것은 광고주들이 대(對)수용자 접근권에 대한 대가로 방송사에 돈을 지불하기 때문이다. 이러한 이유로 일부 비판학자는 방송이 판매하는 것은 시청자이며, 창출된 시청자의 크기에 따라 광고주들에게 돈을 받는다고 해석하기도 한다. 시청자들은 무료로 프로그램을 시청하는 대신 광고를 시청하는 노동을 하고 있다는 것이다.

(2) 공공재적 특성

상품에는 두 가지 종류가 있다. 사유재와 공공재가 그것이다. 사유재란 빵이나 옷과 같이 한 사람이 먹거나 입으면 다른 사람이 이를 소유할 수 없는 상품을 말한다. 따라서 사유재는 생산 비용이 그 상품을 소비하는 사람의 수와 밀접한 관계를 지닌다. 그러나 공공재는 한 사람이 이를 소비한다고 해서 다른 사람이 사용할 수 있는 재화의 양이 줄지 않는 특징을 지닌다.

소비의 부분에 초점을 맞추어볼 때 공공재의 특성은 크게 비경합성과 비배제성으로 구분할 수 있다. 비경합성은 한 개인이 소비에 참여함으로써 얻는 이익이 다른 모든 개인들이 얻는 이익을 감소시키지 않는다는 것을 의미한다. 예를 들면 옆집에서 KBS 뉴스를 시청한다고 해서 우리 집에서 그 뉴스를 보는 데 지장이 생기지 않는다. 이것은 사유재의 경우와 비교하면 명확해진다. 다른 사람이 극장표를 먼저 사면 내가 극장표를 살 수 있는 양은 줄어든다. 이런 특성을 갖는 사적 재화나 서비스의 경우와는 다르게 다른 사람의 소비와 나의 소비가 경합을 일으키지 않는 것을 공공재의 비경합성이라 부른다. 이를 좀 더 경제학적으로 표현한다면 추가적인 한 사람의 소비로 인해 추가로 드는 비용(한계비용, marginal cost)은 영(0)이거나 영에 가까운 재화가 곧 공공재라고 말할 수 있다.

공공재의 비배제성은 어느 누구도 그것의 소비로부터 배제될 수 없음을 의미한다. 비배제적인 특징을 지닌 서비스의 대표적인 예는 '국방'에서 찾을 수 있다. 국민이라면 어느 누구도 국방이라는 혜택으로부터 배제되지 않는다. 국민이라면 누구나 국방의 보호를 받을 수 있는 동등한 법적 지위를 갖게 되는 것이다. 텔레비전 드라마가 방송되고 있을 때 난시청 지역을 제외하고는 모든 시청자가 이를 시청할 수 있게 된다. 즉, 공공재가 공급되고 있는 한 모든 국민은 그것을 동시에 소비할 수 있는 고유의 경제적 특성을 지니게 되는 것이다. 공공재가 아닌 사유재의 경우는 반드시 그에 합당한 대가를 지불해야만 그것을 소비할 수 있다.

공공재의 비배제적 특성으로부터 공공재에 고유한 무임 승차자 문제(free-rider problem)가 야기된다. 아무런 대가를 지불하지 않아도 공공재의 이용과 소비가 가능한데 어느 누가 대가를 지불하려고 하겠는가? 바로 이러한 무임 승차자의 존재 때문에 공공재의 공급은 시장을 통해서 자체적으로 이루어지기 어렵다. 이러한 문제를 감안해 생각하게 된 것이 바로 방송사의 광고 수입이다. 불특정 다수에게 전달되는 방송 프로그램에 광고를 실어 보냄으로써 방송사는 시청자의 무임 승차로 인한 손실을 보완하고, 동시에 시청자에게 돌아가는 시청료 부담까지 줄일 수 있었다. 한편 케이블 텔레비전이나 위성 방송, IPTV 등의 유료 채널에서는 공공재적 성격이 다소 완화된다. 케이블 텔레비전과 위성 방송은 가입자를 대상으로 하며,

비가입자가 시청하기 위해서는 해독기나 위성 수신 안테나 등의 부가 장비가 필요하기 때문이다.

(3) 수요의 불확실성

프로그램의 수요를 예측하는 것은 일반 재화의 예측보다 훨씬 복잡하다. 모 방송사가 야심을 품고 해외 로케 등 많은 제작비를 투입해 만든 드라마가 시청자를 끌어들이는 데 실패했다는 이야기가 있었다. 보다 많은 시청자를 확보하기 위해 인기 높은 탤런트들을 대거 기용하기도 하지만, 유명 탤런트 기용과 프로그램의 성공 간의 함수가 반드시 정비례하는 것은 아니다.

이와 같이 프로그램의 흥행이나 수요를 예측하기 힘든 이유는 여러 가지가 있

출처: TV조선 드라마 〈한반도〉.

출처: SBS 드라마 〈미남이시네요〉.

[그림 1-7] 수요의 불확실성을 나타내는 드라마 사례

다. 그중에서도 가장 큰 이유는 프로그램에 대한 '가치 발생의 미래성'과 높은 '수요의 탄력성' 때문이라고 할 수 있다. 첫째, 가치 발생의 미래성이란 현재의 시장 가치가 대단히 불확실하며, 진정한 가치는 소비자가 그것을 소비한 뒤에야 알 수 있다는 것이다. 이러한 이유로 공을 들여 제작한 프로그램이 시장에서 실패하기도 한다. 둘째, 프로그램의 수요의 탄력성이 높은 이유는 상품 자체가 미적, 표현적인 욕구 충족을 위해 기능하기 때문이다. 쌀과 같은 생활필수품의 수요는 소득 변화나 경기 변동에 그다지 많은 변화를 보이지 않는다. 반면에 프로그램은 상품 자체가 명백한 효용적 기능을 가지고 있지 않으며, 개인의 취향이나 소득 변화에 직접적인 영향을 받게 된다. 따라서 우리가 항상 소비하는 생활필수품과 달리 영상상품은 소비에 있어서 부차적인 위치를 차지하며 소득의 변화에 따른 수요의 탄력도가 대체로 높게 나타나는 것이다. 특히 방송 프로그램은 문화적 상품이기 때문에 프로그램이 담고 있는 정서, 가치, 표현 방식에 의해서도 수요가 달라진다. 따라서 우리나라에서는 성공한 드라마가 다른 나라에서는 실패하기도 하며, 또 반대로 우리나라에서는 실패했으나 다른 나라에서는 성공한 드라마도 있다.

(4) 소비의 비반복성

프로그램 소비의 비반복성이란 한 번 시청한 프로그램이 다시 시청될 확률이 매우 낮다는 것을 의미한다. 프로그램이라는 상품은 한 번 시청되고 나면 이후 동일한 프로그램 상품이 시청되는 확률이 적어 상품의 프로그램 가치가 급격히 떨어지는 것이다. 그렇기 때문에 재방송 시청률이 본방송 시청률보다 낮은 것이 보통이다. 특히 뉴스나 스포츠 중계 프로그램의 경우 실시간 생방송 중계를 놓치면 그 가치가 급격히 떨어지는데 우리가 어떤 정보를 미리 알고 있을 경우, 그 정보는 휴지조각과 다름없게 되기 때문이다.

그러나 프로그램의 시장 규모를 고려할 경우 이러한 소비의 비반복성은 그다지 큰 문제가 되지 않을 수도 있다. 일반적인 상품에 비해 프로그램의 시장 규모는 지리적, 시간적으로 매우 큰 특징을 지닌다. 즉 시간이 경과하면서 프로그램을 시청했던 기억이 사라지고 그 프로그램을 다시 보게 되는 것이다. 예를 들어 1970년대 히트했던 〈스타워즈〉라는 영화가 수십 년이 지나서 케이블이나 비디오 등으로 다시 시청되는 이유가 여기에 있는 것이다. 또한 지리적으로도 프로그램은 매체에 실려 보내는 상품이기 때문에 매체 인프라가 갖추어진 곳이면 세계 어디에서라도 소비될 수 있다. 그렇기 때문에 우리나라에서 만들어진 〈겨울연가〉라는 드라마가 우리나라에서는 이미 소비가 끝났지만 다른 나라에서는 아직도 소비되고 있는 것이다. 결국 영상 상품은 시간의 경과에 따라 새로운 수용자군이 창출되고, 지리적으로도 새로운 수용자군이 추가될 가능성이 상대적으로 높기 때문이다. 즉, 하나의 프로그램이 제작되면 국내 시장은 물론 해외 시장으로의 배급이라는 지리적 확대가 가능하다. 또한 어린이를 대상으로 한 디즈니 만화 영화의 경우, 사회에 지속적으로 투입되는 새로운 세대를 대상으로 반복적인 소비가 가능해진다.

(5) 규모의 경제

상품은 생산량이 많을수록 단위 생산량당 생산비가 감소되기 마련이다. 이를 경제학적인 용어로 규모의 경제(economy of scale)라고 표현한다. 특이한 것은 프로그램의 규모의 경제적 특성은 제작 단계에서만 발생하는 것이 아니라 배급 및 방영 단계에서도 발생한다는 점이다.

우선, 프로그램 제작 단계에서 발생하는 규모의 경제 효과는 다음과 같다. 일반적인 재화의 경우 생산량이 결정되는 수준은 상품 1단위를 추가 생산하는 데 드는 비용(한계 생산비용)이 가격과 일치하는 지점이다. 그런데 영상물은 공공재적 성격으로 인해 한계 생산비용이 거의 0에 가깝다는 특징을 지니게 된다. 즉, 일단 제작된 프로그램을 10명이 시청하든지 혹은 100명이 시청하든지 제작비 변화가 거의 없다는 것이다. 제작비의 대부분이 고정 비용으로 이루어져 있으며, 소비자 1명의 추가당 필요로 하는 가변 비용은 거의 0에 가까운 것이다.

또한 배급에서 이루어지는 규모의 경제 효과는 프로그램을 보다 많은 시장에 배급시킬수록 이윤이 높아지는 것을 의미한다. 시장의 수가 증가하더라도 판매를 위해 필요한 경비는 전송/배달 비용뿐, 프로그램은 테이프의 형식으로 여러 시장을 옮겨 다니게 되므로 확대된 새로운 시장에서 얻게 되는 판매액은 고스란히 추가 이윤으로 더해지는 것이다.

방영 단계에서의 규모의 경제는 프로그램 시장뿐 아니라 광고 시장에서도 발생한다. 프로그램을 1명이 보든지 또는 1,000명이 보든지 제작비와는 아무 상관이 없다. 즉, 시청자 수를 증가시키기 위해 추가 비용을 필요로 하지 않는다. 그런데 시청자 접근권을 광고주에게 판매하는 광고 시장에서는 시청자의 수에 따라 가격이 결정되기 때문에 시청자의 수가 매우 중요한 상품 가치를 지니고 있다. 따라서 보다 많은 시청자가 프로그램을 시청할수록 비용의 증대 없이 광고 시장을 통해 보다 많은 이윤을 획득할 수 있다.

(6) 가격 차별화

새 책 한 권의 가격은 서울에서나 부산에서나 동일하다. 품질 좋은 쌀 한 가마의 가격 역시 어떤 시장에서 판매되는가와 관계없이 비슷한 수준에서 결정된다. 그러나 프로그램의 가격은 배급 과정이나 수용자에 따라 천차만별로 차이를 보인다. 이렇게 동일한 조건에서 생산된 동질적 재화나 용역이 다른 가격으로 서로 다른 소비자에게 판매되는 행위를 바로 가격 차별화라고 한다.

프로그램의 경우 이러한 다단계 판매를 활용하는 방식으로 창구화 전략을 이용한다. 창구 효과(window effect)란 각기 다른 시점에 다른 분배 채널로 동일한 상품을 공급할 때 발생하는 경제적 효과를 지칭한다. 즉, 창구화 전략은 특정 매체별로 수용자의 지불 의사가 높은 매체 순으로 시간적 간격을 두면서 프로그램을 공급하는 방식을 의미한다. 일반적으로 하나의 프로그램이 완성되면 '극장 → OTT → DVD → 유료 케이블 → 지상파 텔레비전 → 무료 케이블'의 순을 거치게 된다. 프로그램의 내용은 동일하지만 이를 소비하는 수용자가 지불하는 가격은 몇천 원에서 무료까지 다양하게 구분되는 것이다.

일반적으로 창구화 순차는 개봉관, OTT, DVD, PPV, 유료 케이블 텔레비전, 지

〈표 1-3〉 영화 콘텐츠의 창구화 모델

창구 구분	가격 (원)	비고
극장	15,000(주말)~9,000(평일)	편당 가격
OTT	10,000(최신 영화)~4,000 14,500(월정액)~4,900	편당 가격 / 월정액
DVD	25,000~10,000	편당 가격
유료 케이블	8,000~12,000(영화 채널 포함)	1달 기본형 패키지 가격
지상파 텔레비전	무료	·
무료 케이블	무료	·

* 참고: 2018년 8월 현재 매체별 평균 가격임.

상파 텔레비전, 무료 케이블 텔레비전 순으로 이루어진다. 최초의 창구인 극장에서의 상영은 대개 1개월부터 3개월까지의 기간이 소요된다. 과거에는 극장용 영화를 VCR 등 후속 창구에서 보기까지 오랜 시간을 기다려야 하고 창구화의 순서도 순차적으로 진행되었다면, 최근에는 후속 창구에 도달하는 시기가 더 빨라지는 동시에 여러 창구에서 동시에 오버랩되어 창구화가 진행되는 경향이 있다. 이는 인터넷을 통한 새로운 미디어 서비스의 등장 때문이다. 요즘에는 극장과 동시에 상영하거나 혹은 극장에서 영화가 사라지자마자 곧바로 OTT(Over The Top) 서비스와 IPTV를 통해 최근 영화를 볼 수 있다. 이러한 OTT 서비스는 인터넷망을 통해 자신이 보고 싶은 콘텐츠를 TV뿐만 아니라, 스마트폰, 태블릿 PC, 데스크탑 등 자신이 원하는 다양한 단말기로 이용할 수 있는 서비스이다. 이후 극장에서 사라진 영화는 6개월 정도가 지나면 DVD 숍에서 다시 볼 수 있다. 소수의 영상물이 DVD로 출시되기 이전에 비행기에서 상영되거나 호텔에서 PPV로 판매되기도 하지만, 이는 전체 배급 구조에서 볼 때 극히 미미한 부분에 지나지 않는다. DVD 출시 이후 한 달 반이나 두 달 정도가 지나면 케이블이나 위성의 VOD 리스트에 등장하게 된다. 이후 1년이 경과된 뒤 동일한 영화 콘텐츠가 케이블의 프리미어 채널에서 방송되며, 이를 통해 1년에서 1년 반 정도의 기간 동안 배타적으로 방영된다. 이후에 지상파 방송을 통해 무료로 시청자에게 서비스되며, 지상파는 대개 수년 동안의 배타적 방영권을 지니게 된다. 이러한 창구를 모두 거치려면 약 6년 이상이 소요된다. 〈바람과 함께 사라지다〉, 〈사운드 오브 뮤직〉 등의 경우에서 볼 수 있듯이 소수의 인기 작품은 6년이 경과된 이후에도 지속적으로 재사용된다(정윤경, 2002).

더 생각해볼 문제

1. 방송과 통신이 디지털화가 되면서 디지털 매체 접근권으로 인한 정보 격차를 뜻하는 Digital Divide 문제가 심화되고 있다. Digital Divide로 일어날 수 있는 문제와 이를 해결할 수 있는 방안에 대해서 생각해보자.
2. 미디어 기술이 발달하면서 미디어의 비경합성, 비배제성의 특성 역시도 변화하고 있다. 기술의 발전에 따른 방송 상품의 공공재적 특성 변화에 대해 생각해보자.
3. 3D TV, 가상현실, UHD TV, 스마트 TV 등의 등장으로 방송 기술이 혁신하고 있다. 이로 인한 사회적, 심리학적 측면의 대(對)수용자 효과에 어떤 변화가 생길 수 있을까? 미래의 방송 기술과 수용자의 삶의 변화에 대해 생각해보자.

제2장

방송의 공익성과 규제

방송은 전파라는 공공재를 사용하고 있기 때문에 공공의 이익을 가장 중시해야 하고, 방송의 공익성은 방송이 추구해야 할 대표적인 이념이다. 그렇기 때문에 방송은 공익성 준수를 위한 규제의 대상이 된다. 이 장에서는 방송 규제의 기본 이념이 되고 있는 방송의 공익성 개념에 관한 다양한 논의와 구현 방법에 대해 살펴보고, 방송 규제의 유형과 내용, 규제 기관에 대해 설명하고자 한다.

1. 방송의 공익성

1) 공익의 정의

일반적으로 공익이란 개인의 이익, 즉 '사익(私益)'과 대비되는 개념으로 공중의 이익, 다수의 이익을 의미한다. 그러나 공익은 특정한 시대, 특정한 지역 공동체의 구성원들이 이성적으로 인정할 수 있는 보편적이고 공동체적인 이익을 의미하므로 논자의 가치관과 세계관, 국가관 등에 의해 달리 파악된다. 공익에 관한 주요 이론들은 다음과 같다.

2) 공익성에 관한 이론[1]

(1) 다수 이론

다수 이론(Majority Theory)은 공익의 개념을 설명하는 데 있어서 '다수의 이익(majority interest)'을 공익으로 생각하는 개념이다. 흔히 '국민의 의지(The Will of People)'로 일컬어지는 이 이론에 의하면 공익은 다수의 선택, 선호와 일치해야 한다는 것이다. 밴필드(F. C. Banfield)는 "어떤 결정이 보다 많은 공중의 목적을 희생해 일부 공중의 목적 달성을 조장한다면 그 결정은 특수 이익을 위한 것이라고 볼 수 있다. 그러나 어떤 결정이 일부 공중의 목적보다는 오히려 전체 공중의 목적을 위한 것이라면 그것은 공익에 속한다고 할 수 있다"라고 공익성의 개념을 다수 이론에 입각해 규정했다(Banfield, 1995). 이 이론에 의하면 공익성의 여부를 판단하는 수단으로 국민투표와 같은 다수결 제도를 제안하고 있다. 다수결 제도를 주장하는 사람들은 주로 합리주의자들인데 이들은 다수결 제도를 통해서 '공익'이 실천될 수 있다고 주장한다. 즉 다수결 제도만이 개별적인 특수 이익과 다수 이익을 구별해 줄 수 있다는 것이다. 이 이론은 공익 개념 정의에서 보다 많은 사람들의 이익을 반영할 수 있다는 장점은 있으나, 실제적인 공익성 적용에는 많은 문제점을 야기할 수 있다. 왜냐하면 단순한 개인들의 이익의 집합으로서의 공익은 공동선(common goods)과 반드시 일치하지 않는다는 개념을 무시하기 때문이다.

---

1 '공익성에 관한 이론'은 유세경(1994), 「다채널 · 다미디어 시대 방송의 공익성 재정립을 위한 이론적 고찰」, 『방송연구』, 통권 38호 여름호 pp. 248-251를 재인용했다.

(2) 공통 이론

공통 이론(Common Market Theory)은 사회 내의 모든 구성원들이 공통으로 소유하거나 생각하는 분모가 있다고 가정하고 공익을 구성원들의 공통 분모라고 생각하는 관점이다. 공통 분모라 함은 모든 국민들이 공통적으로 원하고 필요로 하는 바를 의미하는데, 예를 들면 기본 서비스에 해당하는 교통, 통신, 전기, 물, 혹은 정부가 행하는 기본적인 정책, 사법 체제, 금융 체제 등을 의미한다. 다수 이론이 공익을 달성하는 수단(means)을 강하게 부각시키고, 공익의 본질(substance)을 제대로 설명하지 못하는 반면, 공통 이론은 공익의 본질을 보다 명확하게 설명해주고 있다. 브라이언 배리(Brian Barry)는 "공익은 공동 사회의 모든 구성원이 공유하고 있는 욕구를 충족시키는 것이다"라고 규정하고 있다(Barry, 1964). 이 이론은 공익의 개념 설정에 있어 가장 기본적인 단위가 되는 틀을 제공하고 있으나, 사회 · 문화적인 측면에서의 공익 개념을 정의하는 데는 충분한 근거를 제공하지 못한다.

(3) 규범적인 이론

규범적인 이론(Unitary Theory)에 의하면 공익의 개념은 규범적인 가치 기준에 따라야 한다는 것이다. 즉 그 사회의 규범, 가치 기준이 공익성의 기준이 된다는 것이다. 예를 들면 우리나라의 경우 유교 사상이 사회를 지배하는 지배 이념으로 존속했기 때문에 유교 사상의 삼강오륜, 즉 부부유별, 장유유서 등을 '공익'의 기본적인 개념으로 인식했다. 이 이론은 공익 개념을 보편적 도덕 개념에 기초해 생각하는 것이다.

그리피스(Ernest S. Griffith)는 "공익은 일정한 시간에 일정한 사회의 관행에 따르는 것"이라고 주장하면서 특정 사회의 태도에 따라서 공익성 여부가 달라진다고 주장한다(Griffith, 1962). 리처드 플랫만(Richard E. Flathman) 역시 "공익이란 정부가 채택하거나 제안한 정책을 인준하고 승인하는 기준으로 사용될 수 있어야 하기 때문에 공익성 개념의 기준은 그 사회의 규범이나 가치의 기준과 일치해야 하는 것"이라고 밝히고 있다(Flathman, 1966).

이러한 세 가지 이론 이외에도 많은 학자들이 공익의 개념을 여러 측면에서 연구했는데, 프랭크 소라우프(Frank Sorauf)는 공익의 개념을 다섯 가지 범주로 구분하고 있다. 그는 공익을 첫째, 일반적으로 지지되는 가치로 인식하는 범주, 둘째, 현명한 또는 보다 상위 이익으로서 결정하는 범주(우월이익 집단), 셋째, 도덕성 명명이 공익 개념으로 인식되는 범주(도덕적 절대성), 넷째, 계층이나 집단 간 이익의 균형을 공익 개념으로 결정하는 범주, 다섯째, 정의되지 않은 개인 이익 등으로 분류하고 있다(Sorauf, 1960).

이상과 같이 공익성의 개념에 대한 논의를 종합해 공익이란 개인의 이익, 즉 '사익'과 대비되는 개념으로, 공중의 이익, 다수의 이익을 의미한다. 그 때문에 공익의 개념 정의나 그 구현 방법에서 가장 중요한 문제는 공익과 사익을 누가 어떠한 기준에 의해서 구별하고 판단하며 활용하느냐는 것이다.

이러한 문제점들은 결국 공익의 구체적인 구현 방법과 직접적인 관련이 있는 것으로, 방송의 공익성 개념을 정의하고 이를 구현하기 위한 방법을 논의할 때도 같은 문제점으로 부각된다. 따라서 방송의 공익성 개념을 논의하기 위해서는 상기에 언급된 일반적인 공익성 개념 정의의 문제점에 유의해 보다 다각적으로 고찰해야 한다.

3) 방송의 공익성 개념

공익을 공중의 이익, 다수의 이익이라고 보았을 때 공익은 결국 특정한 지역 공동체의 구성원들이 이성적으로 인정할 수 있는 보편적이고 공동체적인 이익을 의미한다고 볼 수 있다.

이와 같은 맥락에서 방송의 공익성은 방송 제도나 시대적 상황을 달리하면서도 보편적으로 채택되고 있는 방송의 이념이자 목표이다. 상업 방송 제도 혹은 공영 방송 제도를 채택하는지에 관계없이 대부분 공익성을 방송의 이념으로 내세우지만 각 사회가 처한 상황에 따라 그 이념에 대한 구체적인 내용적 해석은 달리하고 있다(김동진, 1986).

미국에서 방송의 공익성 기능은 일반적으로 최대 다수의 국민을 즐겁게 해주고, 필요한 정보를 제공해주는 것으로 알려져 있다. 이는 1950년대부터 법정에서의 판례들을 거쳐 정립된 개념이다(Red Lion Broadcasting Co. v. FCC, 35 U.S. 367, 1969). 영국에서는 최대 다수의 국민에게 모든 면에서 최고의 프로그램을 제공해야 한다는 전제하에 일찍이 BBC를 공영 방송의 형태로 출범시켰다. BBC의 방송의 공익성에 대한 정의는 제한된 전파 자원의 공익성, 고품질 프로그램의 기준, 방송 송신자의 의사와 관련지어 지난 60여 년 동안 영국 방송의 이념으로 정착되어왔다. 이와 같은 시각에서 방송은 일반적인 경제 시장과는 다른, 정보와 의견의 다양성을 조성하는 사상의 자유 시장(free marketplace of idea)이라 불려졌다(이은미 · 신동희, 2004).

그러나 정치적 이념이나 체제의 중요성이 감소되는 탈이데올로기 시대와 경제적 · 기술적 요인이 인간의 생활에 미치는 영향이 증대되는 정보화 시대를 맞아 정치 체제 및 이념적인 측면에서 논의한 방송의 공익성 모델을 재고찰할 필요가 있다.

4) 방송 체제와 방송의 공익성

방송의 공익성 구현을 위한 방송의 기능에 관한 논란은 방송 체제에 따라 다르

〈표 2-1〉 방송 체제 구분

구분	국영	공영	민영(상업)
소유 및 운영 형태	국가	공적 기관(비영리)	개인 · 기업(영리)
재원	정부의 보조금	시청료 · 공적 기금	광고 수입
편성 목표	국가의 영향력 확산과 정부의 목적 수행	문화의 전파, 공공의 이익과 취향의 향상	방송사 이윤의 극대화, 시청자 욕구 충족 극대화
공익적 기능 정의	사회 전체의 이익과 국가의 이익을 보호하고 국가 발전에 도움을 주는 기능	방송의 기능 중 교육, 교양, 정보 전달의 기능에 중점	참여적 개별 이익 중시, 오락적 기능을 중시

게 정의되고 실천되어왔다. 학자들은 3대 방송 체제(국영, 공영, 민영)에 따라 방송의 공익성 구현을 위한 기능이 어떻게 달라지는가에 많은 관심을 기울였다.

먼저 이윤의 극대화, 시청자 극대화를 목표로 광고 수입을 주재원으로 하는 민영 방송 체제에서 방송의 공익성은 참여적 개별 이익을 중시하는 체제, 즉 시청자 개인의 욕구 충족과 권익 보호를 공익성 구현의 최우선 과제로 삼고 있다. 둘째, 문화의 전파, 공공의 이익과 취향의 향상을 목표로 시청료를 주재원으로 하는 공영 방송 체제는 방송의 공익성 구현을 위한 방송의 기능을 교육, 교양의 기능으로 규정했고 셋째, 국가의 영향력을 확산하고 정부의 목적을 수행하는 것을 목표로 정부의 보조금을 주재원으로 하는 국영 방송 체제는 공익성 구현을 위한 방송의 기능을 사회 전체의 이익, 국가의 이익을 보호하고 국가 발전에 도움을 주는 기능으로 정의하고 있다.

5) 다채널 · 다미디어 시대의 방송의 공익성[2]

방송 분야에서 기술적 발전이 가지고 온 변화는 그 어느 분야보다 크다. 커뮤니케이션 기술의 발달로 가용 채널이 증가되면서 전파의 희소성 문제가 사라지고 있고, 채널의 증가로 인해 방송 제작과 편성이 달라지고 있다. 다수 대중을 겨냥해 일반적인 기준에 의해서 프로그램을 제작 편성하던 것에서 소수의 시청자를 대상으로 시청자의 특성에 맞게 프로그램을 세분화해 전문적으로 제작 편성하게 되었다. 그 때문에 방송의 유통, 소비가 달라지고 이에 따라 대중에게 미치는 방송의 영향력도 대상 범위나 심도 면에서 달라지고 있다. 더구나 뉴미디어 시대로 대표되는 다미디어(multi media) 시대는 방송과 수용자의 관계를 일방향에서 쌍방향으로 바꾸어놓음으로써 일방적으로 메시지를 전달받던 수동적인 수용자에서 수용자가

2 '다채널 · 다미디어 시대의 공익성'에 관한 내용은 유세경(1994), 「다채널 · 다미디어 시대 방송의 공익성 재정립을 위한 이론적 고찰」, 『방송연구』, 통권 38호 여름호 pp. 251-263의 내용을 바탕으로 재정리했다.

자신의 의견을 전달해 자신이 원하는 바를 적극적으로 요구하는 능동적인 수용자로 바꾸어놓았으며, 방송의 기능도 오락, 스포츠, 뉴스로 대표되는 프로그램 송신에서 다양한 정보를 송신하는 정보 매체로서의 기능이 강화되고 있다(유세경, 1994). 그러므로 공익성 개념을 방송에 적용시키는 것과 관련해서는 학자들 간에 많은 논란이 제기되고 있으며, 특히 공익성을 어떠한 방식으로 구현시키는가 하는 방법론에서 많은 논란이 제기된다. 예를 들면 맥퀘일(Denis McQuail)은 시청자의 개념을 '구매자(market)'로 보느냐 '공중(public)'으로 보느냐에 따라 공익성 구현을 위한 방송의 기능이 달라진다고 주장하고 있다. 즉 시청자를 구매자의 개념으로 보는 경우, 공익성을 위한 방송의 기능은 "오락에 비중을 둠으로써 시청자들의 욕구를 충족시키는 것"으로 정의되며, 시청자를 공중의 개념으로 보는 경우 공익성을 위한 방송의 기능은 "교양, 교육에 비중을 둠으로써 시청자를 계도하는 것"으로 정의된다는 것이다(McQuail, 1969).

최근 커뮤니케이션 기술의 발달로 인한 방송 환경 변화의 가장 핵심적인 논의는 탈규제화와 개방화로 요약될 수 있다. 제도적인 차원에서 방송의 규제 근거는 전통적으로 방송이 갖는 공익성과 공공성으로부터 나온다. 즉 전파 자원은 유한하고 그 소유자는 국민이라는 점에서 국민의 주권을 보장하는 헌법적 차원에서 이루어졌다. 그러나 미디어 정보 기술의 발전으로 전파 희소성의 논리가 방송 기술의 발달에 힘입어 그 근거를 잃어가면서 방송 시장은 탈규제를 통한 자유 시장 경제 구조로 전환하게 된 것이다.

이런 추세는 방송에 있어 공익이란 개념이 사회적 가치(social value)와 시청자 권익(viewer interest)을 모두 고려해야 하는 이중 구속(double binds)에 놓여 있다고 보는 관점을 보여주는 것이다(방정배, 2003). 사회적 가치로서의 공익성은 사상의 다양성 및 다원성을 의미하며, 시청자 권익으로서의 공익성은 소비자로서 시청자의 선호에 부응하는 공중이 판단하는 이익이라고 밝히고 있다. 전통적으로 방송의 공익성을 정의할 때 방송의 사회적 가치를 중요시했다면 뉴미디어 시대에서는 시청자의 권익, 즉 다양한 서비스를 선택할 수 있는 선택성(selectivity)의 보장으로 그 중심의

축이 이동하는 것이라 볼 수 있다.

이렇게 공익의 개념이 변화되는 것은 자연스러운 현상이라고 보는 시각이 많다. 맥켈리(M. P. McCauley)는 미국 방송에서의 공익성은 시대와 상황에 따라 다르게 정의되어왔음을 밝혔다(McCauley, 2002). 또한 사이버트슨(T. Syvertsen)은 방송의 공공성이 공익 사업(public utilities), 공공 영역(public sphere), 그리고 시청자의 서비스(viewer service)라는 개념들의 순환이라고 주장한다(Syvertsen, 1999). 비교적 최근에 맥퀘일 외(McQuail et al, 2003)는 방송의 공익성을 독립성, 다양성, 불편부당성, 균형성, 질적 향상, 그리고 소외계층에 대한 배려 등으로 정리하고 있다. 그러나 이들도 현실적으로 이렇게 다양하게 표출되는 공익성을 다원적으로 만족시킬 수 없다는 것을 인정한다. 백여 개의 채널이 서비스되고 있고 쌍방향 텔레비전이 실현되는 다채널 · 다미디어 시대에 수용자는 정보를 일방적으로 전달받는 것이 아니라 적극적으로 정보나 프로그램을 선택하고, 필요한 정보나 프로그램 서비스를 받기 위해 일정의 수신료를 지불하는 등 자신들의 요구를 적극적으로 추구하게 되고 방송서비스에 대한 개인의 만족도가 채널의 선택에 많은 영향을 미치게 된다.

이러한 관점에서 볼 때, 기존에 방송의 공익성 개념의 주요 요인들이었던 '기본적 미디어 서비스 보장', '폭력성', '선정성' 등의 문제들 대신에 '분배의 균형성 · 접근성', '독창성', '자율성', '소수계층의 권리' 등이 다채널 · 다미디어 시대의 방송의 공익성 개념의 주요 요인들로 바뀔 것이다. 즉 정보화 시대의 방송의 공익성 개념은 정부 혹은 권위 있는 집단이 특정 가치나 기준에 의해서 일방적으로 결정하기보다는 공익의 직접 수혜 대상이 되는 계층, 즉 시청자 개인이 직접 느끼고 판단할 수 있는 것으로 공익의 개념이 결정되기 때문이다. 따라서 얼마나 많은 시청자들에게 균형 있게 정보를 전달하는가 하는 '균형성', 시청자들이 얼마나 다양한 정보를 서비스 받을 수 있는가 하는 '다양성', 정보의 내용이나 프로그램이 어떠한 형태로든 시청자의 요구와 기대를 충족시켰는가 하는 '유용성' 등이 방송의 공익성을 결정짓는 주요 요인들이 된다. 이밖에도 방송의 공익성 개념의 주요 요소들로 '기술적 기준과 선택', '시청자의 응답할 권리', '초상권', '저작권', '광고의 기준' 등이 제

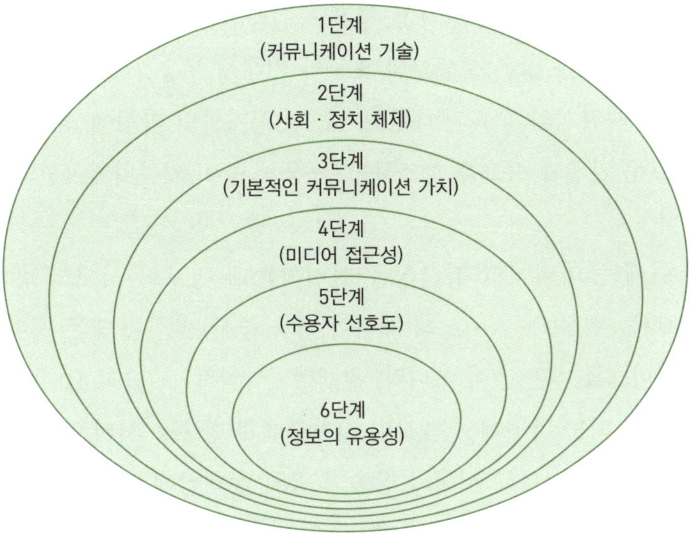

[그림 2-1] 다채널 · 다미디어 시대의 방송의 공익성에 영향을 미치는 틀 구조

출처: 유세경(1994). 「다채널 · 다미디어 시대 방송의 공익성 개념 재정립을 위한 이론적 고찰」. 『방송연구』, 통권 38호, 261쪽.

시되고 있다.

[그림 2-1]에서 보듯이 방송의 공익성 모델을 결정짓는 가장 큰 틀은 커뮤니케이션 기술이다. 커뮤니케이션 기술의 발달로 인해 방송 환경이 결정되기 때문이다. 커뮤니케이션 기술의 발달로 인한 방송 환경의 변화는 매우 혁신적이라 할 수 있으며, 과거 정치 체제나 이념에 의해서 방송의 기능 개념에 영향을 미치기보다는 커뮤니케이션 기술, 산업 구조, 경제력 등이 방송의 기능과 역할에 많은 영향을 미친다고 할 수 있다. 그러므로 다채널 · 다미디어 시대의 방송의 공익성 개념을 규정짓는 가장 기본적인 틀은 커뮤니케이션 기술 발달 정도라고 할 수 있다.

두 번째 단계는 사회나 국가의 정치 체제, 이념을 말하는데, 정치 사회 체제는 그 나라의 방송 체제를 결정함으로써 방송의 공익성 개념에 영향을 미친다. 기존의 공익성 모델에서는 공익성 개념을 규정짓는 첫 번째 틀로 제시되었으나 다채널 시대에는 방송의 공익성 개념을 결정하는 데 그 영향력이 많이 축소될 것이다.

세 번째 단계는 커뮤니케이션 가치, 목표 등인데, 다채널 · 다미디어 시대의 커뮤니케이션 가치는 보다 많은 수용자의 요구와 기대에 부응할 수 있도록 '다양성'이 중시되고, 상부하달식의 강요된 내용보다는 시청자와의 합의에 의해 만들어지는 '자율성', 새로운 가치와 사고를 창조하는 '독창성' 등이 커뮤니케이션의 주요 가치가 될 것이다.

네 번째 단계는 미디어의 접근성을 의미하는데 정보화 시대의 방송은 방송(Broadcast)보다는 협송(Narrowcast)의 개념이 더욱 중시된다. 즉 모든 시청자가 균등하게 방송 서비스를 받는 것이 아니라, 경제적 · 사회적 · 기술적 요인에 의해서 일시적으로 서비스되는 방송에서 특정의 시청층에게 방송을 서비스하는 유료 채널이 증가하기 때문에 정보화 시대의 방송의 공익성 개념에 반드시 포함되어야 할 개념은 수용자의 미디어 접근성이라 할 수 있다. 다시 말해 얼마나 많은 수용자가 동등하게 혹은 균형 있게 미디어 서비스를 받을 수 있게 하는가에 따라 공익성 개념이 달라져야 한다.

다섯 번째 단계는 수용자 선호도이다. 선호의 개념은 본문에서도 언급했지만 수용자 개인의 필요, 만족, 요구를 포괄적으로 포함한 개념으로서 상부하달식의 개념이 아니라 참여적 개념이다. 즉 기존의 공익성 모델의 핵심 요소로 인식되었던 '이익'의 개념이 상부하달식의 개념이라면, '선호'의 개념은 시청자 주권, 권익을 최대한으로 반영한 '참여'의 개념이라고 할 수 있다.

여섯 번째로 공익성의 개념을 구성하는 요인은 정보 프로그램의 유용성이다. 다채널 · 다미디어 시대에는 프로그램의 장르가 세분화되고, 양도 많아지기 때문에 어떠한 특정 기준에 의해 일괄적으로 방송의 내용을 평가 심사하기는 힘들다. 드라마, 스포츠 등 특정의 형식과 내용을 갖춘 프로그램에서 점차, 정보, 게임 등 새로운 유형의 프로그램들로 서비스가 변화하고 있기 때문이다. 따라서 다채널 시대의 공익성의 평가 기준은 정보의 유용성에 초점을 맞추어야 한다. 즉 수용자의 선택에 의해서 방송이 서비스되기 때문에 그 무엇보다도 방송 서비스의 내용, 즉 정보나 프로그램의 내용이 시청자의 필요와 욕구를 얼마나 충족시켰으며, 시청자 개인의 삶의 향상을 위해 얼마나 유용한 정보를 제공했는가가 기준이 되어야 한다.

이상과 같이 생각할 때 다채널 · 다미디어 시대의 방송의 공익성 개념은 무엇보다도 시청자의 주권과 권익이 보호되고 강조된다고 할 수 있다. 다수 대중의 수동적인 시청자에서 소수의 세분화된 능동적인 시청자의 개념으로 바뀌면서 전체 이익적인 상부하달식의 방송의 공익성 개념이 참여적이고 개별 이익형의 공익성 개념으로 바뀐다고 할 수 있다. 그렇기 때문에 정보화 시대의 방송의 공익성은 획일화된 특정 기준에 의해서 결정된다기보다는, 세분화된 기준에 의해서 시청자들과의 합의에 의해서 시청자들의 삶의 질을 향상시키는 것이 공익성 개념의 척도가 될 것이다.

2. 방송 규제

1) 방송 규제의 개념

규제의 주요 목적은 공익(public interest)을 추구하기 위함이다. 일반적으로 국가가 공익을 촉진시키기 위해 개인이나 법인의 사적 활동을 제한하는 것을 규제라고 정의한다(Francis, 1993: 5-10). 좁은 의미에서의 규제란 경제 활동 영역에 대한 것으로 국한될 수도 있지만, 넓은 의미에서는 국가가 민간인의 사회 · 경제적 상호작용에 개입하는 것까지도 포함한다. 규제는 국가가 어떤 행위를 완전히 금지하는 것(prohibition)과 완전히 방임해두는 것 사이에 위치하는 개념이다(강형철, 2000: 96 재인용). 그러나 실제로는 직접적이냐 혹은 간접적이냐의 차이가 있을 뿐 국가가 규제에 개입하는 것이 일반적이다.

국가가 규제에 개입하는 이유로는 시장 실패(market failure)라는 상황을 극복하기 위한 경제적인 이유와 사회 전체의 이익을 보호하기 위한 사회적인 이유를 들 수 있다. 경제적인 이유로 국가가 규제를 통해 개입하는 것은 독점 등 자유 경쟁 시장의 원칙이 지켜지지 않는 시장 실패 상황의 경우 이를 방지해 경제적 효율성을 회복하려는 것이 그 목적이다. 반면에 사회적인 이유에서 국가가 민간의 시장 활동에 개입하는 것은 사회적 가치의 보전, 경제적 형평성의 추구 등 개인의 이익 추구 측면보다는 사회 전체의 이익을 우선시하기 위한 것이 궁극적인 목적이다. 방송 역시 다른 상품과 마찬가지로 위와 같은 이유 때문에 정부의 규제를 받게 되는 것이다.

2) 방송 규제의 근거

(1) 공공재적 특성

방송에서 사용하는 전파는 기본적으로 공적 자원이라는 인식이 있으며, 방송의 공공성은 바로 이러한 경제학적 입장에서 방송이라는 재화의 공공재적 특성에서 비롯된다. 공공재는 시장 실패 상황[3]의 하나로 국가 규제의 근거가 된다. 실제로는 다양한 매체의 등장으로 매체별 특성에 따라 공공재적 특성을 띠는 정도는 더욱 다양해졌지만 현재까지 주 방송 매체인 지상파 방송은 대표적인 공공재로 분류되고 있다. 지상파 방송은 다른 사람의 시청으로 인해 나의 시청이 지장을 받거나 시청으로 인한 효용이 감소하지 않는 비경합성과 어떤 프로그램에 대한 비용을 지불하지 않았다고 해서 이 프로그램의 시청으로부터 배제되지 않는, 즉 비용을 지불한 시청자들과 비용을 지불하지 않은 시청자들이 동시에 시청하는 비배제성을 가지고 있기 때문이다. 이 경우 시청자의 후생은 극대화되지만 생산자의 입장에서는 프로그램의 공급에 차질을 불러오기 때문에 국가의 개입을 필요로 하게 된다.

이러한 논리는 매체별 특성에 따라 정도의 차이는 있으나 케이블, 위성 방송,

---

3 후생 경제학의 논의에 따르면 완전 경쟁 시장에 의한 자원 배분은 효율적으로 이루어진다는 결론을 도출할 수 있다. 그러나 모든 조건이 이상적으로 충족되었을 때에 한해서 자원 배분의 효율성을 기대할 수 있을 뿐이고, 어느 하나라도 충족되지 못하면 시장에 의한 자원 배분이라 해도 비효율적이 되는 수가 있는데 이를 시장 실패라고 한다. 시장 실패의 원인은 일반적으로 1. 불완전 경쟁 2. 공공재 3. 외부성 4. 불확실성과 불완전한 정보를 들 수 있다.

VOD, 디지털 케이블, IPTV 등과 같은 뉴미디어에도 그대로 적용된다.

(2) 전파의 희소성

방송 규제에서 가장 강력한 규제의 근거로 사용된 것은 전파의 희소성이다. 전통적인 의미에서의 방송을 하기 위해 필요한 전파는 제한되어 있고, 또 일정한 수준의 대역폭(bandwidth)이 요구되기 때문에 방송을 원하는 사업자들에게 분배 시 국가의 개입이 필수적인 것이다. 특정 지역 내에 사용 가능한 방송이 제한되어 있기 때문에 이의 적절한 분배를 위해 국가는 객관적인 조건을 갖춘 사업자에게 전파라는 희소한 자원에 대한 사용 권리 및 그에 따른 의무를 부여한다.

정부는 규제를 통해 국민을 대신해 이처럼 희소한 자원인 전파 사용권을 특정한 사람에게 부여할 수 있으며, 이에 대해 방송 허가를 취득한 사업자는 공적 이익을 추구해야 한다. 미국에서도 공영 방송뿐 아니라 상업 방송에 대해서도 공적 수탁 원리(public trusteeship of broadcasting)[4]를 적용해 규제 기관을 통해 방송에 대한 규제를 할 수 있도록 하고 있다.

그러나 케이블 TV와 위성 방송의 출현, 그리고 방송과 통신의 융합 매체인 IPTV와 같은 새로운 매체의 등장으로 그동안 전통적인 방송의 규제 근거로 삼아왔던 전파의 희소성 논리는 다소 약화되었다. 그럼에도 불구하고 방송의 사회적 영향력은 여전히 크기 때문에 희소한 전파는 공공의 것이며, 공익을 위해 이용되어야 한다는 논리가 성립되는 것이다.

(3) 방송의 영향력

방송이 가지고 있는 무궁무진한 영향력 또한 규제의 근거로 이용되어왔다. 방송에서 공공성 개념이 방송의 물리적 특성에서 비롯되었다면 공익성 개념은 방송의

---

4 방석호(2003)는 방송사는 자사의 이익이 아니라 국민의 이익을 위해 봉사할 수탁자라는 수탁 이론이 방송 규제 전체의 논리를 정립하는 데 각국에 지대한 영향을 미쳤음은 사실이며, 우리의 방송법 역시 예외는 아니라고 지적한다.

기능적 특성에서 비롯된다. 기능적 특성은 방송 내용의 전파 속도와 생생한 전달 능력 등으로 인해 그 영향력이 크다는 것을 뜻한다. 방송은 다른 어떤 매체보다도 시청자에게 미치는 영향력이 매우 크다. 방송의 막대한 영향력을 전제한다면, 앞서 언급한 바와 같이 소극적으로는 방송 내용이 건전한 문화나 정서를 해칠 우려가 크기 때문에, 그리고 적극적으로는 올바른 가치관이나 국가 목표를 실현시킬 수 있는 수단으로 활용될 수 있기 때문에 공익성, 즉 공공의 이익에 봉사할 것이 요구된다. 공익성 논리의 근거인 방송의 영향력에 대해서는 매스컴 효과 이론의 전개사에 따라 그 효과가 막대하다는 '탄환 이론'에서 출발해 그렇지 않다는 '제한 효과 이론', '중효과 이론'을 거쳐 다시 '강력 효과 이론'으로 변화해가면서 논란이 계속되고 있다(Serverine & Tankard, 1997: 297-317). 그러나 방송이 어떤 사안에 대해 직접적으로 수용자의 태도와 행동에 영향을 미칠 수는 없지만 적어도 어떤 사안이 중요한 것인지를 알게 한다는 소위 미디어의 '중효과 이론'은 특정 사안의 강조만으로도 그로 인해 이득을 보는 사람과 그렇지 못한 사람이 구별되어 결국은 중대한 결과가 초래될 수 있음을 시사하고 있다(강형철, 2000: 100-101 재인용).

다양한 매체의 등장으로 인한 매체 환경의 변화는 방송의 속성이 기존과는 달라지고 있음을 나타낸다. 그럼에도 불구하고 방송은 기본적으로 불특정 다수를 대상으로 하는 것이기 때문에 송신 수단의 성격과 관계없이 콘텐츠가 가지는 사회문화적 영향력에 주목해야 한다는 점에서 방송에 대한 규제는 여전히 유효하다고 할 수 있다.

3) 방송 규제 유형

(1) 진입 규제

진입 규제는 누구나 다 자유스럽게 방송을 할 수 있는 것이 아니라 정부가 법적으로 방송을 할 수 있는 자격을 제한하는 것이다. 정부는 일정한 요건을 규정해 거기에 부합하지 않는 신규 사업자의 진입을 규제하며(정인숙, 2006), 진입 규제는 일반적으로 경제적인 측면과 사회적인 측면이라는 두 가지를 고려해 행해진다(강형철, 2003; 정인숙, 2006).

첫째, 경제적 측면의 고려 사항으로 국가는 방송을 공공재로 규정해 허가받은 특정한 사업자에게만 할 수 있도록 한다. 이는 일반적으로 허가와 재허가 제도를 통한 진입 규제 방식으로 방송 자원의 희소성과 자원의 낭비 방지라는 측면에서 타당성을 인정받아왔다(김영주, 2009). 즉 경제적 측면에서의 진입 규제는 방송이 공공재로서의 성격을 가지고 있고 한 사회가 소유한 전파가 제한되어 있다는 것을 전제로 한다. 따라서 이를 사용할 주체를 정해야 하는데, 이를 위해서 한국의 KBS나 일본의 NHK와 같이 국가가 소유해 운영하거나, 한국의 SBS나 일본의 민방과 같이 특정한 허가 기준을 가지고 이를 맡아 운영할 민간업자를 정하는 것이다.

우리나라의 방송은 1990년 방송법 개정을 계기로 민영 방송을 허용하고 경쟁을 도입했다. 현재 우리나라는 공영 방송으로 한국방송공사(KBS), 한국교육방송공사(EBS), 상업적인 공영 방송인 문화방송(MBC), 상업적인 민영 방송인 SBS가 있다. 그리고 지난 2007년에는 경인지역방송인 OBS가 개국했다. 2010년에는 종합편성케이블채널인 TV조선, JTBC, 채널A, MBN이 허가를 받아 개국했다.

지상파 방송을 민간 수탁자에게 위임하는 방법으로는 허가제, 신고제, 경매제, 추첨제 등이 있다. 우리나라와 독일, 일본, 캐나다는 허가제의 방식을 도입하고 있으며 프랑스의 경우는 신고제를 병행하고 있다. 영국은 오프컴(Ofcom)에서 경매제의 방식으로 허가를 하고 있다.

케이블 TV와 같은 비지상파 방송의 경우에는 우리나라는 허가, 승인, 등록 등의 보다 다양한 방식으로 허가가 이루어진다. 미국의 경우는 지역독점권을 부여하는 방식으로 비지상파 방송에 대한 허가가 이루어진다. 그러나 위성 방송의 경우는 대부분의 국가에서 허가제를 도입하고 있다.

허가 기관이 민간업자를 선정할 때는 신청업자가 방송 서비스를 충실히 할 수 있는 재정적 안정성이 확보되어 있는지를 확인한다. 그리고 국가로부터 방송 사업을 허가받은 사업자는 국가의 재산을 이용해 독점적 이득을 취하고 있는 것이므로

〈표 2-2〉 국가별 지상파 방송 허가 제도

	우리나라	미국	프랑스	독일	영국	일본	호주	캐나다
허가 관할 기구	방송통신 위원회	FCC	CSA	주 단위 매체 관리청	Ofcom	총무성 정보통신 정책국	ABA	CRTC
허가 제도	허가제	주파수 경매제 추첨제	허가제 신고제	허가제	경매제	허가제	경매제	허가제
허가/재허가 요건 (특이 사항)		공익 요건	허가 신청자의 투명성 조항	주에 따라 방송사의 편성 규약 제정을 요구	종교단체 방송 소유 금지	공공 복지 기여	방송법에 근거	다양성 증진 기여
재허가 유효 기간	3-5년	8년	TV: 10년 라디오 5년	5년	10년	5년	5년	7년
재허가 실패 사례	-	있음	있음	있음	-	없음	-	-

〈표 2-3〉 국가별 비지상파 방송 허가 제도

방송국	구분	우리나라	미국	영국	프랑스
케이블 TV	허가 주체	과학기술정보통신부 (방통위의 동의 필요)	지방자치단체	Ofcom	CSA (지역단체 추천)
	허가 방식	허가/ 승인/ 등록	지역독점권	경쟁 입찰	허가
	면허 기간	5년	15년	15년	20년
위성 방송	허가 주체	과학기술정보통신부	FCC	Ofcom	CSA
	허가 방식	허가 / 승인	허가	허가	허가
	면허 기간	5년	8년 이내	10년	10년

적절한 수준의 세금을 납부하는 방식으로 이를 국가에 환원해야 한다.[5]

대부분의 국가가 허가제의 방식으로 지상파 방송사의 진입 규제를 두고 있는 가운데 최근에는 국가가 사업자를 선정하는 것은 객관성을 확보하기 어렵고 심사를

5 한국은 방송 사업자들로부터 '방송 발전 기금'을 의무적으로 납부하도록 하고 있다(방송법 제36조).

하는 데 드는 인력과 비용이 막대하기 때문에 전파에 대해 경쟁 입찰을 해야 한다는 목소리가 미시경제학 이론을 바탕으로 높아지고 있는 추세다. 입찰에서 사업권을 따낸 사업자는 합리적 경영을 통해 국가에 납부한 입찰 금액을 상쇄하고도 남을 정도의 이익을 올리기 위해 최선을 다하게 된다는 논리다. 수많은 신청자에 대한 자격을 일일이 검토하는 것이 현실적으로 불가능하므로 차라리 추첨을 통해 한 사업자를 선정한 뒤 그 사업자에 대해서만 적합성 여부를 판단하면 된다는 것이다. 만약 이 사업자가 자격에 미달되면 추첨에서 다음번 순위를 받은 사업자를 다시 검토해 사업권을 주면 된다(강형철, 2000: 103-104 재인용). 현재 미국의 경우 지상파 방송이 주파수를 경매에 부치는 경쟁 입찰제 방식을 택하고 있다

두 번째의 고려 사항은 사회적 측면으로 방송 사업자가 공익성을 보장할 수 있게 하기 위해 방송국 소유자를 제한하는 것을 말한다. 현재 국내에서는 방송 시장에 진입하기 위해 방송법과 전파법이라는 두 가지 법적 절차를 거쳐야 하며, 이 중 방송법 제9조는 방송 사업자에 대한 진입 규제를 방송 사업자별로 다르게 해놓고 있다. 지상파 방송 사업, 위성 방송 사업, 종합 유선 방송 사업은 '추천'의 신청에 이어 추천의 결정이 나면 '허가'의 신청 절차를 거치는 이중적 과정을 거쳐야 하기 때문에 진입 장벽이 매우 두터운 편이다. 이때 방송법에서의 허가 추천은 사업자가 방송 서비스를 충실히 할 수 있는 재정적 안정성이 확보되었는지를 우선적으로 확인한 후 개별 사항의 심사 기준을 거쳐 허가 절차를 받게 된다. 반면에 종합 편성, 보도 전문, 홈쇼핑을 제외한 방송 채널 사용 사업, 전광판 방송 사업, 음악 유선 방송 사업 등은 일정한 요건을 갖추면 등록을 통해 진입이 이루어질 수 있다(정인숙, 2006). 그러나 종합 편성이나 보도에 관한 전문 편성을 행하는 방송 채널 사용 사업을 하려는 자는 방송통신위원회의 승인을 받아야 하고, 상품소개와 판매에 관한 전문편성을 행하는 방송채널사용사업을 하려는 자는 과학기술정보통신부의 승인을 받아야 한다(방송법 제9조 5항).

진입 규제의 목적은 중복 투자나 자원 낭비를 방지하거나, 과당 경쟁의 방지, 그리고 희소 자원 개발 이용의 공익성을 확보하기 위한 것이다(최병선, 1994). 그러나

한편으로는 진입 규제는 가장 원초적인 경제적 규제로서 시장 경쟁의 위축으로 인한 높은 가격 책정이나 과소 공급, 또는 재화나 서비스의 질의 저하와 같은 부작용이 따를 우려가 있기도 하다.

〈표 2-4〉 2016년 이후 지상파 텔레비전 방송 재허가 심사 기준

실사 사항(대분류)	실사 항목(중분류)	배점	
1. 방송 평가	① 방송평가위원회 방송 평가	400	
2. 방송의 공적 책임 · 공정성의 실현 가능성 및 지역 · 사회 · 문화적 필요성	② 공적 책임 · 공정성 · 공익성 실적 및 계획의 적정성 ③ 시청자 권익 보호 실적 및 계획의 적정성 ④ 지역적 · 사회적 · 문화적 기여 실적 및 계획의 적정성	90(비계량) 80(비계량) 80(비계량)	250
3. 방송 프로그램의 기획 편성 · 제작 및 공익성 확보 계획의 적절성	⑤ 방송 프로그램의 기획 · 편성 · 제작 실적과 계획의 적정성 ⑥ 공익성 관련 방송 프로그램 실적 및 이행 계획의 우수성	100(비계량) 50(비계량)	150
4. 경영 · 재정 · 기술적 능력	⑦ 경영, 투자 실적 및 계획의 적정성 ⑧ 재무적 안정성과 수익성 ⑨ 방송 기술 등 관련 투자 실적 및 계획의 적정성	30(비계량) 20(계량) 50(비계량)	100
5. 방송 발전을 위한 지원 계획의 이행 및 방송법령 등 준수 여부	⑩ 방송 발전을 위한 지원 실적 및 계획의 적정성 ⑪ 방송법 등 관계 법령 위반 정도 ⑫ 시정 명령 건수, 시정 명령 이행 여부 ⑬ 지역 지상파 방송 사업자와 중소 지상파 방송 사업자에 대한 방송 광고 판매 지원 이행 정도 ⑭ (재)허가시 부과된 조건, 권고 이행 여부 등	30(비계량) 감점(계량) 감점(계량) 10(비계량) 60(비계량)	100
6. 기타 사업 수행에 필요한 사항	재허가시 고려해야 할 사항이 있을 경우 전체 배점의 10% 이하에서 반영		
계		1,000	

출처: 방송통신위원회 지상파 재허가 백서.

(2) 소유 규제

일반적으로 방송에서의 소유 규제는 방송사를 누가 얼마나 소유하는가를 제한하는 것으로 이는 다양성 보장과 독점적 행위 제한이라는 두 가지 근거에서 출발한다(박소라, 2008). 이 중 다양성의 보장이란 미디어 관련 사업의 공급자가 적으면 집중적인 소유를 유발하고 이는 결과적으로 여론의 독과점을 가져올 수 있기 때문에 국가 차원의 소유 규제가 여론 지배력의 집중을 감소시킬 수 있다는 사회적인 측

면에서 고려한 것이다. 그러나 산업적으로 보더라도 미디어 상품은 의견이나 관점, 가치가 담겨 있는 정보재이므로 시장의 독점 방지 역시 의견이나 관점, 가치의 독점을 방지하게 되어 결과적으로 방송의 소유 규제는 내용의 다양성 확보를 위한 장치라고 말할 수 있겠다(양동복, 2010).

또 한편으로는 경제적인 측면에서 시장 실패의 한 형태인 독과점을 막기 위해 소유 규제가 행해질 필요가 있다. 방송국을 하나의 기업으로 본다면 방송의 독과점은 이를 제한하는 일반적인 법률에 의해 통제된다. 예를 들면 미국은 '독점금지법'(Antitrust Law)[6]으로, 한국은 '공정거래법'(독점 규제 및 공정 거래에 관한 법률)으로 독과점을 통제한다. 이러한 법은 개별 기업이나 기업 간의 담합이 자유 시장 경쟁 구도를 해치는 행위를 제한하는 목적을 가지고 있다. 한국의 경우 공정거래법에서는 대통령령으로 대기업(대규모 기업 집단)을 지정하고 이들의 산업 활동을 엄격히 제한함으로써 대기업의 독점 행위를 방지하고 있다. 방송법에서도 이 규제 방침이 적용되어 대기업의 지상파 방송국 참여 등을 제한한다(강형철, 2000: 105). 그러나 2008년 미디어 시장에 대한 규제 완화를 골격으로 하는 방송법 개정 및 인터넷멀티미디어방송사업법이 제정되어 대기업의 방송 산업 참여에 대한 기회가 점차 확대되는 추세이다.

방송법 제8조 제6항을 보면, 지상파 방송 사업자 · 종합 유선 방송 사업자 및 위성 방송 사업자는 시장 점유율 또는 사업자 수 등을 고려해 대통령령이 정하는 범위를 초과해 상호 겸영하거나 그 주식 또는 지분을 소유할 수 없게 되어 있다. 개정된 미디어법에서는 일간 신문사의 경우 지상파 방송사의 지분을 10%까지 소유하는 것을 허용하고 있어 상호 겸용의 소유 규제를 완화하는 추세임을 알 수 있다.

---

6 미국의 독점금지법의 효시는 1890년에 제정된 셔먼 독점금지법(Sherman Antitrust Act)이다. 이 법은 당시 미국 산업계를 지배하고 있던 막강한 트러스트(trust: 기업들의 담합을 통한 공동 행위)들을 규제하기 위해 만들어졌다. Mankiw, Gregory(2005). *Principles of Economics*, 김경환 · 김종석(2006) 옮김, 『맨큐의 경제학』, 교보문고, p. 373.

〈표 2-5〉 현행 방송 사업자에 대한 소유 규제 현황

	지상파 방송	종합 편성 채널	보도 채널	종합 유선 방송	위성 방송
대기업 (자산 총액 10조 미만)	10% 초과 금지	30% 초과 금지	30% 초과 금지	제한 없음	제한 없음
일간 신문/ 뉴스통신	10% 초과 금지 (단, 유료 구독률 20% 이상인 일간 신문은 지분 소유 금지)	30% 초과 금지 (단, 유료 구독률 20% 이상인 일간 신문은 지분 소유 금지)	30% 초과 금지 (단, 유료 구독률 20% 이상인 일간 신문은 지분 소유 금지)	49% 초과 금지	49% 초과 금지
외국인 자본	금지	20% 초과 금지	10% 초과 금지	49% 초과 금지	49% 초과 금지

출처: 방송법 제8조 및 제14조, 방송법 시행령 제4조.

미국의 경우는 시장의 규모와 매체 형태에 따라 소유 제한 규정에 차별을 두고 있다. 미국은 지역시장(Local Market) 내에 존재하는 미디어의 수를 기준으로 소유 규제를 제한하고 있다. 전국 텔레비전 시장에서는 TV 네트워크에 대한 도달률이 39%를 넘지 않으면[7] 동일한 개인 혹은 단일 법인은 텔레비전 방송국을 복수로 소유할 수 있다. 지역 TV의 경우는 법적으로 규정한 시장 구역에서 텔레비전 방송국을 두 개까지 소유할 수 있다. 그러나 이중 네트워크는 금지하고 있는데, 복수 방송 네트워크 소유는 허용하고 있지만, 상위 4개의 네트워크(ABC, CBS, Fox, NBC) 간의 합병을 금지하는 형태이다.

소유 규제는 일반적으로 산업이 독과점적으로 운영됨으로써 시장 질서를 해치고 부당 이득을 취하는 것을 방지하기 위한 경제적인 이유가 주요한 목적이었다. 그러나 복수 소유 제한은 진입 제한과 마찬가지로 일방의 목소리만 방송됨으로써 공익성, 공공성을 해치는 일이 없도록 하기 위한 목적도 있다. 한국의 경우 복수 소유뿐만이 아니라, 지상파의 경우 한 사람이 방송 법인의 주식을 30% 이상 소유할 수 없게 한 것(방송법 제8조 2항)이나 신문사와 방송국의 겸영을 제한(방송법 제8조 3항)하는 등의 법조항은 물질적 자유 시장을 보호하기 위한 것이라기보다는 바로 '사상

7 TV 소유 전국 상한으로 하나의 사업자는 전국 TV 보유 가구의 39%를 넘지 않는 범위에서 전국 단위의 TV 방송국을 소유할 수 있다.

〈표 2-6〉 국가별 소유 규제 제도

	우리나라	미국	프랑스	독일	영국	일본	호주	캐나다
대주주 지분 제한	매체별 차이	없음	49%	없음	없음	없음(단,복수국 지배 금지 원칙)	–	한 방송국 주식:20% 전체 자산: 40%
외국인 지분 제한	매체별 차이	해당 방송사 주식의 20%	–	없음	–	소유 제한 상한선 20%	개인: 15% 전체: 20%	20%
동종 매체 겸영 제한	매체별 차이	도달률 39%	매체 보유 상태에 따라 겸영 금지	시청률 점유 상한선 제한: 30%	없음 (무제한 합병 가능)	없음	60%	동일 시장 내 금지
이종 매체 겸영 제한	매체별 차이	동일 지역 내 규제 완화 추진 중	매체별, 시장 크기별로 차별화	시청률 점유 상한선 제한:30%	지역별로 차이 있음	3사업자 지배 금지 원칙	교차 소유 금지	사안별 규제

의 자유 시장(the free market place of idea)' 질서가 깨지는 것을 막기 위해서이다(강형철, 2000: 107). 언론과는 관계없는 기업이 방송 사업에 새롭게 참여하는 일반 복합 소유(general conglomeration)와 미디어 교차 소유(media cross ownership)는 논란을 많이 일으키는데, 이는 정보의 다양화가 경제적 이윤 추구의 목적에 의해 왜곡될 위험이 있기 때문이다.

미국의 경우 독과점법 자체를 방송 산업에 대해서는 정책적으로 면제 적용하고 있는 반면 복수 소유(multiple ownership rule)로 알려진 미디어 집중 배제를 위한 소유제한 규칙은 비교적 잘 적용되고 있다. 일본의 경우 '3사업 지배 금지',[8] '복수국 지배 금지'[9]의 원칙들과 함께 방송 사업 참여 배제에 대한 방송법령상의 원칙을 제시하고 있으며, 이는 기업 결합에 관한 독과점법상의 원칙보다 훨씬 엄격한 내용을 담고 있다(정인숙, 2006: 61 재인용).

우리나라는 현재 지상파에 대해서는 대기업, 외국 자본, 일간 신문, 뉴스 통신 등

8 이종 미디어 간 겸영 규제로 신문, 방송, 라디오의 3개 사업을 동일한 사업자가 소유하지 못하도록 함.
9 동종 미디어 간 겸영 규제로 동일 지역 내에서 원칙적으로 하나의 사업자가 방송국을 2개 이상 소유하지 못하도록 함.

의 소유를 엄격하게 금지하고 있다. 그러나 일간 신문이나 뉴스 통신을 경영하는 법인(각 특수 관계자를 포함)은 종합 유선 방송 사업자 및 위성 방송 사업자의 주식 또는 지분의 33%까지 소유할 수 있으며, 대기업과 그 계열 회사를 경영하는 법인(각 특수 관계자 포함)은 단독 또는 공동으로 위성 방송 사업자의 주식 또는 지분의 49%까지 소유할 수 있어(방송법 제8조 4항), 제한적으로 교차 소유가 허용되는 추세이다.

2009년 미디어통합법 시행 이후 방송 사업 소유, 겸영에 대한 규제가 완화됨에 따라 특정 방송 사업자에 의한 여론 독과점 폐해 방지와, 미디어 다양성 증진 기여를 위한 시청 점유율 제한 제도가 도입되었다. 이는 텔레비전 방송을 제공하는 방송 사업자나 방송 사업을 겸영하거나 주식 혹은 지분을 소유하는 일간 신문 경영법인에 대해 시청 점유율을 조사, 산정해 총 시청 점유율이 30%를 초과하지 못하도록 금지하는 것이다. 이러한 방송 산업의 소유 규제 완화 현상은 기술적 발달과 관련이 깊다. 기술의 발전으로 방송과 통신이 융합되면서 미디어 간 경계가 불명확해지고 사업자 간 경계 역시 모호해지면서 규제 정책이 점차 이에 맞춰 변화되고 있다.

소유 규제의 유형에는 수평적 규제와 수직적 규제가 존재한다. 수평적 소유 규제라 함은 생산의 가치 사슬에서 같은 단계 사업자들간의 중복적 소유를 규제하는 것으로 복수 소유, MSO(Multiple System Operator), MPP(Multiple Program Provider)가 해당된다. 예를 들자면, CJ E&M이 tvN, On Style, OCN, Mnet과 같은 채널을 소유하는 것이다. 수직적 소유 규제란 생산의 가치 사슬에서 다른 단계별 통합 소유에 대한 규제로 PP(Program Provider)와 SO(System Operator)의 결합을 통한 MSP(System Operator + Program Provider)를 뜻하는 것을 말한다. 예시로는 t-broad와 t.cast의 결합이 있을 수 있다. 케이블 방송 사업자 t-broad는 결합을 통해 전국 14개 방송권역에 E channel, Fashion N, Cine F, Fox, Fox Life 등의 18개의 유선 방송국을 소유하게 되었다.

(3) 내용 규제

방송의 내용에 대한 규제란 방송 규제 기구가 방송 내용의 다양성과 품질을 지켜내기 위해 행하는 일련의 공식화된 조치를 의미한다(윤석민 · 박아현, 2008: 215). 그러나 내용 규제는 언론의 자유를 침해할 소지가 많기 때문에 많은 나라에서 신중하게 실시되고 있다. 실제로 방송의 내용 정책 중 하나인 방송사의 편성권은 현업으로 보장되어 있는 언론과 표현의 자유에 속하는 헌법적인 권리임에도 불구하고 방송 산업의 공익성과 독점적 지위에 근거해 법적인 제약이 있어왔다. 표현의 자유를 확고하게 보장하려는 전통이 강한 서구에서는 내용에 대한 직접적인 심의가 헌법상 국민의 기본권인 표현의 자유와 배치되기 때문에 극히 제한적으로 규정하고 있다. 따라서 이러한 나라들에서는 '심의'라는 말 대신에 프로그램 기준(standards), 지침(guidance), 평가(evaluation), 질적 통제(quality control) 등과 같은 표현이 주로 쓰인다(최영묵, 1997; 정인숙, 2006; 한진만 외, 2008).

우리나라의 경우 내용 규제는 심의를 통해 이루어지는데 방송법에 따라 프로그램 심의 권한을 위임받은 방송통신심의위원회가 부문별로 심의위원회를 구성해 프로그램의 사전, 사후 심의를 하고 있다. 현행 방송법상으로는 방송 프로그램은 사후 심의를 원칙으로 하나 방송 광고와 같이 사전 심의의 대상이 되는 것도 있다. 방송통신심의위원회는 원칙적으로 방송 또는 유통된 후 심의 · 의결하며, 이 경우 매체별 · 채널별 특성을 고려하도록 하고 있다(방송법 제32조). 방송의 내용 규제[10]는 편성 심의와 프로그램 심의가 있는데, 흔히 후자가 전부인 것처럼 인식되고 있다. 우리나라에서 편성 심의는 '지상파 방송의 종합 편성은 보도 · 교양 · 오락의 3분법에 의해 상호간에 조화를 이루도록 편성'하도록 방송법이 규정하고 있으며, 케이블 TV의 경우 주 · 부편성 기준과 함께 국내 프로그램 제작 역량을 높이기 위한 외주 제작 비율, 자체 제작 비율, 외국 영상물의 과도한 유입을 방지하기 위한 외화 편성 비율 등의 규제 기준이 있다(김우룡 · 정인숙, 1999).

10 내용 규제와 관련된 심의에 관한 자세한 사항은 제8장을 참조하기 바람.

〈표 2-7〉 외주 제작 방송 프로그램의 편성

도입시기	- 1991년부터 방송 프로그램 의무 외주 비율 고시 도입
도입배경	- 국내 영상 산업의 활성화 - 지상파 방송사의 제작 기능의 집중화 방지 - 프로그램을 전문적으로 제작하는 독립 제작사 육성을 위해
방송법상의 내용	● 지상파 방송 사업자 및 지상파 방송 채널 사용 사업자의 외주 제작 비율 - 매분기 전체 텔레비전 방송시간의 40/100 이내에서 방송통신위원회가 고시하는 비율 이상을 편성 ● 특수 관계자 제작 프로그램 편성 제한 비율 - 전체 외주 제작 방송 프로그램의 30/100의 범위 안에서 방송통신위원회가 고시하는 비율을 초과할 수 없음 ● 주 시청 시간대 외주 프로그램 편성 비율 - 매분기 주 시청 시간대 텔레비전 방송 시간의 15/100 이내에서 방송통신위원회가 고시하는 비율 이상 편성

출처: 방송통신위원회, 방송법 시행령 제58조.

또한 내용 규제는 사회가 변화하고 매체의 성격이 달라짐에 따라 함께 변화한다. 사회가 변화함에 따라 과거에는 정서적으로 수용되지 못했던 장면이나 스토리가 사회가 발전하면서 가치관이 달라지고 시청자들에게 수용 가능하게 되기 때문이다. 따라서 내용 규제의 방식과 강도의 차이는 "수용자의 가치관이나 정서 수준이 얼마나 다양한가?", "수용자가 얼마나 선택적으로 매체에 접근할 수 있는가?" 등에 따라 달라진다. 방송과 통신 융합에 따른 새로운 방송 매체의 등장에 따라 수용자가 보다 세분화되고 매체 접근이 더욱 용이해지며, 이에 따라 채널 간 경쟁이 심화되면서 내용 규제 역시 변화하고 있다. 내용 규제는 방송 심의 형태로 이루어지기 때문에 구체적인 내용 규제의 방법을 파악하기 위해서는 방송 심의의 개념과 절차에 대해 알아야 한다.

광고 시간에 대한 규제 역시 방송의 내용 규제에 해당되는데, 광고에 대한 규제는 광고의 분량에 따라, 방송 매체에 따라 차별적 기준이 적용된다. 지상파 방송, 케이블 TV, 위성 방송, 데이터 방송의 광고 시간 규제를 살펴보면 〈표 2-8〉과 같다.

〈표 2-8〉 지상파 방송, 케이블 TV, 위성 방송, 데이터 방송의 광고에 관한 규제

	지상파 방송	케이블 TV, 위성 방송	데이터 방송
신설 2007. 8.7	어린이를 주 시청 대상으로 하는 방송 프로그램의 방송 광고 시간 및 전후 토막 광고 시간에 화면 좌상단 또는 우상단에 화면 크기의 64분의 1 이상의 크기로 광고 화면과 명확하게 구분될 수 있도록 "광고 방송"이라는 자막을 표기해야 한다.		
총분량	방송 프로그램 시간의 10% 초과 금지	시간당 평균 10분 매시간 12분 초과 금지	
중간 광고	운동 실황 중계, 문화 · 예술 행사 방송을 제외하고는 금지	프로그램 길이(중간 광고 포함) 45~60분 미만=1회 60~90분 미만=2회 90~120분 미만=3회 120~150분 미만=4회 150~180분 미만=5회 180분 이상=6회(매회 3건 이내) 매회 1분 이내	최초 화면[11]에서의 방송 광고는 자막 광고에 한함. 자막의 크기는 최초 화면의 1/4 이내. 1차 화면 이후 방송 광고 크기는 전체 화면의 1/3, 방송 시간은 10분을 초과할 수 없음.
토막 광고	R: 총광고 시간 5분 이내 매시간 4회 이내 (1회 1분 20초 이내) TV 매시간 2회 이내 (1회 1분 30초 이내)	매시간 2회 이내 (1회 1분 40초 이내)	
자막 광고(ID, 곧이어 광고)	매시간 4회 이내 매회 10초 이내 자막 크기 1/4 이내	매시간 6회 이내 매회 10초 이내 자막 크기 1/4 이내	

출처: 방송통신위원회, 방송법 시행령 제59조.

(4) 가격 규제: 수신료와 광고 규제

방송사는 수신료와 광고료로 운영되는 이중 시장 구조를 가지고 있다. 수신료는 공영 방송의 주요한 재원이고 광고료는 공영 방송과 민영 방송의 주요한 재원으로서 방송사를 운영하기 위한 가장 중요한 자원 중의 하나다. 때문에 방송 산업이 균형적으로 발전하기 위해서는 방송사 운영의 가장 중요한 재원인 수신료와 광고료가 적당히 배분될 수 있도록 규제를 할 필요가 있다. 흔히 가격 규제라는 용어를

11 최초 화면은 당해 텔레비전 방송 프로그램이 방송되는 최초 화면을 말하고, 1차 화면은 최초 화면의 접속을 통해 이동하는 초기 화면을 말한다(신설 2004. 9. 17).

사용하기도 하는데 가격 규제는 정부가 시장 질서에 개입해 가격을 임의로 조정하는 것으로 일반적으로 가격 상한제와 가격 하한제로 구분해 볼 수 있다. 가격 규제의 목적은 자연 독점 산업이나 독과점 산업의 폐해를 막고 소비자를 보호하기 위한 것이다. 그렇기 때문에 방송 사업자들의 주 수입원인 광고와 수신료는 이에 대한 가격 책정에 제한을 받으며, 과다 수익에 대한 사회 환원적 차원에서 방송 발전기금 등의 납부 의무를 가지는 등 여러 가지의 가격 규제를 받고 있다. 수신료는 지상파 방송의 경우에는 공영 방송인 KBS에 대해 TV 수상기를 소유한 전 가구 시청자가 지불하는 경우가 있으며, 케이블 TV와 같은 유료 매체가 월정액 등으로 차등적으로 징수하는 수신료가 있다. 이 중 정부 차원의 가격 규제는 일반적으로 전자의 경우에 해당한다. 이때 KBS의 수신료 금액은 이사회가 심의 · 의결한 후 방송통신위원회를 거쳐 국회의 승인을 얻어 확정되고, 공사가 이를 부과 · 징수한다(방송법 제65조). 유료 방송의 수신료는 가입자의 자발적 가입 의사에 의해 계약을 맺고 지불하게 되는 수신료이다. 방송법은 유료 방송 사업자들이 가격을 마음대로 인상하거나 사업자들끼리 담합해 수용자의 권익을 해치지 못하도록 하기 위해 사업자들이 요금 약관을 정해 승인을 받도록 하고 있다(방송법 제 77조).

또 다른 주요 수입원인 광고 요금은 현재 한국방송광고공사(공영 미디어 랩)와 민영 미디어 랩에서 판매하고 있으며, 광고 요금은 시간대별, 광고유형별, 방송사별, 매체별로 가격이 다르게 책정되어 있다. 미디어 랩을 통한 방송 광고의 판매는 1981년부터 한국방송광고진흥공사가 창립되면서부터이다. 한국방송광고공사(KOBACO)는 방송사들의 광고 판매를 대행하는 기관으로 광고 자원을 효율적이고 균형적으로 분배해 방송 산업을 발전시키기 위한 목적으로 설치 운영되었다. 2012년 미디어 랩법이 통과되기 이전까지, 한국방송광고공사는 광고 가격을 책정하고 광고 시간을 독점적으로 판매하는 등 실질적으로 방송 산업에 필요한 광고 자원을 통제 조절했다. 그러나 2011년 종편 채널이 개국하고 광고 자원에 대한 수요가 급증하면서 광고를 판매하는 미디어 랩 시장 역시 독점보다는 경쟁이 필요하다는 인식이 제기되면서 민영 미디어 랩을 신설하는 미디어 랩 법이 2012년 1월에 통과되었다. 미디어 랩 법이 통과되면서 한국방송광고공사가 독점해왔던 광고 판매대행 체제가 1공영 다민영 미디어 랩 체제로 전환되었다. '미디어 랩'이란 방송사의 위탁을 받아 광고주에게 광고를 대신 판매하고 판매 대행 수수료를 받는 방송 광고 판매 대행사를 말한다. 미디어 랩을 운영하는 이유는 뉴스나 시사 보도 프로그램을

〈표 2-9〉 매체별 · 시급별 광고 요금 편성의 차이

〈KBS 2TV 광고 요금〉

'2018/08/06 KBS2 서울'의 광고 요금/편성표입니다.

구분	시간	KBS	기본 단가(원/15초)
오전	5시	00 숨터(재) 05 걸어서 세계 속으로(재)	600,000 600,000
	6시	00 생방송 아침이 좋다(월) 1부	1,500,000
	7시	00 생방송 아침이 좋다(월) 2부	2,100,000
	8시	00 KBS 8아침뉴스타임(월)	2,700,000
	9시	00 TV소설(월) 40 그녀들의 여유만만(월)	5,100,000 3,000,000
	10시	40 지구촌뉴스(월)	900,000
	11시	00 재방송 1100(월)	450,000
오후	12시		
	1시		
	2시	00 14뉴스타임(월) 10 영화가 좋다(재)	450,000 450,000
	3시	00 자동공부책상 위키(월) 30 TV유치원(월)	450,000 450,000
	4시	00 그녀들의 여유만만(재)(월)	450,000
	5시	00 살림하는 남자들(재)	450,000
	6시	00 KBS 경제타임(월) 30 2TV 생생정보(월)	4,500,000 6,600,000
저녁	7시	50 일일드라마(월)	10,800,000
	8시	30 글로벌 24(월) 55 제보자들	7,500,000 9,600,000
	9시		
	10시	00 월화드라마(월) 1부 35 월화드라마(월) 2부	13,500,000 13,500,000
	11시	10 안녕하세요	11,100,000
	12시	35 비바 K리그	3,000,000
	1시	10 재방송 2510(월)	900,000

2018.08.06. 〈프로그램 광고〉

구분	시간	KBS	기본 단가(원/15초)
오전	6시	59 2-0659(월)	900,000
	7시	59 2-0759(월)	824,000
	8시	59 2-0859(월)	2,659,000
	9시	39 2-0939(월)	1,975,000
	10시	39 2-1039(월) 59 2-1059(월)	900,000 900,000
	11시		
오후	12시		
	1시	59 2-1359(월)	892,000
	2시	09 2-1409(월) 59 2-1459(월)	892,000 892,000
	3시	29 2-1529(월) 59 2-1559(월)	892,000 892,000
	4시	59 2-1659(월)	422,000
	5시	59 2-1759(월)	1,975,000
	6시	29 2-1829(월)	900,000

2018.08.06. 〈토막 광고〉

〈표 2-10〉 KBS FM 광고 요금

'2018/08/06 KBS2 FM 서울'의 광고 요금/편성표입니다.

구분	시간	KBS	기본 단가 (원/20초)
오전	5시	00 상쾌한 아침	17,000
	6시	00 굿모닝팝스	72,000
	7시	00 FM대행진 1부 30 FM대행진 2부	165,400 165,400
	8시	00 FM대행진 3부 30 FM대행진 4부	165,400 165,400
	9시	00 이현우의 음악앨범 1부 30 이현우의 음악앨범 2부	152,400 152,400
	10시	00 이현우의 음악앨범 3부 30 이현우의 음악앨범 4부	152,400 152,400
	11시	00 박명수의 라디오쇼 1부 30 박명수의 라디오쇼 2부	127,000 127,000

2018.08.06. 〈프로그램 광고〉

구분	시간	KBS	기본 단가 (원/15초)
오후	12시	00 가요광장 1부 30 가요광장 2부	127,000 127,000
	1시	00 가요광장 3부 30 가요광장 4부	127,000 127,000
	2시	00 뮤직쇼 1부 30 뮤직쇼 2부	127,000 127,000
	3시	00 뮤직쇼 3부 30 뮤직쇼 4부	127,000 127,000
	4시	00 김승우 장항준의 미스터라디오 1부 30 김승우 장항준의 미스터라디오 2부	72,000 72,000
	5시	00 김승우 장항준의 미스터라디오 3부 30 김승우 장항준의 미스터라디오 4부	72,000 72,000

2018.08.06. 〈토막 광고〉

출처: www.kobaco.co.kr

편성하는 채널이 직접 광고 영업에 나서게 된다면 광고주에게 부당한 압력이 가해질 수 있고, 이와 반대로 광고주가 방송사에 광고를 빌미로 부당한 압력을 가할 수 있기 때문에 이를 방지하기 위한 것이다. 2012년 1월 통과된 미디어 랩의 골자는 종합 편성 채널의 랩 위탁 3년을 유예(승인 기준)하고 공영 방송(MBC 포함)은 공영 랩인 한국방송광고공사가 대행을 맡고, 민영 방송은 신설 민영 미디어 랩을 통해 광고 판매를 대행하는 것이다. 민영 방송사는 민영 미디어 랩의 지분을 최대 지분 40% 이하로 제한하며 지주회사 출자 금지를 담고 있다. 또한 민영 미디어 랩의 등장으로 중소 방송사들의 광고 판매가 줄어들 것을 우려해 미디어 랩 허가 조건에 중소 방송 지원 의무를 부과했다. 따라서 미디어 랩 법 개정 이후에는 공영 방송(MBC, KBS)은 한국방송광고공사, 민영 방송(SBS, 종편)은 사기업이 운영하는 민영 미디어 랩이 판매 대행을 하도록 했고, 종편은 시장 안착을 위해 미디어 랩 법을 3년간 유예했으나 2014년 이후 종합 편성 채널 역시도 미디어 랩 체제로 전환되어 1사1랩 체제로 현재는 운영되고 있다.

이상과 같이 방송의 규제의 종류는 다양하며 규제별 정도 역시 매체의 특성에 따라 각각 다르게 적용된다. 전통적인 수탁 이론이 지배하는 지상파 방송사의 경우 공공성과 공익성을 근거로 규제 정도가 매우 엄격하나, 유료 방송이면서 무한한 채널 운용 가능성을 가지고 있는 케이블이나 위성, 그리고 신규 매체인 IPTV 등과 같은 경우는 규제 수준이 덜 엄격하다. 최근에는 방송과 통신이 융합되면서 영역 간의 구분이 모호해지고 전 세계적으로 탈규제화를 추구하는 특성을 보이고 있다.

3. 방송 규제 기관

1) 각국의 규제 형태

국가별로 규제 형태는 다양하지만, 최근에는 방송과 통신의 기술 융합으로 각국의 규제 기구도 탄력적인 변화를 가지게 되었다. 그중에서도 가장 획기적인 기구 개편을 한 국가는 영국으로 방송과 통신에 관련된 9개의 규제 기구 중 5개(Oftel, ITC, BSC, RA, RAu)의 기능을 통합한 Ofcom(Office of Communications, 커뮤니케이션 위원회)을 2004년 1월에 출범시켰다. Ofcom의 기능에 통합된 5개 독립 규제 기구를 살펴보면 첫째, Oftel(Office of Telecoms) 통신위원회는 1984년 통신법 근거로 설치되어 공정거래위원회(OFT)와 달리 정부의 통제로부터 독립한 통신 규제 기구이다. 둘째, ITC(독립 텔레비전 위원회, Independent Television Commission)는 방송 규제 기구이다. 셋째, BSC(방송기준위원회, Broadcasting Standards Commission)는 공영 방송 심의를 담당하던 기구로 ITC가 민영 방송을, BSC는 공영 방송 심의를 담당하고 있다. 특히, BSC는 정치적 불공정성의 문제와 개인적 프라이버시 침해 문제, 폭력성과 선정성에 관련된 이슈 등 방송의 기준과 공정성 문제 전반을 관리한다. 넷째, 무선통신국(RA 혹은 RCA : Radiocommunications Agency)은 전파 관련 규제 기구로 통상산업부(DTI)의 실행 기관, 비군사용 라디오 주파수 관리 책임, 주파수 할당, 사용 허가를 담당하는 기관이다. 다섯째, 라디오위원회(RAu)는 전파 관련 규제 기구로 1990년 방송법 발효 후 1991년 허가 부여 및 규제 역할을 시작했다. 1990년과 1996년 방송법에 의해 요구되는 허가 의무 준수 여부 감독 책임, 주파수 계획, 청취자의 선택을 확대하기 위해 허가 대상자 결정 소유권 관련 규칙의 집행, 프로그래밍과 광고 규제를 담당하는 기관이다. 이처럼 규제 기구도 방송 통신 기술의 발전에 따라 유연하게 재구성되고 있다.

일반적으로 방송과 통신이 통합하는 형태로 가고 있으나, 정책과 규제 기구는 또 다른 형태를 보이고 있다. 영국처럼 방송과 통신을 통합 운영하되 그 안에서 정책과 규제를 분리해 운영하는 경우가 있는가 하면, 미국처럼 FCC가 규제와 정책을 통합해 운영하는 경우도 있다.

〈표 2-11〉 주요국의 방송 통신 정책 및 규제 기구 현황

국가	유형	정책 기구	규제 기구	
미국	규제-정책 독립위원회 통합형	FCC	FCC	독립규제위원회(의회통제) 행정권 · 준입법권 · 준사법권
영국	규제-정책 분리형	문화미디어체육부(방송) 기업혁신기술부(통신)	Ofcom	독립규제위원회(정부통제)
독일	규제-정책 통합형	통신정책: 연방경제기술부 방송정책: 문화/미디어연방정부	방송: 연방 미디어청 통신: 연방 통신청	주미디어 위원회는 독립 행정기구
프랑스	규제-정책 분리형	방송: 문화커뮤니케이션부 통신: 경제산업디지털부	방송:CSA 통신:ARCEP	독립 규제 기구 준입법권 · 행정권
일본	규제-정책 단일 부처 통합형	총무성	총무성/ 제3자 기관	내용규제만 제3자 기관
우리나라	규제-정책 통합형	방송통신위원회	방송통신위원회	

출처: 최정일(2008), 정인숙(2006), 미래창조과학부(2015), 국가별 정보 통신 방송 규제 현황을 재구성.

2) 규제 기관의 형태

(1) 독립 규제 기구

국가마다 정도의 차이는 있으나 일반적으로 규제 행정 기관의 유형으로 산업별 독립규제위원회의 형태가 선호되는 경향이 있다. 왜냐하면 규제와 관련된 결정이

경제 사회에 미치는 여파가 클 뿐만 아니라 첨예한 이해관계의 대립을 수반하고 있기 때문에, 각 부문에 대한 전문성과 객관성·효율성·기관의 정치적 독립성 등이 제도적으로 보장될 것이 요청되고 있기 때문이다. 우리나라도 1990년대 이후 전기, 에너지, 통신, 방송 등 과거에 정부가 독점적으로 운영하고 관리해오던 산업 영역에서 정부 독점이었던 산업 구조를 개편함으로써 민영화와 경쟁 시장 체제를 허용해왔다(조소영, 2009). 그중에서도 방송은 독립된 규제 기구를 두고 있으며, 행정부로부터의 직접적 통제를 피하기 위해 위원들은 보통 의회의 추천이나 동의를 얻어 대통령이 임명하는 방식을 사용하고 있다. 그러나 여기서 말하는 '독립'이란 정부 부처에 속하지 않고 별도의 기구를 두었다는 것을 의미한다.

독립 규제 기구는 기본적으로 방송국 허가권과 프로그램 내용 규제, 소유 규제 등의 권한을 갖는다. 그러나 방송 통신 융합으로 미디어 간 경계가 무너지고 다채널 다매체 시대의 도래로 방송의 규제 논리가 점점 퇴색되가고 있는 시점에서 대부분 국가의 규제 기구는 내용에 대한 규제보다는 점차 독점 방지라는 경제적 측면에서의 규제에 더 힘을 기울이고 있는 추세이다(강형철, 2000: 116).

(2) 공영 방송 규제 기구

공영 방송은 소유권이나 경영 방식을 강조하는 개념으로(강형철, 2004), 각 국가는 공영 방송의 독립성을 보장하기 위해 강력한 권한을 갖는 규제 기구를 두고 있다. 그러나 사실상 공영 방송의 규제 기구는 규제적 성격을 지니기 보다는 방송사의 의사결정기구 역할을 하는 경우가 일반적이다. 이들은 사회 각 계층을 대표하는 인물로 구성된 방송사의 의사 결정 기구이다. 즉, 언론의 자유를 위해 국가로부터의 규제를 받지 않도록 하는 대신 사회적 규제에 더 중점을 두는 방식이라고 할 수 있겠다(강형철, 2000: 116-118). 예를 들어 영국의 경우는 트러스트(Trust)라는 Ofcom과는 별도의 공영 방송 규제 기관이 있으며, 집행위원회(과거 경영위원회)도 존재한다. 일본도 공영 방송인 NHK를 규제하기 위한 NHK경영위원회를 운영한다. 독일은 방송평의회가 공영 방송 규제 기구로 존재하며, 내부다원주의 모델에 따라 다수의 이익집단, 정당, 종교 단체 대표가 위원으로 구성되어 있다.

〈표 2-12〉 각국의 공영 방송사와 규제 기구

국가	우리나라	영국	일본	독일	프랑스
공영 방송사	KBS	BBC	NHK	ARD, ZDF	France Television
성격	공공 기관	공공 법인	특수 법인	공공 기관	지주회사
소유 구조	국가	국가	특수 법인	국가	국가가 지분 100% 소유
규제 기구	방송통신위원회	Ofcom, DCMS	총무성	ARD, ZDF 공영방송위원회/ 주지사협의회	CSA
지배 구조	이사회	BBC트러스트	경영위원회	ARD, ZDF 방송위원회/ ARD, ZDF 경영이사회	경영위원회(의회, 정부, CSA, France Television이 임명)

출처: 방송위원회(2007), 『공영 방송 정체성 확립 방안 연구』.

그러나 최근 미디어 환경이 다채널화되면서 채널 간 경쟁이 심화됨에 따라 공영 방송의 정체성을 두고 논란이 많다. 현재 우리나라의 방송 규제는 동일한 방송법 내에서 동일 규제 기구가 공영과 민영 방송을 가리지 않고 규제하고 감독함으로 인해서 공영 방송과 민영 방송 간의 정체성에 대한 논란이 제기되고 있기도 하다.

4. 디지털 미디어 시대의 방송 규제 방향

방송이 디지털화됨에 따라 채널의 희소성이 사라지면서 방송의 공공성 개념도 점차 축소되고 있다. 채널이 많아지면서 미디어 경쟁은 더욱 심해지고 공공성 보다는 경제적 효율성을 중시하게 된 것이다. 방송의 디지털화는 많은 유용성과 가능성을 열었지만 여러 가지 문제점, 특히 불확실성을 증가시켰다. 이러한 불확실성은 시장 수요의 불확실성, 경쟁으로 인한 시장에서의 생존의 불확실성, 규제에 있어서의 불확실성, 그리고 기술적인 복잡성 등의 요인에 의해 나타나게 되었다 (Chalaby & Segell, 1999). 디지털 기술의 도입으로 다채널 시대를 맞아 방송 시장의 진입 장벽을 낮추고 다양한 채널 서비스를 가능하게 했으나 채널이 많아지면서 시장에서 어떤 채널이 더 선호될 것이라는 소비자 수요를 예측하기 어렵다는 불확실성은 오히려 증대되었다. 불확실성이 증가하는 이유는 경쟁이 변화와 혁신의 속도를 가속화시키면서 방송 시장을 매우 유동적으로 만들기 때문이다. 기술이 급속하게 발전함에 따라 이에 대응하는 적절한 규제를 정의하기 어려울 뿐만 아니라 규제 구조의 낙후 및 적응 문제가 발생함으로써 규제에 있어서 불확실성이 야기된다(강익희, 2003). 더구나 방송과 통신이 융합하고 이에 따라 융합형 서비스가 등장함에 따라 기존의 불확실성을 더욱 가중시키는 결과를 가져오게 되었다.

1) 방송 규제 시행의 문제점

시장경제주의에 입각한 방송 산업에 대한 규제의 문제는 국가의 개입으로 인해 비효율적인 결과를 가져올 수 있다는 것이다. 크라텐메이커 외(Krattenmaker et al., 1994)는 자유주의 사상을 지지하는 학자들에 의하면 일반적으로 방송의 규제는 바람직한 결과를 가져오지 못할 뿐 아니라 효율적이지도 못하다고 논의되어 왔다고 보았다. 더구나 기술의 발전으로 전파의 희소성이 유명무실해지는 추세이기 때문에 전통적인 관점에서 행해지는 방송 규제의 근거가 점차 사라지고 있다는 것이다. 규제 반대론자들은 채널이 증가해 다양한 방송 서비스가 등장하고 있는 만큼 과거 공공재인 전파를 사용해 방송을 하는 지상파 방송에 적용했던 규제의 원칙들이 완화되거나 수정될 필요가 있다고 주장한다. 과거 상부하달식의 공익성 개념을 모든 매체에 일률적으로 적용한다면 중복, 과잉 규제의 문제, 매체 간 규제의 형평성 문제를 야기시킬 수 있다는 것이다. 실제로 다채널 시대가 구현된 우리나라의 경우 과거 소수 채널 시대에 적용했던 규제 체계로 규제를 하고 있기 때문에 많은 문제가 야기되고 있다. 최영묵(2008)은 기존 심의 규정에 대한 문제를 구체적으로 지적하고 있는데 내용 심의의 위헌성, 심의 규정과 심의 내용의 문제, 중복 규제, 과잉 규제, 보도 프로그램의 내용 규제 문제, 선거 방송 심의의 자의성 문제, 포괄

심의의 비효율성 · 비일관성 문제를 들고 있다. 그 때문에 규제 반대론자들은 다채널 시대에 효율적이고 형평에 맞는 규제를 하기 위해서는 규제 기관이 적극적인 규제를 하기보다는 소극적으로 규제 정책을 시행해야 한다고 주장한다. 탈규제론자들의 주장을 정리하면 다음과 같다(강형철, 2000: 120 재구성).

첫째, 구조적 부적절성 때문이다. 규제는 현재의 상태에 대한 대응이므로 변화하는 현실을 따라갈 수 없다. 특히 방송 미디어의 기술은 하루가 다르게 발전하면서 새로운 방송 서비스가 등장하고 있다. 따라서 현재 시행되고 있는 방송 서비스에 맞춘 규제는 새로운 방송 서비스에는 맞지 않기 때문에 규제에 실패할 수 있다.

둘째, 규제의 비효율성 때문이다. 규제를 위해서는 많은 인력과 자본이 필요하다. 실제로 많은 인력과 자본을 들여도 완벽하게 규제하기 힘들다. 인터넷 매체의 경우 그 수가 너무 많고 콘텐츠도 다양해 규제 기관이 주도적으로 규제하기가 사실상 불가능해 불법 콘텐츠가 서비스된다는 신고가 들어오면 신고를 바탕으로 규제에 들어가게 된다. 규제의 목적이 시장 실패를 최소화하고 원활한 시장 활성화를 꾀하기 위함인데 오히려 규제 비용이 규제 성과를 초과해 결과적으로 방송 미디어 시장 질서를 해치고 발전을 가로막을 수 있다는 것이다.

셋째, 과잉 규제 때문에 규제가 실패할 가능성이 크다. 최근 나타나고 있는 과잉 규제의 대표적인 사례는 중복 규제의 문제와 규제의 형평성 문제이다. 예를 들어 이미 규제 기준을 통과한 드라마나 영화와 같은 콘텐츠가 다양한 매체로 방송되어질 때마다 매체별 규제 기준이 다르기 때문에 중복해서 규제를 하게 된다. 이러한 중복 규제는 규제의 형평성 문제를 야기시키기도 한다.

2) 다채널 다미디어 시대의 방송 규제 방향

디지털 방송 시대를 맞이해 채널의 수만 많아진 것이 아니라 방송과 통신이 융합되면서 IPTV와 같은 새로운 융합 미디어까지 출현해 방송을 규제하기는 더욱 힘들어지고 있다. 많은 학자들의 과잉 규제, 중복 규제, 규제의 형평성, 규제의 효율성 등과 같이 규제와 관련된 문제를 해소하고 매체 환경에 적합한 규제를 하기 위해서는 자율 규제를 원칙으로 해야 한다고 주장하고 있다. 물론 자율 규제에 대한 반론도 크다. 캠벨(Campbell, 1999)은 다매체 자율 규제 기구를 분석한 결과 자율 규제가 타율 규제보다 더 우수한 형태라고 결론짓기 힘들다고 주장하면서 공적 규제에 부여한 형태의 자율 규제가 더 효율적이라고 주장했다. 결국 디지털 방송 미디어 시대에 바람직한 규제는 공적 규제와 자율적 규제가 적절히 혼합된 형태로 규제의 원칙과 기준을 지키면서 효율성을 높이는 것이라 할 수 있다.

(1) 자율 규제의 확대

방송과 통신이 융합되고 모든 서비스가 매체와 채널의 구분 없이 전달됨으로써 내용 규제 체계의 변화가 불가피해졌다. 지상파 방송에서 제공한 콘텐츠가 인터넷과 같은 통신 매체를 통해 전달되기도 하고 반대로 통신 매체에서 제공되었던 콘텐츠가 케이블 TV와 같은 방송 매체를 통해 전달되기도 한다. 융합이 진행되면서 매체와 채널에 따라 콘텐츠의 성격을 규정하는 일이 이제는 무의미할 뿐만 아니라 현실적으로 불가능해지고 있다(주정민, 2007a). 더불어 콘텐츠를 전달하는 매체의 경계가 무너지면서 매체별로 차별을 두어 적용되었던 규제의 혼란을 가져오고 점차 탈규제와 자율 규제의 방향으로 가고 있다. 급증하는 콘텐츠의 양과 복합적인 콘텐츠 서비스의 성격을 고려해볼 때 이는 미디어 환경의 변화가 가져오는 필연적인 결과라고 볼 수 있다. 무엇보다도 인터넷 중심으로 융합된 매체 환경에서 넘쳐나는 콘텐츠를 생각하면 미디어 사업자를 중심으로 한 자율 규제는 효율적인 모색안이 될 수 있다.

그러나 방송통신 융합 매체에서도 여전히 지상파와 같은 매체의 사회적 영향력은 지속될 것으로 보이며, 따라서 콘텐츠 규제는 엄격히 지켜져야 할 필요가 있다. 실제로 방송·통신 융합 환경을 먼저 접한 해외의 경우를 보면 각국은 규제 기관의 역할을 축소해 사업자나 시청자 단체 등 민간의 역할을 강화해가고 있으나, 방송은 여전히 사회적 영향력을 고려해 공공성과 공익성 개념이 기본이 되는 엄격한 규제 기준을 적용하고 있다. 반면에 통신은 이용자 및 사업자의 자율적 심의에 의존하고 있음을 알 수 있다.

특히 인터넷의 경우 매체 속성이 타율 규제가 어렵기 때문에 민간 차원의 자율적인 감시 활동을 활성화하고 있다. 미국의 경우 CLEO(Cyber Law Enforcement Organization), Cyberangels, IEF(Internet Education Foundation) 등과 같은 감시 단체들이 활동하고 있다. 캐나다의 경우 MNet(Media Awareness Network)과 같은 민간 단체의 감시 활동이 활발하게 이뤄지고 있으며, 영국도 인터넷 감시 단체인 IWF(Internet Watch Foundation), Childnet International과 같은 단체들이 활발하게 활동하고 있다(주정민, 2007b).

일본은 '전기통신사업법'을 통해 사업자에 대해 규제하고 있지만 법령에서 직접적으로 인터넷에 관한 규제를 하고 있지는 않다. 대신 '풍속영업법', '아동매춘 및 포르노와 관련한 행위 등의 처벌 및 아동의 보호 등에 관한 법률' 등 오프라인상의 법률을 통해 간접 규제하는 형식을 취하고 있다. 따라서 민간 자율 기구의 활성화를 통해 간접적으로 인터넷상의 유해물을 규제하는 체제를 유지하고 있는 것을 알 수 있다(양동철, 2007). 각국의 인터넷에 대한 규제는 탈규제와 자율 규제를 강화하는 특징을 띠고 있다. 음란물과 폭력물과 같이 사회적으로 해악을 가져올 수 있는 콘텐츠의 유통에 대해서만 규제하고 나머지는 이용자의 자율적인 판단에 맡기는 추세이다. 그렇지만 인터넷의 유해물로부터 어린이와 청소년을 보호하기 위한 내용 규제는 엄격한 규정을 두고 더욱 강화하고 있는 것이 현실이다(주정민, 2007b).

융합 시대에도 방송 미디어에 대한 법적인 효력을 갖는 강력한 내용 규제는 필요하다. 변화한 미디어 환경에서도 방송의 사회적 영향력은 여전하기 때문이다. 더구나 인터넷의 보급이 급속히 확산되고 다양한 서비스가 가능해지면서 인터넷의 사회적 영향력 또한 매우 강력해졌다. 따라서 인터넷 또한 사회적인 근거에 의해 규제할 필요가 있다. 단, 방송 통신 융합 시대에 콘텐츠 규제가 효율적으로 이루어질 수 있도록 사업자, 민간 단체, 전문가, 이용자 중심의 자율적 내용 규제가 활성화될 수 있도록 해야 한다. 이를 위해서는 인터넷 매체나 융합형 매체, 서비스에 대한 콘텐츠 자율 규제를 의무시하는 제도나 법을 마련해 자율적인 콘텐츠 규제가 정착되도록 해야 할 것이다.

(2) 수직적 규제 체계에서 수평적 규제 체계로

기존의 규제 체계를 디지털 미디어 시대에 적용하는 데 가장 큰 문제점으로 제기된 것 중의 하나는 수직적 규제였다. 수직적 규제는 매체별로 규제를 하는 것인데, 즉 지상파, 케이블, 위성 방송, 인터넷 방송 등 매체별로 규제 체계를 마련해 규제를 시행하는 것을 말한다. 이러한 수직적 모델은 서비스들 간의 차이가 분명함을 전제로 하는데 방송과 통신이 융합되는 현재의 방송 미디어 환경에서는 많은 문제점을 야기시킨다. 따라서 기존에 매체별 혹은 사업자별로 수직적으로 규제를 실시했던 것이 콘텐츠의 제공 방식이나 수용자의 이용 방식에 따른 수평적 규제 체제로 변화하고 있는 것이다. 수평적 규제란 전송과 콘텐츠를 분리해 동일 계층 내에서 기준을 정해 규제를 실시하는 것을 의미한다. 예를 들어 EU(European Union)는 동일한 콘텐츠라 하더라도 기능적 특성과 이용자의 선택성을 고려해 규제 수준을 차별화하고 있다. 유럽위원회가 기존의 국경 없는 TV 지침을 개정해 제안한 '시청각 미디어 서비스 지침(Audiovisual Media Services Directive)'은 시청각 미디어 서비스를 공중을 대상으로 제공되는 동영상 콘텐츠까지를 포괄하고 있다. 이때 IPTV, 스트리밍 또는 웹캐스팅 등과 같은 이용자가 통제하기 어려운 실시간 방송 콘텐츠를 선형서비스(linear audiovisual service), VOD와 같이 이용자가 특정 프로그램에 대한 이용 시간을 결정할 수 있는 서비스를 비선형 서비스(non-linear service)라고 구분해 차별적 규제를 적용했다(오용수 · 정희영, 2006). 이는 이용자의 콘텐츠 통제 능력에 따라 규제에 차별화를 둔 것으로 이용자 중심적 콘텐츠 규제나 내용 규제의 일환이라고 볼 수 있다. EU의 이 같은 수용자 접근성을 고려한 규제 방식은 방송과 통신의 융합 시대라고 할지라도 여전히 존재하는 서비스별 특성의 차이까지 고려했다는 점에서 매우 의미 있는 모델이라고 볼 수 있다.

일본 역시 지난 2007년 "방송 통신의 종합적인 법체계에 관한 연구회"의 중간 보

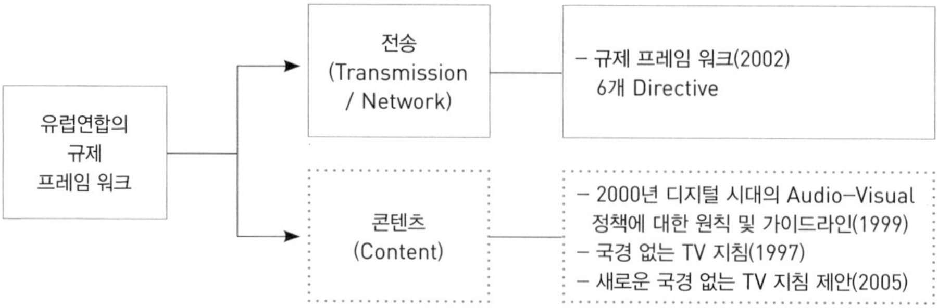

[그림 2-2] 유럽연합의 수평적 규제 지침

출처: 이상우(2006). 「통신 · 방송 융합시대의 수평적 규제체계: 유럽연합과 OECD의 전송과 콘텐츠 분리규제 분석」. 『KISDI 이슈리포트』. 10쪽.

고서에서 기존 방송 및 통신별로 있던 법을 하나로 통합하면서, 수평적 규제 체계로 변화시킬 예정이라고 밝힌 바 있다.[12] 보고서에 의하면 콘텐츠-플랫폼-네트워크 서비스의 3분류 체제로 전환하고 특히 콘텐츠에 대해서는 사회적 기능, 영향력에 중점을 두고 콘텐츠 규율을 재구성할 예정이라고 밝히고 있다. 그러나 지상파에 대해서는 그 사회적 영향력을 감안해 기존 규제 방식을 유지하는 특별 미디어 서비스로 따로 구분할 예정이라고 하고 있어 역시 공공 영역에 대한 차별적 서비스를 고려하고 있는 것을 알 수 있다.

이처럼 수평적 규제에 따라 공익의 주요 이슈도 전송 계층에서 분리해서 콘텐츠 계층에서 논의되게 된다. 이는 공익 이슈가 주로 콘텐츠의 다양성, 객관성 등을 위

12 방송법과 통신법이 분리되어 있는 일본에서는 2007년 말(2007. 12. 6) 총무대신의 자문기관인 '방송 · 통신의 종합적인 법체계에 관한 연구회'를 통해 통합법인 '정보통신법(가칭)'을 제도화하기 위한 최종 보고서가 발표되면서 주목을 끌었다. 최종 보고서에서는 방송과 통신으로 구분해 규제하고 있는 현행 9개 관련법을 '정보통신법'으로 단일화하는 방안을 제시하고 있다. 그리고 현재의 방송과 통신처럼 미디어나 전송 기술 등에 의해 구분되는 수직적 법체계가 아니라 계층별로 법제를 수평적으로 개편하는 안을 담고 있다. 총무성은 이 법을 2010년 정기국회에 제출하고 그 해 개정했다. 2010년 방송법 개정의 주요 내용은 "① 방송의 진입에 관한 제도 정비 통합 및 탄력화, ② '매스미디어 집중 배제 원칙'의 기본적인 부분을 방송법을 통해 규정하여 방송에 관한 소유 규제를 법률 수준으로 격상, ③ 방송 중지 사고의 재발 방지 규정 정비를 통한 '방송의 안전 · 신뢰성의 확보', ④ 프로그램 종류의 공표 제도 도입, ⑤ 유료방송의 약관 관련 규정의 정비, ⑥ 전기통신분쟁처리위원회의 알선 및 중재제도의 정비" 등이다(곽동균 외, 2013: 35).

한 제도이기 때문이다. 미디어의 다양성은 미디어를 통해 다양하고 독립적인 목소리 특히, 다양한 정치적 의견이 표출되고 사회 구성원의 다양한 문화와 가치가 반영된 콘텐츠가 제공되는 것으로 나타난다. 따라서 미디어의 다양성을 통한 공익은 결국 콘텐츠 계층의 문제로 남는 것이다(김대호, 2007).

요컨대 융합 현상으로 동일한 네트워크나 단말기상에서 제공되는 이종의 서비스들이 동일한 서비스가 되거나, 각 서비스에 대한 규제 목적이 되고 있는 공익의 목표가 달라지는 것은 아니다. 오히려 네트워크 및 서비스를 전송하는 기술 기반의 차이에 의해서 유사한 서비스를 다르게 규제하는 것은 서비스 간 경쟁 등에서 차별화 문제가 발생할 수 있으므로 각각의 네트워크나 기술 방식의 차이에 따라 콘텐츠 서비스에 대한 규제를 차별화하지 않는 것이 필요하다. 즉 전송 네트워크가 아니라 이용자 시각에서의 콘텐츠의 특성에 따라 규제 원리를 적용해야 한다.

방송과 통신이 융합되고 모든 서비스가 매체와 채널의 구분 없이 전달되는 방송 환경의 변화에 따라 심의 체계의 변화가 불가피해졌다. 전 세계적으로는 프로그램에 대한 심의의 규제 정도가 약화되고 있는 것이 특징이다. 지상파 방송에서 제공한 콘텐츠가 인터넷과 같은 통신 매체를 통해 전달되기도 하고 반대로 통신 매체에서 제공되었던 콘텐츠가 케이블 TV와 같은 방송 매체를 통해 전달되기도 한다.

그러나 방송 통신 융합 매체에서도 여전히 지상파와 같은 매체의 사회적 영향력은 지속될 것으로 보인다. 실제로 방송 통신 융합 환경을 먼저 접한 해외의 경우를 보면 각국은 규제 기관의 역할을 축소해 사업자나 시청자 단체 등 민간의 역할을 강화하고 있으나, 방송은 여전히 사회적 영향력을 고려해 공공성과 공익성 개념이 기본이 되는 엄격한 규제 기준을 적용하고 있다. 예를 들어 일본의 경우도 심의 체계를 전송 매체와 콘텐츠로 이원화시켜 수평적 규제 체제를 적용하고자 하나, 지상파 방송사에 대해서는 개별적 규제를 실시하도록 하고 있다.

더 생각해볼 문제

1. 디지털 기술의 발전으로 인해 쌍방향 커뮤니케이션이 가능해지면서 새로운 방식의 방송이 이루어지고 있다. 디지털 방송 시대의 공익성 개념에 대해 구체적으로 논의해보자.
2. 프로그램 제작, 편성 시 공공적 가치와 특정 집단 혹은 개인의 권익이 충돌할 경우 방송사가 우선시해야 하는 공익성은 무엇일지 생각해보자.
3. 방송 · 통신 융합 시대에 다양한 채널이 운영되고 있으나 채널 사업자에 따라 다른 규제가 적용되어 규제의 형평성, 효용성 문제 등이 제기되고 있다. 다채널 시대에 방송을 효율적으로 규제할 수 있는 방안은 무엇이 있을까?

제3장

방송 영상 산업의 이해

일반적으로 방송 영상 산업이란 생산된 방송 영상 콘텐츠가 최종 소비자에 도달하기까지 관련된 모든 사업자들을 포함하는데 크게 C(contents 제작)-P(Platform 사업)-N(Network, 망사업자)-D(Device, 수신기 제작) 사를 포함한다.

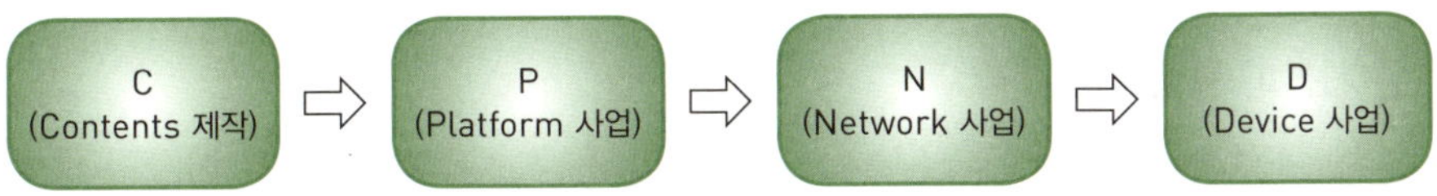

콘텐츠 제작사는 방송 프로그램이나 영화 등 영상 콘텐츠를 제작하는 사업자로 다양한 장르의 방송 프로그램, 영화, 애니메이션 등의 콘텐츠를 제작하는 집단이나, 개인, 조직을 의미한다. 플랫폼 사업자는 채널 사용 사업자라는 용어로 쓰이기도 하는데 네트워크를 구축해 제작된 방송 영상 콘텐츠를 소비자에게 특정 채널을 이용해 전달하는 사업자를 의미하며 공중파를 이용하는 지상파 방송사, 케이블을 이용하는 프로그램 공급업자, 종합 유선 방송 사업자, 통신망을 이용하는 IPTV 사

업자, 위성을 이용하는 위성 방송 사업자 등으로 나뉜다. 플랫폼 사업자가 이용하는'망(Network)'에 따라 망사업자 유형도 통신 사업자, 지상파 방송 사업자, 위성 방송 사업자, 케이블망 사업자 등으로 분류된다. 이밖에도 방송·영상 콘텐츠를 수신할 수 있는 단말기를 제작하는 사업자가 있는데 영상 미디어 기기를 생산하는 가전 사업자들과 컴퓨터, 모바일 기기, 스마트 폰 제조사들도 포함된다. 방송·영상 콘텐츠 산업의 생태계가 C-P-N-D의 4단계로 이루어져 있으나 방송·영상 산업을 이끌어가는 주요 사업자들은 단계가 통합되어 운영되는 경우가 많다. 예를 들어 지상파 방송 사업자는 콘텐츠 제작과 플랫폼 사업, 망사업을 모두 하나의 사업자가 통합해 운영하고 있다. 따라서 이 장에서는 주요 플랫폼 사업자인 지상파 방송 사업자, 프로그램 공급업자, 종합 유선 방송 사업자, 위성 방송 사업자, IPTV 사업자를 중심으로 사업자들의 플랫폼 운영 방식과 특성에 대해 살펴보고, 플랫폼과 독립되어 콘텐츠 제작만을 하는 독립 제작사와 방송·영상 콘텐츠 유통/배급 업무만을 하는 신디케이션 사업자에 대해서 설명하고자 한다.

1. 플랫폼 사업자

1) 지상파 방송사

기존 아날로그 미디어 시대의 대표적인 플랫폼 사업자는 지상파 방송사이다. 소수 채널 시대에는 콘텐츠를 전달할 수 있는 망이 많지 않아 주로 지상파를 이용해 시청자에게 전달했기 때문에 가장 강력한 플랫폼 사업자였다. 특히 지상파 방송사들은 공공재인 전파를 사용하기 때문에 전파를 사용할 수 있는 권리를 부여하는 사업자 선정 시에 공익성을 중시하는 등 매우 까다로운 조건을 제시하고 있다.

지상파 방송 사업이란 방송을 목적으로 하는 지상의 무선국을 관리·운영하며 이를 이용해 방송을 행하는 사업을 의미하며(방송법 제2조 2항), 지상파 방송 사업자

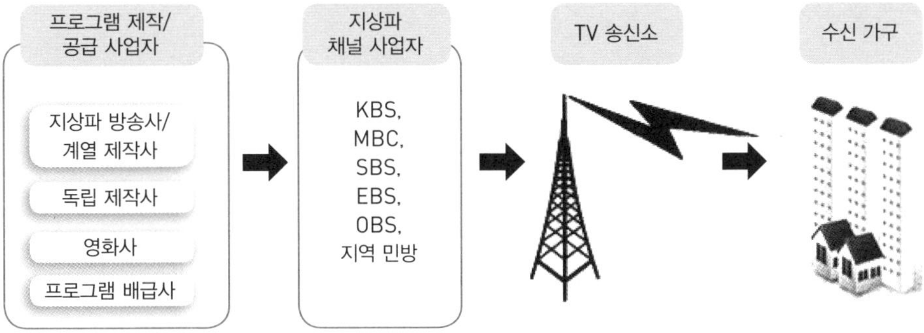

[그림 3-1] 지상파 방송 산업

란 지상파 방송 사업을 하기 위해 방송법 제9조 제1항[1]의 규정에 의해 허가를 받은 자를 의미한다. 우리나라의 지상파 방송 사업자는 지상파 텔레비전 방송 사업자, 라디오 방송 사업자, 지상파 이동 멀티미디어 방송 사업자로 구분할 수 있다.

2016년 12월 현재 지상파 텔레비전 방송 사업자(TV와 라디오 동시 운영 사업자 포함)는 31개이다. 이 중 KBS와 MBC와 19개 지역 MBC, EBS를 포함하는 22개의 사업자는 공영 방송이며, SBS와 지역 민방은 민영 방송에 해당한다. 그밖에 종교 방송이나 교통 방송과 같이 특수한 목적을 지닌 방송사는 특수 방송사로 구분하고 있다. 라디오 방송 사업자로는 경기방송, 경인방송(Sunny FM) 등 21개 사업자가 있다. 지상파 이동 멀티미디어 방송 사업자로는 지상파 텔레비전 사업자인 KBS, MBC, SBS 이외에 지역 지상파 13개, YTN 디엠비, 한국 DMB, 유원미디어 등 6개 사업자가 있다(방송통신위원회, 2017).

지상파 방송 사업자는 방송법에 따라 방송통신위원회의 허가를 받아야 하며, 허가의 유효 기간은 3년-5년이다. 따라서 지속된 방송 사업을 위해서는 3년-5년마다 재허가를 받아야 하는데, 허가 유효 기간 만료 6개월까지 방송통신위원회에 재

1 지상파 방송 사업 또는 위성 방송 사업을 하고자 하는 자는 「전파법」이 정하는 바에 따라 방송통신위원회의 방송국 허가를 받아야 한다. 〈개정 2008.2.29〉

허가를 신청해야 한다.

(1) 지상파 방송의 운영 방식

방송 채널 사업자의 운영 방식은 채널 사업자가 사용하는 매체의 종류와 특성에 따라 다르게 운영된다. 대부분의 채널 사업자들은 프로그램을 전송할 수 있는 범위를 허가받아 허가받은 지역에서만 프로그램을 전송할 수 있다. 예를 들어 같은 지상파 방송사라도 KBS와 MBC는 전국에 방송을 할 수 있는 전국 방송국으로 허가를 받았으나 SBS의 경우 서울과 수도권 지역을 중심으로 방송을 할 수 있는 지역 방송국으로 허가를 받았다. 종합 유선 방송국의 경우도 케이블망을 통해 프로그램을 전송할 수 있는 지역을 허가받고 그 지역에서만 프로그램을 전송할 수 있다. 다만 위성 방송인 스카이 라이프의 경우 광파성이라는 위성 방송의 특성을 감안해 전국을 방송권역으로 사업을 허가했다. 이와 같이 채널 사업자들은 원래 사업을 허가받은 지역에서만 방송을 할 수 있으나 채널 사업자들이 취급하는 '프로그램'이라는 상품의 특성은 '규모의 경제'를 실현하는 상품이다. 즉 프로그램의 배포 범위가 넓으면 넓을수록 프로그램을 통한 이익이 증대되기 때문이다. 예를 들어 한편의 드라마를 10억 원을 들여 제작을 했을 때 이 드라마가 서울과 수도권 지역에서만 방송된다고 해도 제작비는 10억 원이고 또한 전국에 방송된다고 해도 제작비는 같다. 채널 사업자들의 입장에서 보면 더 넓은 지역에서 프로그램이 방송되어야만 더 많은 광고 수익이나 판매 수익을 올릴 수 있기 때문에 방송권역을 넓히고자 노력을 한다. 이와 같은 채널 사업의 특성으로 인해 채널 사업자들은 다양한 방식으로 방송 권역을 넓히고 있는데 대표적인 운영 방식이 '네트워크 체제'이다.

(2) 네트워크 체제

네트워크 체제는 상업 방송을 기반으로 한 미국의 지상파 방송 체제를 중심으로 발전되었다. 상업 방송 체제에서는 채널 사업에서 방송사의 이윤 추구가 가장 중요한 목표 중 하나이다. 따라서 미국의 방송사들은 경영의 효율성을 위해 방송권역을 넓히려고 네트워크 체제를 구축했다. 『방송대사전』(1990)에 의하면 '네트워크'의 기술적 정의는 두 개 또는 그 이상의 방송국들이 동일 시각에 같은 프로그램을 동시에 방영하는 것이다. 이를 위해 국(局)간을 연결하는 프로그램 연결 라인이 필요한데 전파를 사용하는 경우와 전선을 사용하는 경우가 있다. 최근에는 전선을 사용하기보다는 어느 한 방송사에서 프로그램을 다른 방송사로 보낼 때 지상파를 이용해 프로그램을 보내고 방송사는 이를 수신해 프로그램을 전송하는 체제로 운영되고 있다. 결국 네트워크 체제란 두 개 이상의 방송사가 기술적 장치를 통해 프로그램을 교류하면서 특정 시간대에 동시에 같은 프로그램을 방송하는 체제를 말한다. 네트워크 체제에서 방송사들의 기능과 역할에 따라 본국과 가맹국으로 나뉜다.

가. 본국

네트워크의 중심에 있는 방송사를 말한다. 프로그램을 제작하고 이를 가맹 계약을 맺은 특정 네트워크에게 공급하는 역할을 한다. 미국의 NBC, ABC, CBS, FOX와 같은 4대 주요 방송사가 본국에 해당한다. 한국의 경우 지상파 3사인 KBS, MBC, SBS의 본국은 서울에 위치해 있으며, 각 방송사가 제작하고 송출한 프로그램을 각각의 계약 형태에 따라 가맹국에 공급하고 있다.

나. 가맹국

특정 방송국과 네트워크 가맹 계약을 맺고 프로그램을 공급받아 송출하는 지역 방송국을 말한다. 미국의 경우, ABC, CBS, NBC, FOX 4대 네트워크의 가맹국 수는 2014년을 기준으로 각각 900여 개에 이른다. 가맹국은 네트워크 본국으로부터 프로그램을 공급받는 대신 가맹국의 광고 시간을 본국과 나누게 된다. 네트워크 본국과 가맹국의 계약은 일반적으로 다음과 같은 특성을 보인다. 첫째, 계약에 따라서 네트워크는 가맹국의 방송 시간을 일정 값에 전국 광고주에게 팔 권리를 갖고, 네트워크는 그 대가로 가맹국에게 우수한 프로그램을 제공한다. 둘째, 가맹국은 네트워크 프로그램을 직접적인 경비의 부담 없이 무료로 제공받아서 방송하고 광고주가 낸 광고료의 일부를 받는다. 셋째, 네트워크 프로그램 중 광고 스폿을 제공받아 이를 판매함으로써 수익을 기대할 수 있다(방송문화 진흥회, 1990: 2). 넷째, 모든 가맹국들은 동시에 프로그램을 전송받는다. 다섯째, 가맹 방송국은 해당 광고주에게 소구할 수 있는 광고 환경을 조성할 수 있다(Head & Eastman, 1994).

3) 국내 지상파 방송 사업자의 네트워크 운영 방식

지상파 방송사들의 네트워크 운영 방식은 방송 환경이나 방송 시장 규모, 방송사의 운영 철학 등에 따라 다소 차이가 있다. 특히 네트워크는 방송국 간에 협정을 맺어 프로그램을 교류하는 방식이므로 프로그램 교류 방식에 따라 구분할 수 있다. 이에 대해 이권영(2003)은 프로그램 공급의 중심축이 중앙국 중심이냐, 지역 방송국 중심이냐에 따라 중앙국 중심의 전국 네트워크 체제와 지역국 중심의 전국 네트워크 체제로 구분했다. 그러나 실제적으로 지역국 중심의 전국 네트워크 체제로 운영되는 경우는 많지 않고 대부분의 네트워크 체제는 방송 시장의 규모가 큰 지역에 위치한 방송사에서 방송 시장의 규모가 적은 지역의 방송사로 프로그램을 주로 공급하는 중앙국 중심으로 이루어지고 있다.

자사 지역 방송국을 연결한 전국 네트워크 채널을 가진 방송 사업자는 KBS, EBS, MBC 3개사이며 지역 방송 사업자는 10개사이다. SBS는 서울 수도권을 기반으로 한 지역 방송사로 사업 허가를 받았으나 키스테이션으로 전국 9개 주요 도시를 방송권역으로 하는 지역 민영 방송사들과 가맹 관계를 체결해 네트워크를 형성하고 있다. KBS는 공영 방송사로 직할국의 형태로 전국에 18개의 지역국을 두고 있는데 KBS 지역국들은 KBS 서울 본국으로부터 프로그램을 공급받는 한편 지역 문화 창달을 위해 일정 부분을 자체적으로 제작해 방송한다. MBC 역시 KBS와 비슷한 형태의 네트워크 체제를 가지고 있는데 서울 MBC를 키스테이션으로 전국에 18개의 방송사를 계열사 형태로 네트워크 체제를 운영하고 있다. 가맹 관계를 바탕으로 한 계열사 형태이기는 하나 대부분의 지방 MBC 계열사의 대주주는 서울 MBC이므로 직할국의 성격이 강하다. MBC 계열 지역 방송사들은 키스테이션인 서울 MBC 방송사로부터 프로그램을 공급받아 동시에 방송하나 방송법에 의거해 지역 계열사가 자체적으로 프로그램을 제작한다. 특히 MBC의 경우 2006년 11월에 지역 MBC 계열사들이 연합해 수퍼스테이션 채널인 MBC NET을 개국했다. 2007년 1월12일 본방송을 시작한 MBC NET은 19개 지역 MBC의 우수 프로그램 및 공동 제작 프로그램을 위성, 케이블, 지상파 DMB, IPTV를 통해 전국에 방송함으로써 문화적 다원주의를 실천하고 지역 균형 발전과 지역 방송 활성화를 목표로 하고 있다. SBS는 서울 수도권을 기반으로 방송을 하는 지역 방송의 형태로 1991년 방송을 시작했으나 1995년 지역 민영 방송들이 개국하면서 지역 민영 방송들과 가맹 관계를 맺고 전국에 프로그램을 공급하는 네트워크 체제를 유지하고 있다. SBS는 1995년에 개국한 KNN(부산경남방송),[2] TBC(대구방송), KBC(광주방송), TJB(대전방송)와 가맹 관계를 맺었으며 1997년에는 JTV(전주방송), UBC(울산방송), CJB(청주방송)와 2001년에는 G1(강원민방),[3] 2002년에는 JIBS(제주방송)와 가맹 관계를 맺고 있다. SBS와 지역 민영 방송사들은 업무 협정에 의해 프로그램을 공급받는다. 9개 지역 민방은 프라임 타임 시간대를 포함해 SBS 프로그램을 평균 80% 이상 방송하고 있으나 지역 민방 간의 교류는 없다. 1991년 12월 9일 SBS(Seoul Broadcasting System : 서울방송)가 서울, 경기 지역을 방송권역으로 TV 방송을 개시했으며, 이후 1도(道) 1사(社) 원칙에 의거 1995년(부산, 대구, 광주, 대전), 1997년(전주, 청주, 울산, 인천), 2001년(강원), 2002년(제주) 등 네 차례에 걸쳐 지역 민영 방송이 도입되었다.

2 PSB 부산방송은 2005년에 경상남도의 민영 방송 사업자로도 선정되어 부산과 경남 지역을 방송권역으로 하면서, 2006년에 사명을 KNN(Korea New Network)으로 변경했다.

3 GTB 강원민방은 2011년 창사 10주년을 맞이해 사명을 G1(Gangwon No.1 Broadcasting)으로 변경했다.

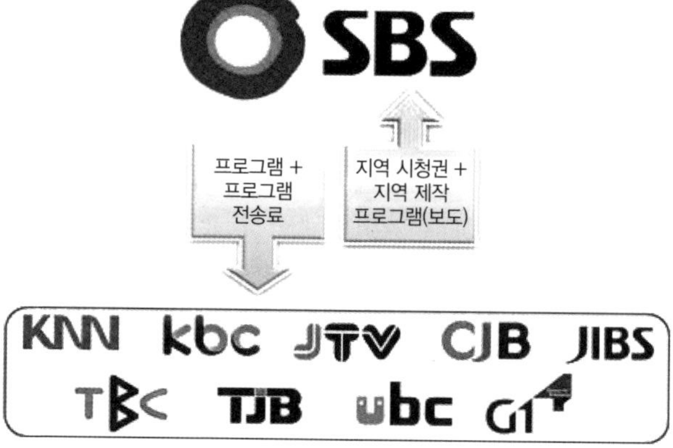

[그림 3-2] SBS와 지역 민방과의 관계

(4) 독립국

방송사를 운용하는 형태는 방송사들 간에 가맹 관계를 맺어 프로그램을 공동으로 송출하고 그 대가로 광고비를 분배하는 네트워크 체제와 다른 방송사들과 가맹 관계를 맺지 않고 독립적으로 허가받은 방송권역에서 방송을 하는 독립국이 있다. 독립국은 허가받은 방송권역에서 독립적으로 프로그램을 제작 혹은 구매해 송출해야 하기 때문에 경제적 어려움에 직면하게 된다. 방송 프로그램이라는 재화는 공공재적 특성을 가지고 있기 때문에 규모의 경제를 실현하는 재화이다. 즉 시장이 클수록 많은 돈을 투입할 수 있고 그 수익도 커지게 된다. 그러나 독립국의 경우 방송권역이 제한되어 있어 수익의 규모도 일정 부분 이상을 넘을 수 없게 되고 제작비 투입 역시 제한을 받게 된다. 따라서 독립국은 소규모의 영세한 자본으로 운영되는 경우가 많다. 우리나라의 경우 OBS 경인방송국이 독립국에 해당된다. 독립 방송국들은 대부분 지역에 기반을 두고 지역민을 위한 소규모의 방송을 하는 경우가 많은데 지역 라디오 방송국들이 독립국인 경우가 많다. 독립국들은 인력과 자본, 기술 등의 측면에서 네트워크 방송사보다 열세해 방송사 운영에 어려움을 겪을 수 있으나 네트워크 방송사들이 추구하는 상업성, 획일화된 프로그램 편성 등에서 자유롭게 독립적으로 방송을 할 수 있다는 장점이 있다(방송문화진흥회, 1990).

2) 종합 유선 방송 사업

(1) 종합 유선 방송 사업자

종합 유선 방송 사업자란 Cable System Operator 혹은 줄여서 SO라 불리는 사업자로서 유선 방송의 운영 설비를 갖추고 편성한 후 해당 채널을 통해 송출하고 관리하는 사업자를 말한다. 그냥 유선 방송사 운영자라고 불리기도 하며 편성권과 송출권, 가입자 관리권을 갖고 있다. 지상파 TV와는 달리 케이블 TV SO는 그 제한된 지역에서의 배타적 특약권을 갖게 되는데 이를 지역사업권(franchise)이라고 부른다(방송법 제12조). 이는 지역 단위의 유선 방송 시스템을 독점적으로 운영할 수 있는 권리를 말한다(정인숙, 2006). 1995년 개국 당시 1차로 53개사를 허가했고, 1997년에는 2차로 24개를 허가했으며, 2001년에는 3차로 33개를 추가로 허가했다. 그리고 2002년에 4차로 9개를 허가했다. 계속되는 합병으로 인해 2018년 현재 종합 유선 방송 사업자는 90개이다.

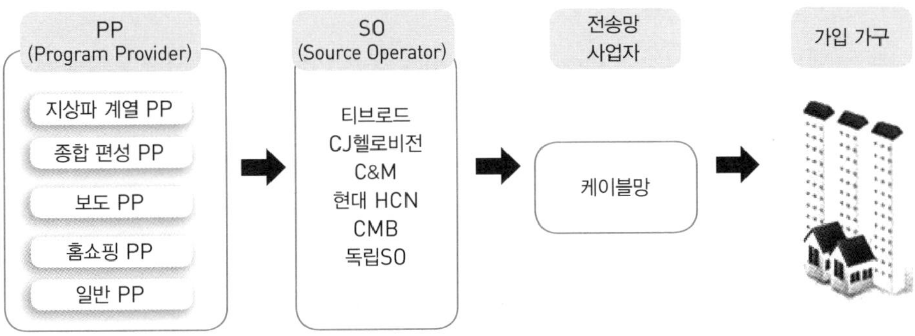

[그림 3-3] 종합 유선 방송 산업

〈표 3-1〉 국내 MSO 현황과 시장 점유율 (2016년 12월 말 기준)

		SO 사업자 수	전체 가입자 수 (단위: 단자)[4]	방송사업 매출 (단위: 억 원)	점유율 (%)
MSO	티브로드	22	323만	5,451	25.1
	CJ헬로비전	23	392만	6,375	29.4
	딜라이브 (구 씨앤앰)	17	201만	3,979	18.3
	현대HCN	8	134만	2,142	9.9
	씨엠비	10	154만	1,278	5.9
독립 SO		10	185만	2,467	11.4
계		90	1,389만	21,692	100.0

출처: 방송통신위원회(2018), 『2017년 방송산업 실태조사 보고서』, 33쪽, 37쪽 재구성.

한편 여러 개의 SO를 가진 사업자를 복수 종합 유선 방송 사업자(MSO: Multiple System Operator)라고 한다. 1999년 1월 종합유선방송법의 개정으로 MSO가 등장했으며, 이들이 종합 유선 시장의 매출액의 80% 정도를 점유하고 있어 그 영향력이 매우 크다. 2016년 현재 복수 종합 유선 사업자(MSO)는 티브로드, CJ헬로비전, 딜라이브, 현대HCN, 씨엠비이다. 국내 MSO 현황과 시장점유율을 살펴보면 〈표 3-1〉과 같다.

(2) 방송 채널 사용 사업자

방송 채널 사용 사업자는 Program Provider 혹은 PP라고 불리는 프로그램 공급업자로서 유선 배분망이나 공중파를 통한 직접 방식으로 시스템 운영자(SO)에게 프로그램을 공급하는 사업자를 말한다(정인숙, 2006). 1995년 케이블 TV 도입 시 허가제로 운영되던 PP의 진입 규제가 2001년 등록제로 바뀌면서 이후 2016년 12월

4 종합 유선 방송의 가입자 수는 종합 유선 방송을 수신하기 위한 수신 시설(단자)을 설치한 TV 수상기 대수를 기준으로 한다. 따라서 단수 수신자는 물론 2대 이상의 TV에 수신 시설이 설치된 복수 수신자도 모두 가입자 수에 포함된다(방송통신위원회, 2013: 234).

기준 방통위에 등록되어 있는 PP수는 TV의 경우 채널수가 350개에 이르고 있다. 이러한 등록제는 신규 사업자의 진입과 퇴출이 시장 상황에 따라 좌우되어 사업자의 변경이 잦은 편이다. 예를 들어 2015년과 2016년에 매년 19개 PP가 새로 승인(방송통신위원회, 2013: 57)된 반면에 매년 폐업되는 PP도 많아 2015년에는 한 해 동안 35개의 PP가 폐업했고, 2016년에는 51개의 PP가 폐업했다(방송통신위원회 홈페이지 자료).

방송 채널 사용 사업자 간에 결합한 경우를 복수 방송 채널 사용 사업자(MPP)라고 하는데, 대부분 CJ와 지상파 방송 3사가 지배적인 사업자로 자리 잡고 있다. 국내 주요 MPP 현황을 살펴보면 〈표 3-2〉와 같다.

반면, 복수 종합 유선 방송 사업자(MSO)와 복수 방송 채널 사용 사업자(MPP) 간의 결합은 MSP라고 칭하는데, MSP는 PP가 자사 채널을 안정적으로 송출하기 위해 혹은 SO가 콘텐츠 경쟁력 확보를 위해 수직적으로 결합하는 것을 의미한다. 예를 들자면, 국내 최대 MSP인 CJ E&M은 13개의 계열사와 31개의 TV 채널을 보유하고 있다. 국내 주요 MSP 현황은 〈표 3-3〉과 같다(시사상식사전, 2012).

〈표 3-2〉 주요 MPP 현황과 시장 점유율(2016년 12월 말 기준)

구분	채널 수	방송 사업 매출액(억 원)	방송 사업 매출액 점유율(%)
CJ	21	7,705	26.1%
중앙 미디어 네트워크	4	2,672	9.0%
SBS	9	2,355	8.0%
MBC	6	2,161	7.3%
KBS	6	1,325	4.5%
상위 5개 MPP 방송사업매출액		16,219	54.9%
PP 방송사업매출액(홈쇼핑 PP제외)		29,537	100%

출처: 방송통신위원회(2018), 『2017년 방송산업 실태조사 보고서』, 38쪽 재구성.

〈표 3-3〉 주요 MSP 현황과 시장 점유율(2016년 12월 말 기준)

구분	SO 수	SO + PP 방송사업매출액(억원)	방송사업매출액 점유율(%)
CJ 계열	23	7,705	26.1%
티브로드 계열	22	2,672	9.0%
딜라이브 계열	17	2,355	8.0%
현대 HCN 계열	8	2,161	7.3%
CMB 계열	10	1,325	4.5%
MSP 전체	80	28,831	56.3%
SO 방송사업매출액 + PP 방송사업매출액		51,229	100%

출처: 방송통신위원회(2018). 『2017년 방송산업 실태조사 보고서』. 61쪽 재구성.

2009년 미디어법 개정을 통해, 국내 방송 시장은 일련의 규제 완화가 진행되었다. 그동안의 국내 방송 산업의 소유 규제는 동종 및 이종 미디어 기업들이 무한하게 결합하는 것을 금지해 진입 장벽을 유지해왔다. 그러나 미디어법을 개정하면서 그동안 방송법에서 금지했던 신문의 방송사 지분 소유가 허용되어, 지상파 방송의 경우, 지분 소유를 10%까지 허용하고, 종합 편성 및 보도 채널의 지분 소유는 30%까지 허용하도록 개정해 신문과 방송의 교차 소유를 허용하게 되었다.

이를 통해 종합 편성 방송 채널 사용 사업자(종편PP) 4개사가 새로이 시장에 진입했다. 방송통신위원회는 "융합하는 미디어 환경 변화에 적극 대응"하고, "방송의 다양성 제고를 통한 시청자 선택권 확대"와 "콘텐츠 시장 활성화 및 유료 방송 시장의 선순환 구조 확립", "경쟁 활성화를 통한 방송 산업의 글로벌 경쟁력 확보" 등 네 가지 정책 목표를 제시하면서, 전문 편성만 할 수 있는 PP 산업에 지상파 방송과 같이 보도, 교양, 오락의 종합 편성을 할 수 있는 종합 편성 PP를 승인했다. 이들 4개 종합 편성 PP는 TV조선, JTBC, 채널A, MBN으로 2010년 12월 말에 종합 편성 방송 채널 사용 사업자(종합편성 PP)로 승인되어, 2011년 12월부터 방송을 시작하게 되었다.

3) 위성 방송 사업

위성 방송 사업자란 인공 위성을 관리해 방송을 행하는 사업자를 말한다. 방송법 시행령에서는 위성 방송 사업자를 일반 위성 방송 사업자와 위성 이동 멀티미디어 방송 사업자로 구분하고 있는데, '일반 위성 방송 사업자'라 함은 위성 이동 멀티미디어 방송 사업을 제외한 위성 방송 사업을 하기 위해 법 제9조 제2항[5]의 규정에 의해 허가를 받은 자를 말한다(방송법 시행령 제1조의 2). 일반 위성 방송으로는 지난 2002년 3월에 개국한 한국디지털위성방송(Skylife)이 있다.

(주)케이티스카이라이프가 제공하는 위성 방송 서비스는 1999년 8월에 발사한 무궁화호 3호를 이용해 서비스되고 있으며, 서비스 제공 방식은 PPV(Pay Per View) 방식으로 프로그램 1편당 이용료를 지불하는 Sky Choice가 있고, 특정 채널 1개를 판매하는 PPC(Pay Per Channel) 방식, 그리고 몇 개의 채널을 패키지로 묶어 판매하는 형식이 있다(정인숙, 2006).

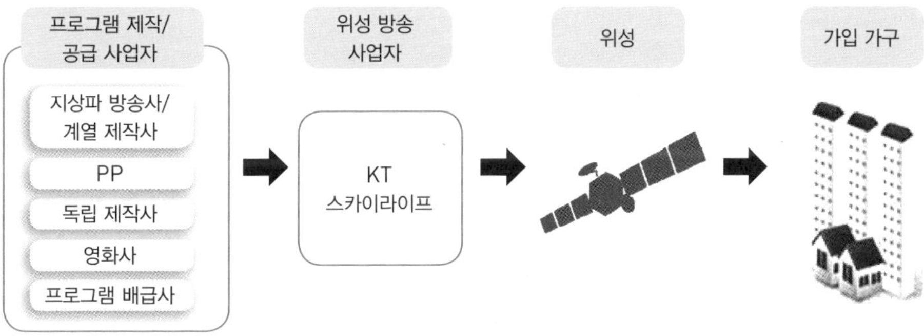

[그림 3-4] 위성 방송 사업

5 방송법 제9조(허가 · 승인 · 등록 등) ② 위성 방송 사업을 하고자 하는 자는 「전파법」으로 정하는 바에 따라 미래창조과학부 장관의 방송국 허가를 받아야 하고, 종합 유선 방송 사업 또는 중계 유선 방송 사업을 하고자 하는 자는 대통령령으로 정하는 기준에 적합하게 시설과 기술을 갖추어 미래창조과학부 장관의 허가를 받아야 한다. 이 경우 미래창조과학부 장관은 미리 방송통신위원회의 동의를 받아야 한다. 〈개정 2013.3.23〉

2012년 스카이라이프(Skylife)는 총 312개의 채널(지상파[지역 지상파 포함] 66개, 직접 사용 지역 채널 4개, 종편 채널 8개, PP 채널 165개, 음악 채널 31개, 해외 위성 채널 19개, PPV 채널 16개, 가이드 채널 2개, 데이터 방송 1개)을 제공하고 있다. 채널의 구성은 PP(Video) 채널이 52.9%를, 지상파 채널이 21.2%, 음악 채널이 10%를 차지하고 있는 것으로 나타났다(방송통신위원회, 2013).

4) 인터넷 멀티미디어 방송(IPTV) 산업

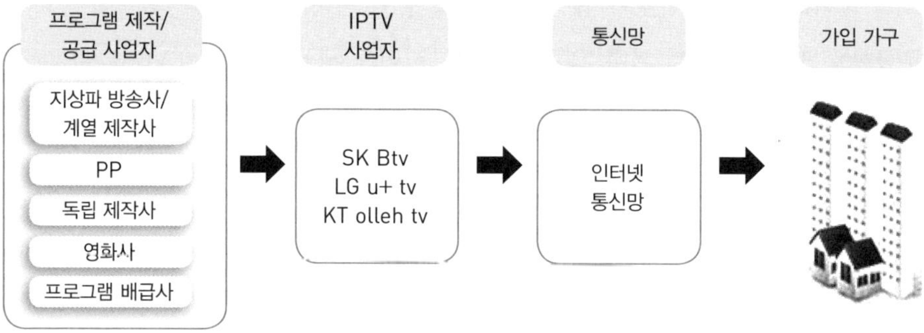

[그림 3-5] IPTV 사업

IPTV는 고속 인터넷망을 이용한 TV 서비스로 그동안 별개 시장으로 존재하던 방송, 통신 및 인터넷 포털 시장이 기술적 융합을 통해 단일 미디어 서비스 시장으로 진화한다는 측면에서 융합형 미디어로 언급되고 있다.

지난 2005년 1월 27일부터 실시간 방송을 제외한 IPTV 시범 서비스가 개시된 후, 2008년 하반기부터 상용화되기 시작했다. 현재 'Olleh TV(KT), B TV(SK), U+ TV G(LG)' 등 3개의 사업자가 운영 중이다.

사업자별 추진 현황을 살펴보면, 망을 보유한 유선 통신 사업자는 KT, SK브로드밴드(구 하나로텔레콤 하나TV), LG데이콤이다. 이 중 SK브로드밴드가 인수한 하나TV가 먼저 2006년 7월 시작했고, 마지막 주자는 LG로 2007년 12월에 Pre-IPTV의 형

〈표 3-4〉 국내 IPTV 서비스 개요

구분	B tv	olleh tv	U+ tv G
사업자	SK브로드밴드 (구 하나로텔레콤 하나TV)	KT	LG텔레콤
개시일	(2006년 7월) 2008년 9월	2008년 9월	2008년 9월
초고속 통신망	SK브로드밴드 KT메가패스 LG파워콤 엑스피드	KT메가패스	LG파워콤 엑스피드
특징	9만여 편 방대한 콘텐츠	지상파 실시간 재전송 교육 콘텐츠	대용량 HD급 영상물
부가 기능	검색, 쇼핑, 게임, 노래방, 교통 정보, 쌍방향 서비스, VOD		
가격	기본형 12,000원 내외/ 고급형 25,000원 내외 인터넷망 + IPTV + 집전화 + 휴대전화 결합 상품		

태로 서비스를 제공했다. 이후 하나로텔레콤은 SK텔레콤과의 기업 결합을 통해 '브로드 앤 TV'라는 새로운 브랜드로 다시 출발했다. KT 역시 IPTV 사업을 기업 자체의 핵심 미래 사업으로 설정해 IPTV 사업 진출에 기업 역량을 모으고 있으며, 공격적인 네트워크 및 콘텐츠 투자를 통해 기존 통신 서비스와 방송 서비스 및 개인화된 서비스 제공을 핵심 전략으로 설정하고 있다. 이들 세 개의 사업자의 IPTV가 공식적으로 상용화된 시점은 2008년 9월이며 현재 다양한 부가 서비스를 함께 공급하고 있다.

5) MCN 사업자

MCN(Multi Channel Network)이란 우리말로 다중 채널 네트워크 서비스로 유튜브(Youtube)와 같은 온라인 동영상 플랫폼을 이용해 1인 방송을 운영하는 개인을 위한 초기 제작 지원과 유통, 수익 관리, 부가 사업 등을 관리해주는 매니지먼트 기획사라고 할 수 있다. 유튜브는 광고 수익을 기반으로 하는 플랫폼으로, 1인 창작자들의 영상이 인기를 끌고 광고 효과를 얻게 되자, 마케터들의 광고 수단으로 점차 많은 관심을 끌게 되면서 1인 크리에이터들의 수익과 콘텐츠 제작 및 유통을 효율적으로 관리해주고 매개하는 시스템으로 MCN이 생겨나게 되었다. MCN은 여러 개인 창작자를 묶어 다수의 채널을 통해서 트래픽을 얻고, 그 광고 수익을 통해 사업을 관리하기 때문에 다중 채널 네트워크라는 이름이 붙게 되었다.

이들 1인 방송 크리에이터는 기존의 TV나 영화에서는 볼 수 없었던 기발한 아이디어를 바탕으로 다양하고 차별화된 콘텐츠를 생산하는데 이는 콘텐츠 제작과 유통에 대한 매몰 비용에 대한 부담이 크지 않기 때문에 가능하다. MCN의 채널은 온라인 상에서 추가와 삭제에 제약이 없으며 급변하는 미디어 시장 상황에 따라, 기획, 제작, 생산, 진입과 같은 대응이 신속하다. 또한 MCN은 기존의 CPND 모델로 설명하기 어려운 콘텐츠 제작과 유통 모델을 소개하면서 기존의 산업적인 경계를 허물고 있다는 점에서 주목할 만하다(배기형, 2016).

2. 제작 사업

제작 사업자란 프로그램을 제작해 공급하는 사업자로 대표적인 제작사로는 지상파 방송사, PP(Program Provider), 독립 제작사 등을 들 수 있다. 그중 지상파 방송사는 자체 제작과 채널 운영을 함께 하고, PP 역시 일반적으로 프로그램 제작과 함께 종합 유선 방송국 공급업을 같이 하고 있는 경우가 있기 때문에 순수한 의미의 제작사는 독립 제작사라고 할 수 있다. 따라서 여기에서는 독립 제작사를 중심으로 우리나라 제작 사업의 현황과 문제점을 살펴보고자 한다.

2016년 12월 31일을 기준으로 문화부에 등록된 독립 제작사의 수는 1,441개로 2000년도 130개에 비해 거의 10배 이상이 증가했다. 그러나 이러한 양적 성장이 독립 제작사의 경쟁력 강화를 의미하지는 않는다. 자본금 규모나 인력, 제작 규모별로 보면 종사자 수가 4인 미만인 제작사가 전체의 30.6%, 10인 미만의 제작사는 절반이 넘는 55.6%에 달한다. 문화체육관광부의 방송영상독립제작사 현황 조사에

〈표 3-5〉 한국의 방송 영상 독립 제작사 신고 현황(2016년 말 기준)

제작사 수	매출액(백만원)	인력
532개	1,143,498	7,282
1개사당 평균	2,149	14

출처: 문화체육관광부 홈페이지.

〈표 3-6〉 매출액 규모별 방송 영상 독립 제작사 현황(2016년 말 기준)

연도	1억 원 미만 사업체	1억~10억 원 미만 사업체	10억~100억 원 미만 사업체	100억 원 이상 사업체	계
2013	105(20.9%)	240(47.7%)	139(27.6%)	19(3.8%)	503 (100.0%)
2014	110(22.2%)	215(43.4%)	145(29.2%)	26(5.2%)	496 (100.0%)
2015	147(27.6%)	212(39.8%)	144(27.1%)	29(5.5%)	532 (100.0%)

출처: 문화체육관광부 홈페이지.

〈표 3-7〉 인력 규모별 방송 영상 독립 제작사 현황(2016년 말 기준)

구분	1-4명 사업체	5~9명 사업체	10~49명 사업체	50~99명 사업체	100명 이상 사업체	계
2013	152(30.2%)	148(29.4%)	181(36.0%)	14(2.8%)	8(1.6%)	503 (100.0%)
2014	159(32.1%)	113(22.8%)	202(40.7%)	18(3.6%)	4(0.8%)	496 (100.0%)
2015	163(30.6%)	133(25.0%)	213(40.0%)	19(3.6%)	4(0.8%)	532 (100.0%)

출처: 문화체육관광부 홈페이지.

참여한 532개의 사업체의 현황은 다음 표와 같다.

독립 제작사가 참여할 수 있는 시장은 주로 지상파 방송, 케이블 텔레비전, 비디오, 영화 등이다. 특히 방송법에서 지상파 방송사의 경우 전체 편성 시간의 40%를 자체 제작이 아닌 외주로 제작된 프로그램으로 채울 것을 의무화하고 있어 독립 제작사들이 2000년 이후 양적으로 증가한 것이 사실이다. 특히 드라마의 경우 자체 제작보다는 외주로 제작되는 경우가 많다. 그러나 우리나라 독립 제작사가 미국이나 영국과 같은 영상 선진국의 독립 제작사처럼 경쟁력을 갖추기 위해서는 해결해야 할 문제점이 많다. 우리나라 독립 제작사의 가장 큰 문제점은 영세한 자본 규모와 인력으로 운영되기 때문에 자체 경쟁력이 낮다는 것이다. 〈표 3-7〉에서도 알 수 있듯이 10인 미만으로 운영되는 독립 제작사가 전체 제작사의 약 56%를 차지한다. 이러한 인력 규모를 가지고는 경쟁력 있는 프로그램을 제작하기 힘들다. 따라서 대부분의 독립 제작사는 지상파 방송사와의 관계에 있어 하도급 업체의 성격을 갖는 경우가 많다. 즉 제작비를 미리 지급받거나, 방송 기자재나 스튜디오, 인력 등을 제공받아 프로그램을 납품하는 형태를 취하게 된다. 이러한 구조적 문제로 독립 제작사는 방송사와의 관계에서 자신들의 요구를 관철하기 힘들다. 특히 프로그램에 대한 저작권을 방송사가 갖는 경우가 대부분이기 때문에 독립 제작사는 부가수익을 올리기 힘들고 장기적인 기획을 하기 힘들다. 그렇기 때문에 프로그램 제작에 대한 보상, 즉 프로그램 저작권 일부를 독립 제작사에게 주어야 한다는 주장이 제기되고 있다. 또 다른 문제점은 독립 제작사 간에도 불균형이 심하다는 것이다. KBS의 경우 5대 독립 제작사(삼화 네트웍스, 김종학 프러덕션, 초록뱀 미디어, 팬 엔터테인먼트, 올리브 나인)가 드라마 외주 제작비의 75%인 388억 원을 수주해갔다. 그래서 다른 독립 제작사들은 상대적으로 열악한 환경 속에서 제작을 할 수밖에 없다(이기현 외, 2008). 그러므로 독립 제작사가 경쟁력을 갖추기 위해서는 법과 제도의 정비를 통해 독립 제작사로 하여금 제작/창작 활동에 대한 합당한 보상을 해주어야 한다. 영국의 경우 2003년에 개정된 커뮤니케이션 법에 의해서 독립 제작사들이 제작한 프로그램에 대한 부가판권을 획득할 수 있도록 보장함으로써 독립 제작사의 실질적인 발전에 기여했다. 물론 정부의 정책만으로 독립 제작사가 성장하기를 기대할 수 없다. 독립 제작사 스스로가 변화하는 미디어 환경을 직시해 방송사에서는 하기 힘든 창의적인 기획으로 프로그램 제작 경쟁력을 높이는 부단한 노력이 필요하다. 새로운 채널이 등장하면서 프로그램 수요는 점점 커지고 있으며 다양한 시청 층을 겨냥한 틈새 프로그램의 수요도 증가할 것이다. 이러한 환경 변화를 직시하고 창의적인 노력을 한다면 독립 제작사가 양적 성장뿐만 아니라 질적인 성장도 할 수 있을 것이다.

3. 유통/배급 사업

유통 사업은 프로그램의 저작권을 사고 파는 사업으로 이미 제작된 프로그램의 방영권을 구입해 다양한 채널에 프로그램을 공급하는 사업이다. 방송 프로그램의 유통 시장은 분류 기준에 따라 여러 가지로 나눌 수 있는데, 미디어의 종류에 따라서는 지상파 TV 시장, 케이블 TV 시장, 위성 TV 시장, 홈비디오 시장 등으로 나눌 수 있다. 또한 방송 프로그램의 유통 시장은 일반적으로 1차 유통 시장과 2차 유통 시장으로 나눌 수 있다. 1차 유통 시장은 프로그램 제작사와 방송 사업자를 연결시키는 도매 시장 성격의 유통 시장이며, 2차 유통 시장은 프로그램 제작사나 방송 사업자와 소비자를 연결시키는 유통 시장을 말한다.

방송 프로그램의 유통을 전문적으로 담당하는 사업자로 신디케이션이 있다. 신디케이션은 저작권 소유자가 독립 방송사 혹은 네트워크 가맹사에 텔레비전 프로그램의 방영권을 판매하는 것을 의미한다. 신디케이션 시장은 국내보다도 특히 미국에서 지속적으로 성장하고 있다. 네트워크의 프로그램 소유권을 제한하는 Fin/Syn Rule(Financial Interest and Network Syndication Rule)[6]이 폐지된 이후에도 지속적으로 성장하고 있다. 국내에서도 최근 방송 영상물 유통 비즈니스의 대안으로 신디케이션 사업이 부상하고 있다. 예를 들어 KT와 Skylife는 드라마 중심의 방송 영상물에 대한 제작, 배급, 서비스를 통합하는 콘텐츠 신디케이션의 합작사 설립을

---

6 뉴스, 스포츠, 다큐멘터리 등의 장르를 제외한 프로그램의 경우 네트워크가 소유권을 가질 수 없고 또한 신디케이션 시장에서 활동할 수 없도록 제한하는 규정.

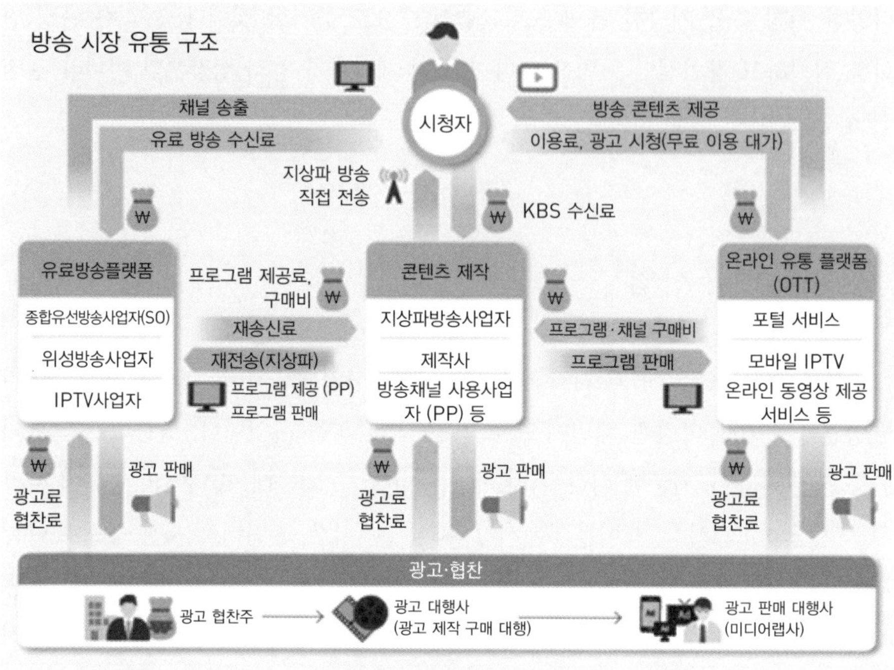

[그림 3-6] 방송 프로그램 유통 시장의 일반 구조

출처: 방송통신위원회(2018). 『2017년 방송산업실태조사 보고서』.

추진하고 있기도 하다(최세경, 2007).

방송 프로그램 유통 시장의 일반 구조를 살펴보면 [그림 3-6]과 같다.

1) 우리나라

우리나라의 경우 프로그램 유통 사업의 필요성을 인지하기 시작한 것은 1995년 이후이다. 케이블 방송국이 개국하고 채널이 급격히 증가하면서 프로그램 수요가 늘기 시작했고 케이블 사업자들은 편성 시간을 채우기 위해 외국 영화나 방송 프로그램뿐만 아니라 국내 영화, 방송 프로그램에 대한 저작권을 구매하고 편성하기 시작했다. 이후 케이블 사업이 활성화되고 위성 방송, 지상파 DMB, 인터넷 방송,

IPTV 등이 방송을 시작하면서 콘텐츠의 유통의 필요성이 부각되었다. 특히 2000년부터 동북아시아 지역을 중심으로 일기 시작한 한류 열풍은 방송사로 하여금 프로그램 수출을 통해 부가 수익을 창출할 수 있다는 믿음을 주었고 방송사들은 프로그램 유통을 전문적으로 다루는 부서를 만들어 제작된 프로그램을 국내 시장뿐만 아니라 해외 시장에 수출하기 시작했다. 2000년 이후 매체 창구가 늘어나면서 프로그램 유통이 증가하기 시작한 것이 사실이다. 프로그램 수출을 통해 벌어들인 수익이 2007년에 662억 원이었던 것이 2009년에는 1296억 원으로 3년 사이에 거의 2배로 증가했다. 그 때문에 지상파 방송사들을 중심으로 수출에 많은 노력을 기울이기 시작했다. 그러나 아직 우리나라의 경우 다른 영상 선진국에 비해 유통 시장이 활성화되지 못하고 있다. 유통 시장이 활성화되지 못하는 가장 큰 이유는 프로그램의 유통을 전문적으로 다루는 유통 전문가가 부족하고 경쟁력 있는 자본을 갖춘 유통 전문업체가 없기 때문이다. 우리나라의 경우 가장 경쟁력 있는 제작사는 지상파 방송사들이고 지상파 방송사들이 프로그램의 저작권을 가지고 있기 때문에 저작권만을 다루는 유통사가 활성화되기 힘들다. 그러나 다채널 다미디어 시대가 개막되어 프로그램의 수요가 급증할 것이기 때문에 프로그램의 부가가치를 높이고 콘텐츠의 수급을 안정적으로 도모하기 위한 프로그램 유통업은 성장하리라 예상된다. 특히 프로그램 유통이 활성화된다면 프로그램의 수익을 극대화할 수 있어 제작 산업의 발전도 기대할 수 있다. 따라서 정부는 프로그램 유통이 정상적으로 이루어질 수 있도록 법, 제도를 정비해야 한다. 특히 프로그램 저작권을 가지고 있는 지상파 방송사가 계열사인 케이블 채널이나 다른 창구에 프로그램을 비정상적인 거래와 절차로 공급함으로써 프로그램 유통 질서를 어지럽히는 것을 막아야 한다. 프로그램이 다른 창구로 방송될 때 일정 시간을 기다리는 홀드백 기간 등을 준수함으로써 프로그램의 수명을 늘리고 프로그램의 수익을 극대화하도록 해야 한다. 또한 유통 전문 인력을 양성해 프로그램 수출을 통한 부가가치를 극대화해 우리나라 영상 산업의 경쟁력을 강화해야 한다. 우리나라 유통 산업의 가장 큰 문제점 중 하나는 유통업에 대한 중요성을 인식하지 못했기 때문에 유통 분야에서 능력 있는 전문 인력을 키우지 못했다는 것이다. 이제 제작 산업 못지않게 유통 산업 역시 그 시장 규모가 커질 것이다. 그렇기 때문에 유통을 전문적으로 다루는 인력에 대한 양성이 필요하다. 프로그램에 대한 홍보, 마케팅뿐만 아니라 저작권, 주요 외국어 능력 등을 갖춘 전문 인력을 양성함으로써 유통 산업을 발전시켜야 한다.

2) 미국의 프로그램 유통 사업 현황

할리우드 제작 시스템을 바탕으로 견고한 산업적 성격이 구축되어 있는 미국의 방송 시장은 국내와 달리 배급 시장이 발달되어 있고, 신디케이션이 발달되어 있기 때문에 제작 시장의 영상 프로그램들은 네트워크를 비롯해 네트워크의 가맹사, 독립 방송사 등 보다 다양한 배급 시장까지 확대되어 있다.

미국 방송사의 프로그램은 보통 지역 제작 프로그램, 네트워크 프로그램, 신디케이션 프로그램 등으로 구성된다(Chan-Olmsted, 1991; 조은기, 2002). 즉, 미국의 방송사가 방영권을 구매하는 프로그램의 주된 형태는 원래는 영화관에서 상영하기 위해 제작한 영화, 이미 네트워크를 통해 방영된 오프 네트워크(off-network) 시리즈, 그리고 신디케이션을 위해 특별히 제작한 신디케이션 초방(first-run) 프로그램이다(Owen, Beebe, Manning, 1979; 최양수, 1996: 64). 초방 프로그램은 신디케이션만을 목적으로 제작되어 네트워크에서 방영된 적이 없는 프로그램을 의미하지만, 다른 나라에서 방송용 프로그램으로 만들어졌다가 나중에 신디케이티드 프로그램으로 국내에 유입된 외국 프로그램도 초방 프로그램으로 간주한다. 초방 프로그램의 경우에는 흥행이 불확실하기 때문에 제작 비용을 지원하고 배급을 담당하는 신디케이터의 위험 부담은 현실적으로 클 수밖에 없다. 이들 중에서 네트워크 프로그램은 신디케이션 상품(off-network program)으로 다시 사용되며 네트워크 가맹국과 독립 방송사 역시 신디케이션 산업에서 중요한 구매 위치를 차지하기 때문에 네트워크 프로그램의 시장의 운영은 신디케이션 프로그램 시장의 운영과 연동될 수밖에 없다

(조은기, 2002).

신디케이션 프로그램은 시청 점유율 측면에서도 네트워크 대비 결코 뒤지지 않는 성과를 지속적으로 달성하고 있는데, 2005/06년 시즌 요일별(월~금) 시청 점유율 상위 10위 프로그램 중에서 신디케이션 프로그램은 총 17개 프로그램으로 가장 많은 것으로 나타났다(SNTA, 2007; 최세경, 2007).

대부분 지역 텔레비전 방송사는 자체 제작을 하기보다는 신디케이션 시장을 통해 비네트워크 프로그램을 구입한다. 신디케이션을 이용할 경우 각 방송사는 지역 시장에 방영할 쇼에 대한 독점권을 가질 수 있다. 방송사는 배급자와 계약을 맺는데, 배급자가 프로그램의 제작자를 겸하기도 한다. 네트워크 가맹사에 의한 네트워크 프로그램의 방영 승인률(clearance rate)이 높기 때문에, 신디케이션 시장을 통해 유통되는 프로그램의 양은 전체 프로그램 판매에서 상대적으로 적으며 감소 추세에 있다(Owen, Beebe, Manning, 1979; 최양수, 1996: 64-65).

네트워크를 통해 프로그램을 공급받지 않고 신디케이션을 통해 프로그램을 구입하는 경우를 오프네트워크 프로그램이라고 하는데 오프네트워크 프로그램을 초방할 경우 두 가지 이유에서 경영상의 이점을 갖는다. 첫째, 오프네트워크 시리즈는 과거의 흥행 기록이 알려져 있어서 방송사 경영자가 안전한 투자를 할 수 있으나, 새로운 초방 프로그램은 그렇지 못하다. 둘째, 오프네트워크 시리즈는 덜 비싸다. 오프네트워크 프로그램에 대해서는 배급 비용과 재방송료(재방송함으로써 탤런트에게 지불하는 비용)만 주면 된다. 제작 비용은 대개 이전의 네트워크 방영에서 처리된 것으로 본다. 반면, 신디케이션을 위해 특별히 만든 초방 프로그램은 배급 비용뿐만 아니라 새로운 쇼의 제작 비용 일체를 지불해야 한다. 초방(first-run) 프로그램의 제작 비용은 시청자에 대한 소구력을 놓고 비교해볼 때, 오프네트워크의 재방송료를 초과하는 경향이 있다(Owen, Beebe, Manning, 1979; 최양수, 1996: 66-67).

신디케이션에서 프로그램을 거래할 때의 가격은 대체로 방송사가 위치한 시장의 규모에 의해 결정된다. 즉 프로그램을 구입하려는 방송사가 위치한 시장이 큰 경우 작은 시장에 위치한 방송사보다 프로그램 가격을 더 많이 지불하게 된다. 보통 프로그램을 구매할 때 계약은 방송사마다 다를 수 있으니 계약 당시 구입한 에피소드의 수를 명시하며, 에피소드를 몇 번 방송할 수 있는가를 명시하게 된다.

신디케이션은 대체로 상영된 영화와 네트워크 프로그램이 다시 팔리고 재사용되는 2차 시장이다. 1차 시장의 소규모 제작사는 자기 소유의 신디케이션 배급사를 운영할 만큼 규모가 크지 않다. 소규모 제작사 가운데 상당수가 자기 시리즈에 대한 신디케이션권을 주요 신디케이터들에게 판매한다(Owen, Beebe, Manning, 1979; 최양수, 1996: 69).

이와 같이 방송 프로그램의 유통 시장의 참여자들 간의 관계가 복잡하게 얽혀 있고, 일반 재화와는 다른 경제적 속성을 지니고 있기 때문에 방송 프로그램의 유통 시장에서 상품이 거래될 때 유통 배급사라는 중계인의 역할이 다른 산업의 경우에 비해 매우 중요하다. 프로그램 시장에서 중계인의 역할이 중요하게 부각되는 이유는 프로그램 거래에서 비용을 줄일 수 있고, 소비자의 성향과 수요 변화와 관련된 시장 정보를 체계적으로 입수해 최종 소비자와 공급자를 연결시켜줄 수 있기 때문이다(조은기, 2002).

미국의 방송 프로그램의 제작 산업은 방송 제작과 송출이 수직적으로 통합되어 있는 우리나라 방송 구조와는 달리 네트워크에 프로그램을 공급하는 제작사들은 대부분 독립 제작사들로 이루어져 있으며, 시장 진입이나 시장 점유율 면에서 비교적 경쟁적 구조를 지니고 있다. 그 때문에 텔레비전 프로그램 제작사들은 4대 네트워크(ABC, NBC, CBS, FOX)에 대항하기 어렵다는 특징을 지닌다. 미국의 4대 네트워크는 자체 제작과 독립 제작사들이 제작하는 프로그램들을 유용하게 분배해 사용함으로써 시장을 지배하는 비교적 견고한 과점 구조를 유지하고 있으며, 이는 독립 제작사들에 의해 제작되는 다수의 프로그램이 거쳐야 할 병목구간을 형성하기 때문이다(정윤경, 2002: 81).

그러나 최근에는 독립 제작사들의 저작권을 보호해주는 Financial Interest Syndication rule(재정이익 및 신디케이션 규칙)[7]의 완화에 따라 네트워크사가 방송된

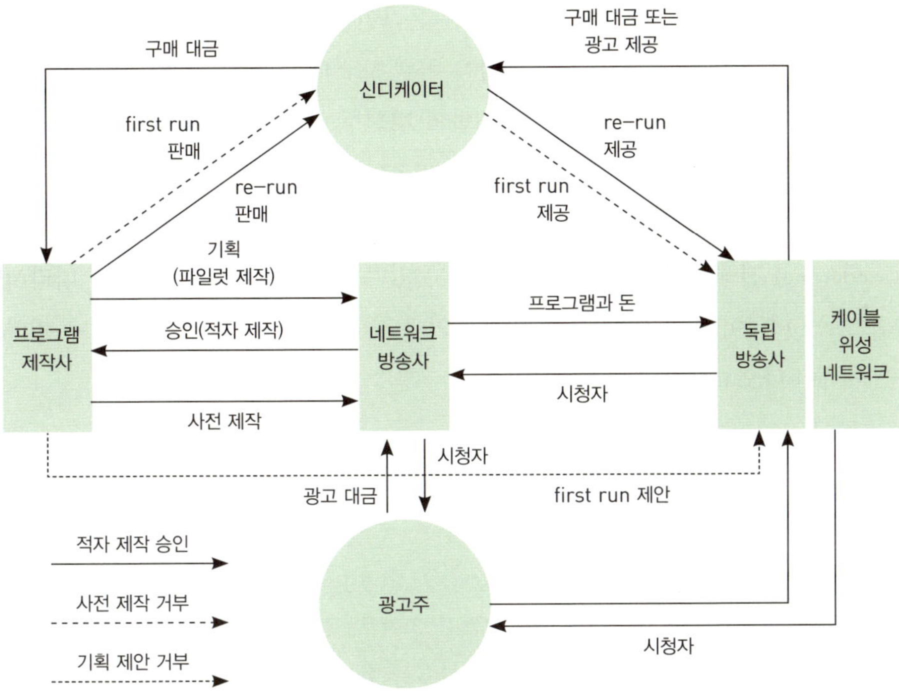

[그림 3-7] 미국 텔레비전 방송 산업의 구조와 신디케이터의 기능

출처: 최세경(2007), 「영상물 유통 시장의 변화 신디케이션의 가능성」, 『KBI 포커스』.

프로그램 저작권 소유가 가능하게 되었고, 콘텐츠를 보유하고 있는 제작사 또는 신디케이션과 네트워크 간의 합병이 활발하게 추진되고 있다. 또한 통신법의 소유 규제 완화에 따라 방송국 간의 합병도 잦으며, 콘텐츠와 네트워크 간 결합으로 인해 방송 프로그램 부문에서도 시장 지배력을 갖춘 대형 사업자가 탄생하고 있다.

---

7 Fin-Syn 규정은 외주 제작사가 제작한 텔레비전 프로그램에 대해 지상파 네트워크들(ABC, CBS, NBC)이 신디케이션 시장(지상파 네트워크에서 방송된 프로그램이 지역 가맹사나 가맹사가 아닌 독립 방송사 또는 케이블 네트워크에서 재방송되는 2차 시장)에서 판권을 소유하지 못하도록 하며, 다만 지상파 방송에서의 방송권만을 살 수 있도록 하는 규정이다. 1970년 연방통신위원회(FCC: Federal Communications Commission)에 의해 제정된 이 규정은 FCC가 1993년 주요 부분을 폐기했고 1995년에는 완전히 폐기되었다.

그뿐만 아니라 최근 방송 콘텐츠의 유통은 온라인을 중심으로 통합되는 양상을 나타낸다. 온라인에 따른 플랫폼의 통합은 콘텐츠에 대한 상시 접근과 상호작용성(interactivity) 기능을 향상시켜 VOD 기반의 비선형 서비스를 확대하고 있는 것이다. 이러한 콘텐츠 유통 시장에서 온라인 비즈니스의 확산은 콘텐츠에 대한 상시 배급이 가능한 비선형 서비스로 인해 콘텐츠의 시간 지연에 따른 창구화(windowing) 전략을 전면적으로 변화시키고 있다(최세경, 2007; 윤재식, 2009). 따라서 앞으로는 미국이 방송 영상 산업 구조도 거대 사업자 지배 위주로 달라질 수 있다는 예측이 나오고 있다.

더 생각해볼 문제

1. 유튜브와 같은 오픈 플랫폼 채널이 등장하면서 C → P → N → D로 설명되는 방송 산업 생태계 모델에 변화가 생기게 되었다. 향후 방송 영상 산업 생태계는 어떠한 변화를 맞이하게 될 것인지 예측해보자.
2. MCN(Multi Channel Network)이 안정적인 수익을 창출하는 플랫폼 사업자로 성공하기 위해서는 어떠한 콘텐츠 전략이 필요할까?
3. 방송 · 통신 융합 시대가 도래하면서 지상파, 케이블, 위성, IPTV, OTT 등 플랫폼 사업자들의 경쟁이 치열해지고 있다. 경쟁 우위를 점하기 위한 플랫폼 사업자들의 전략에 대해 논의해보자.

제4장

방송사 조직과 운영

1. 방송사 조직과 운영의 특성

방송은 공공재인 전파를 사용하고, 희소한 자원인 전파를 가지고 사업을 하기 때문에 방송사는 사적인 영리만을 추구해서는 안 되고 공공의 이익 역시 중시해야 한다. 그렇기 때문에 방송사는 공공성과 효율성이라는 두 마리 토끼를 잡는 것을 목표로 운영해야 한다. 전파의 공공재적 특성 외에도 방송사가 생산해내는 프로그램은 영상 콘텐츠라는 창의적 재화로 제품의 생산부터 소비에 이르기까지 나타나는 일련의 과정과 성과들이 일반적인 경제적 재화와는 다르다. 케이브(R. Caves)는 창의적 재화를 생산해내는 조직이나 인력은 일반적인 경제재를 생산해내는 조직이나 인력과는 차이가 있다고 설명한다(Caves, 2000).

방송사는 다양한 형태의 정보, 콘텐츠를 다루기 때문에 제품의 성격, 직원의 유형, 생산 방식, 기능과 역할, 조직적 요인 등에서 다르다. 우선적으로 프로그램을 제작하기 위해서는 PD, 작가, 배우, 카메라, 미술, 그래픽, 음향, 음악, 편집, 스크립터 등 각 분야의 전문 인력이 투입되어야 한다. 이 중 어느 한 분야의 인력이나 기술이 누락될 때에는 '프로그램'이라는 최종 제품이 생산될 수 없다. 또한 각각의 요소가 어떻게 조합되는가에 따라 매우 다른 종류, 질의 프로그램이 제작될 수 있어 생산 요소에 따라 무한히 다양한 프로그램이 제작될 수 있다. 가령 동일한 시나리오를 가지고 제작하더라도 투입되는 제작비 수준이 다르고, 감독, 연기자, 스태프 등의 투입 요소가 n만큼 다르다면 역시 n개의 다른 콘텐츠가 생산될 수 있다. 때문에 방송사는 창의적 재화로서의 프로그램의 특성과 창의적 재화를 생산해내는 인력의 특성을 잘 파악해 운영해야 한다. 구체적으로 방송사는 매우 다양한 인력이 존재하는데, 콘텐츠를 생산해내는 창의적인 인력 이외에도 재무, 관리를 맡는 인력, 기자, 작가, 예술가, 배우, 감독, 편집 전문가 등 다양한 인력들이 하나의 조직 내에서 일을 하게 된다.

이와 같이 미디어 생산물이 갖는 공공재적 특성과 창의적 재화로서 갖는 수요와 시장성과의 불확실성, 인력의 전문주의 등은 방송 조직의 특성에 영향을 미친다. 따라서 미디어 조직은 창의성을 존중하는 전문주의를 유지하면서, 거대하고 고노화된 방송 조직의 효율성을 위해 조직의 관료화를 강화시켜야 하는 딜레마와 이의 결과로 이중적인 하부 구조를 갖고 있다(김동규, 1992; 강익희, 2003).

2. 방송사와 외부 조직과의 관계

방송사 역시 생산 활동을 하는 조직으로 독립적으로 기능을 수행하기보다는 다른 조직과 상호작용하면서 관계를 형성하고 다른 조직과의 관계는 방송사의 업무수행에 영향을 미친다. 방송사는 일정한 수익을 추구하는 조직이면서도 방송사가 다루는 재화의 특성상 공적인 기능에 대한 책무가 강하다. 그렇기 때문에 방송사는 다양한 사회 조직과 상호작용하면서 공익과 수익성의 균형을 맞추어야 한다. 방송사의 기능과 업무에 직접적인 영향을 미치는 주요 조직으로는 정부, 광고주(기

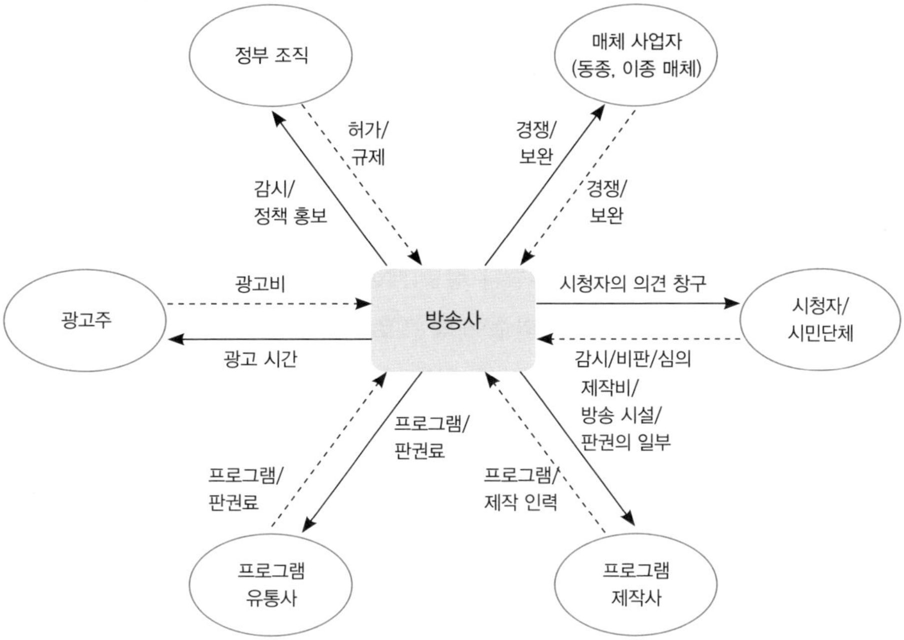

[그림 4-1] 방송사와 외부 조직

업), 프로그램 제작사, 프로그램 유통사, 경쟁매체사, 시청자 및 시민단체 등을 들 수 있다.

1) 방송사와 정부 조직

방송이 가지는 공공재적 특성과 전파의 희소성, 그리고 막대한 사회적 영향력이라는 특성 때문에 방송 조직에 미치는 정부의 영향력은 매우 크다. 정부는 방송사의 인허가권을 비롯해 방송국 운용과 관련된 다양한 규제 정책을 가지고 방송사의 운용에 직접적인 영향을 미친다. 물론 우리나라의 경우 방송통신위원회가 방송사에 대한 규제 정책을 실시하는데 방송통신위원회는 독립적인 공적 기관이나 위원장을 대통령이 임명하고 위원의 1/2을 정부 여당에서 임명하기 때문에 방송통신위원회를 통해 간접적으로 미치는 정부의 영향력이 크다.

(구)방송위원회의 소관이었다가 방송과 통신의 융합 시대를 맞아 2008년에 새롭게 설립된 방송통신위원회에 계승된 방송법에는 방송 경영 및 조직에 영향을 주는 다양한 조항들이 포함되어 있다. 정부와 방송통신위원회는 허가를 내주는 대신, 방송사로 하여금 ① 방송경영자의 자격 요건을 비롯해, ② 방송법인 재산 상황과 자본 구성, 주주, 출자자, 이사 현황 등의 정부 제출 의무, ③ 보도, 교양, 오락 등 균형적인 편성과 외국 프로그램 및 외주 제작 프로그램 편성, ④ 방송과 광고 내용에 대한 심의 등을 요구한다. 방송 조직은 이러한 정부 요구 조건을 충족시켜주는 대신, 수익을 낼 수 있는 방송 기업 영업권을 따낸다. 정부는 허가를 내준 뒤에도 방송 조직에 대한 감시와 규제를 계속한다. KBS와 MBC의 사장과 임원 인사를 사실상 결정하는 경영권에 대한 관여를 하는가 하면 편성 심의와 같은 방송 내용에 대한 규제를 가하고, 한국방송광고공사를 통해 광고 요금을 규제함으로써 방송 조직의 재원에도 결정적인 영향을 미친다.

따라서 방송사는 정부의 정책 등에 순응하는 자세를 취하게 된다. 그러나 방송은 방송의 기능을 통해 공익의 의무를 다해야 하기 때문에 무비판적으로 정부의 정책을 방송하거나 받아들여서는 안 된다. 방송은 뉴스, 토론, 심층 보도 프로그램 등을 통해 정부의 정책을 비판하기도 하고 한편으로는 정부의 정책을 널리 알려 여론을 긍정적으로 조성하는 역할을 하기도 한다. 이처럼 정부와 방송사는 상호 영향력 하에 있기 때문에 매우 긴밀한 관계를 형성할 수밖에 없다. 특히 수신료를 재원으로 하는 공영 방송의 경우 수신료의 징수 방법이나, 수신료의 인상 등은 방송통신위원회의 정책에 의해서 이루어지며 한국방송공사법과 같은 법조항에서 결정되기 때문에 정부나 국회 등의 정치권의 영향력으로부터 자유롭기 힘들다. 결국 방송사와 정부 기관과의 관계를 어떠한 방식으로 가지고 가는가가 가장 중요한 것으로, 방송사와 정부는 서로 견제하는 건전한 긴장 관계가 바람직하다고 할 수 있다. 방송사가 정부 기관으로부터 방송사의 허가권을 받지만 정부 기관 역시 시청자인 국민을 대신해 업무를 수행하는 것이다. 따라서 방송사는 정부의 이익이 아니라 국민, 시청자의 이익을 대변하는 기능을 수행해야 한다. 반면 정부는 방송사가 기업적 이윤을 위해 혹은 광고주의 이익을 위해 프로그램을 제작 편성하지 않도록 감시해야 하고 방송사들이 사익이 아닌 공익을 위해 방송할 수 있도록 다양한 법과 제도를 수립해야 한다.

2) 방송사와 광고주 시장

방송사에서 만들어내는 상품 및 재화는 공공재적 특성을 가지기 때문에 시장 실패에 직면하게 된다. 한 사람이 프로그램을 시청하는 행위가 다른 사람의 프로그램 시청에 영향을 미치지 않는 비경합적인 특성과 한 사람이 프로그램을 시청할 때 다른 사람을 배제시킬 수 없는 비배제적인 특성으로 인해 일반적인 시장에서의 수요와 공급의 원리가 작동하기 힘들고 공급자는 수요자(시청자)로부터 합당한 가격의 재화를 거두어들이기 힘들다. 그러므로 방송사는 프로그램 공급의 대가로 시청자가 아닌 시청자의 관심을 필요로 하는 광고주에게 프로그램 공급의 대가를 받는 이중 상품적 시장 구조를 가지게 된다. 따라서 광고주는 방송사의 재원을 공급하는 매우 중요한 조직으로 방송사의 운영에 직접적인 영향을 미친다. 물론 공영방송사의 경우 수신료, 케이블 방송사의 경우 시청료(가입료) 등을 거두어 재원을 충당하지만, 지상파 민영 방송의 경우에는 재원의 거의 전부를 광고료로 충당하고 있어 광고주의 영향력은 매우 크다고 할 수 있다. 실제적으로 1997년 IMF 금융위기 때나 2007년 미국의 서브 프라임 모기지로 인한 금융위기 여파로 우리나라 경제가 어려웠을 때 기업들이 광고비에 대한 투자를 대폭 삭감해 방송사들이 프로그램의 기획과 제작 등의 계획을 변경하고 인력을 대폭 감소하는 등 운영에 많은 변화를 주었다. 실제로 유세경(2000)의 연구에 의하면 1997년 말 IMF 경제 위기 이후 우리나라 방송 3사의 광고 수익은 KBS의 경우 1997년 5,600여 억 원에서 약 3,400여 억 원으로 39% 정도가 감소했고, MBC의 경우는 4,400여 억 원에서 3,200여 억 원으로 26% 정도 감소했으며, SBS는 3,700여 억 원에서 2,400여 억 원으로

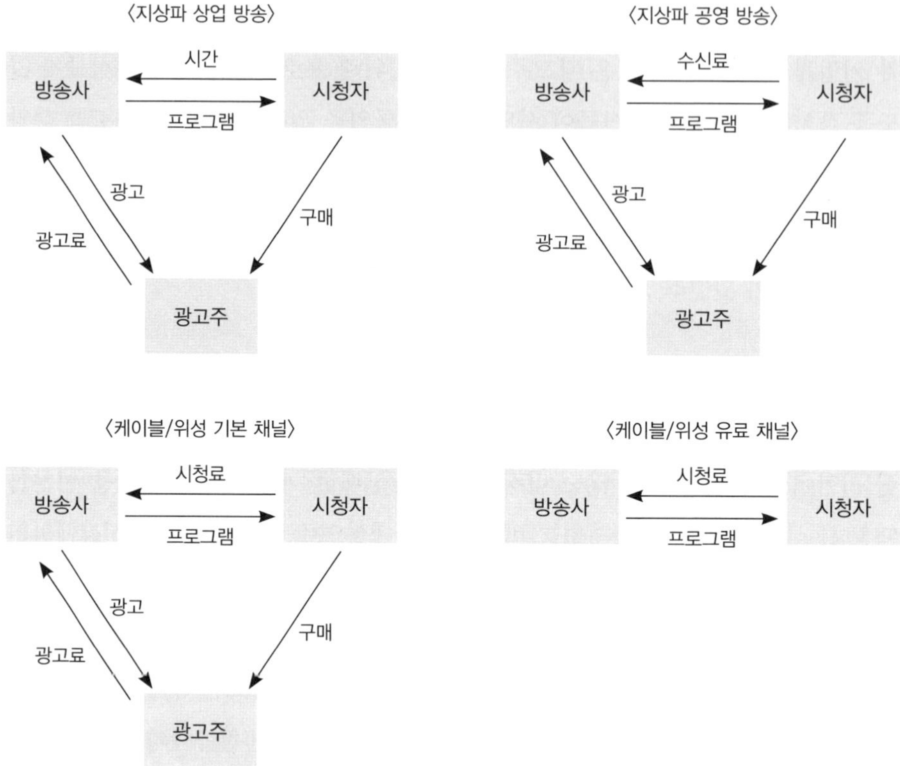

[그림 4-2] 방송 유형별 운영 구조

출처: 최영재(2000). 「방송 조직」. 『현대방송의 이해』(홍기선 외[2000]). 160쪽.

〈표 4-1〉 국내 지상파 TV 수익(2016년도)

(단위: 천 원)

구분	방송 수신료	광고 매출액	협찬 매출액	방송 프로그램 매출액	기타 방송 사업 매출액	기타 매출액	합계
KBS	633,265,419	420,722,976	112,407,101	183,062,695	33,859,464	15,202,782	1,398,520,437
MBC (본사)	14,575,918	493,293,963	57,601,247	198,636,469	19,519,569	18,522,884	802,150,050
SBS	12,333,720	498,052,398	84,036,293	141,305,372	0	21,336,355	757,064,138
EBS	21,509,819	35,260,112	5,260,387	33,270,196	58,086,790	102,862,862	256,250,167

출처 : 방송통신위원회(2018). 『2017년 방송산업 실태조사 보고서』. 338쪽.

〈표 4-2〉 국내 지상파 TV 광고수입 규모 (2016년도)

(단위: 천 원)

구분	2015년	2016년	2012년 광고매출 비중
KBS	502,450,821	420,722,976	13.1%
MBC(본사)	465,090,363	393,115,127	12.2%
SBS	436,638,302	372,929,237	11.6%
EBS	40,861,976	37,009,757	1.1%

출처: 방송통신위원회(2018). 『2017년 방송산업 실태조사 보고서』. 88쪽.

〈표 4-3〉 방송 매체별 광고 매출 추이

(단위: 억 원)

구분	2014년	2015년	2016년
지상파(DMB 포함)	19,013	19,147	16,256
종합유선	1,417	1,392	1,354
위성 방송	212	240	280
방송 채널	12,258	13,520	13,488
IPTV	147	436	846
합계	33,047	34,736	33,225

출처: 방송통신위원회(2018). 『2017년 방송산업 실태조사 보고서』. 24쪽.

약 35% 정도 감소했다. 광고 수익이 감소하자 방송사들은 인력을 축소시켰는데, KBS는 약 8%, MBC 는 약 20%, SBS는 5% 정도 감소했다. 뿐만 아니라 제작비도 15-20% 내외로 축소했다. 이러한 인력과 제작비의 축소는 방송 편성에도 영향을 미쳐 1997년에 비해 1998년에는 재방송이 대폭 늘어나고 제작비가 많이 투자되는 드라마의 편성 비율이 축소되었다.

3) 방송사와 경쟁 매체

방송사와 경쟁하는 매체들은 시청자, 광고비 등 같은 자원을 놓고 경쟁하기 때문에 상호 영향을 미친다. 예를 들어 방송사와 신문사는 이종 매체로 경쟁을 하지 않을 것 같지만 뉴스 시청자와 광고주라는 같은 자원을 놓고 경쟁하게 된다. 동종 매체의 경우에는 이러한 경쟁 관계가 더욱 심해진다. 지상파 방송사의 경우 지상파 방송사뿐만 아니라 케이블, 위성 방송, IPTV, 인터넷 방송 등의 매체와 경쟁하게 된다. 특히 방송사 운용에 필요한 자원에 대해 경쟁하는 부분이 많은 매체일수록 경쟁이 심해진다. 예를 들어 지상파 방송사의 경우 지상파 방송사들 간에 경쟁하는 자원이 가장 많기 때문에 가장 치열하게 경쟁하고 그다음으로 케이블이나 위성 방송 등과 경쟁하게 되는 것이다. 매체 간의 경쟁은 상호 영향을 미치게 되는데 경쟁의 결과는 일반적으로 상반된 두 가지 유형으로 나타나게 되는 경우가 많다. 첫 번째는 방송 조직이나 방송사 행위가 비슷해진다는 것이다. 예를 들어 지상파 방송사의 경우 시청자를 최대한 많이 끌어들이기 위해 같은 프로그램을 기획 및 제작하며, 동시간대에 편성하게 되는 것이다. 현재 방송 3사(KBS2, MBC, SBS) 모두 비슷한 편성 전략과 비슷한 종류의 프로그램을 기획, 제작하는 것이 그 예라 하겠다. 그러나 경쟁의 결과가 차별화의 형태로 나타나는 경우가 있다. 예를 들어 케이블 TV와 위성 방송과 같은 새로운 매체는 기존의 지상파 방송 시장의 틈새를 파고들어야 하므로, 지상파 방송과는 다른 편성 전략을 구사하게 된다. 모든 종류의 프로그램을 골고루 편성하는 종합 편성보다는 한 가지 장르의 프로그램을 특화해 편성하는 전문 편성을 하거나 성별, 연령 등을 세분화해 목표 시청자층을 설정해 공략하는 전략을 갖게 된다. 따라서 방송 조직 구성에 있어서도 모든 장르의 프로그램을 제작하는 인력을 갖춘 지상파 방송사와 특정 장르의 프로그램을 제작하는 인력을 갖춘 케이블 방송사는 규모나 인사 조직 구성 형태에서 다르다. 또한 경쟁이 더욱 심화되면서 방송사 조직이 인수 및 합병(M&A)되거나 또는 방송사가 소멸되는 경우가 있다. 구체적으로 방송사들이 다매체 시대가 본격화되면서 기존 광고 수익 모델에 한계를 느낀 지상파 방송사들이 디지털화를 위한 재원 마련을 위해 시도하는 경영 전략에는 다양한 유형들이 있다. 첫째, 비용 절감 차원에서 인건비를 절감하기 위해 인력을 감축하는 방법은 영국 공영 방송 BBC와 프랑스 공영 방송

〈표 4-4〉 방송사가 추구하는 경영 전략 유형과 실례

유형	실례
비용 절감	인건비 절감-BBC(6천명), 프랑스 공영(900명), RTVE(30%) 조직 변화-지방 MBC 통폐합 시도, 외주 제작
사업 다각화	프로그램 판매, 출판 사업 등 통한 재원 다각화 민간기업과 제휴/합병-POOQ(MBC와SBS의공동투자), tving(CJ E&M)
신사업 진입	케이블/위성 방송 지분 참여-프랑스(TPS), KBS, MBC, SBS 등 유료 방송 채널 개국-KBS, BBC 지상파 디지털 추진-미, 영, 일 등 적극적

출처: 한국방송학회(2000), 「방송사의 사업다각화에 대한 평가와 전망」, 세미나 자료 23쪽 재구성.

〈표 4-5〉 사업 다각화의 유형

펜로즈 (1998)	동일 전문 분야에서의 다각화	– 현재의 시장에서 다른 종류의 제품을 생산
	기존 분야로부터의 이탈	– 같은 기술, 신제품, 신시장 – 다른 기술, 신제품, 동일 시장에서의 규모 확대 – 다른 기술, 신제품, 신시장 참여
솔터와 바인홀드 (1978)	연관 다각화	– 주사업과 관련 있는 사업에 진출
	비연관 다각화	– 주사업과 관련 없는 분야로 진출
코틀러 (1984)	수직적 다각화	– 가치 사슬의 수직적 관계에 있는 분야로의 시장 확대. 생산 및 유통 과정의 합리화 및 내부 잉여 자원의 활용을 목적으로 함.
	수평적 다각화	– 현재 생산하고 있는 제품을 생산하는 데 필요한 기반 기술을 이용해 새로운 시장을 개척하는 것. 동질적이거나 동일한 제품을 가지고 새로운 시장을 개척하는 경우를 말함.
	기업 복합	– 기업이 현재 소속되어 있는 산업을 넘어서 다른 분야로의 시장과 제품을 개발해 다각화하는 행동

출처: 황상재 · 김형일(2002), 『한국방송학보』 2003년 봄, 183–185쪽 재구성.

RTVE가 선택한 경우이며, 이들은 외주 제작을 통해 조직의 변화를 유도했다. 둘째로 사업 다각화 전략으로서 프로그램 판매나 출판 사업 등 부대 사업을 통한 재원 다각화, 민간 기업과의 제휴의 방법이 이용된다. 셋째로는 케이블, 위성, 디지털 미디어 등 신사업에 진입하는 전략으로 신사업 분야에 지분 참여 방식으로 참여하거나 유료 채널을 소유하거나 디지털화를 추진하는 전략 등이다.

국내 지상파 방송사는 이중 특히 다매체 다채널 환경에서도 기존의 지배력을 유

〈표 4-6〉 KBS의 사업 다각화 현황

다각화 유형	계열사 및 자회사	주요 사업 분야
수직적 다각화	(주)KBS 미디어텍	– 국내외 방송 프로그램 제작 – KBS 방송 제작(KBS의 모든 뉴스와 시사 다큐의 영상 편집, 뉴스 진행, 드라마 종합 편집, 특수 영상 제작, 색 보정, 사운드 제작, 동시 녹음 등) – KBS 시설 장비 임대 – 방송 아카데미
	KBS 미디어(주)	– 콘텐츠 유통(국내 및 해외 유통 사업) – 콘텐츠 기획 · 제작(드라마, 예능, 애니메이션, 영화 사업) – 뉴미디어 플랫폼 사업 & 광고 마케팅 사업 – 엔터테인먼트 · 지식정보 사업 – 웹 제작/ 서비스
	(주)KBS 아트비전	– 무대 디자인 및 설치 사업 – 테마파크 사업 – 전시 사업 – 문화 사업 – 시각 디자인, 컴퓨터 그래픽 – 임대 사업
수평적 다각화	(주)KBS N	– 채널 운영(KBS Drama, KBS Joy, KBS N Sports, KBS W, KBS Kids, KBS Prime) – KBS World 송출 대행 – 수익 사업(광고, 수신료, 부대 사업)
	KBS America	– 미국/일본의 주요 도시에서 방송 채널 운영(케이블 및 공중파, 위성 방송을 통해 시청 가능) – KBS World, KBS TV1, KBS TV2, KBS Sky 등의 채널에서 인기있는 프로그램들을 선별해 영어자막으로 방송 – 온라인 VOD 서비스, VOD 대여 및 판매
	KBS Japan	
기업 복합	(주)KBS 비지니스	– 방송시설 관리(KBS 본, 신관 등 16개 지역 방송 시설 수탁 관리) – 스포츠 사업(KBS스포츠월드, 제천 스포츠월드, 목포 스포츠월드) – 방송 기술 사업(지상파 방송 수신 서비스 및 유지 보수, 기계 설비, 전문 소방 시공 사업 서비스, 방송국 및 일반전기, 조명 공사 관련 설계) – 교육 사업(KBS 스포츠예술과학원) – 공연/ 문화 사업
	KBS시큐리티	– KBS의 핵심 방송 시설, 전국 송 · 중계소 시설의 방호 · 보안 업무 – 공연, 행사 프로그램에 대한 질서 유지 업무

출처: KBS 홈페이지.

지해나가기 위해 대부분 사업 다각화 전략을 취하고 있다. 사업 다각화는 생산 제품과 기술의 유사성 정도, 주 사업과의 관련성, 시장 개척 방식 등 다양한 다각화

<표 4-7> MBC의 사업 다각화 현황

다각화 유형	계열사 및 자회사	주요 사업 분야
수직적 다각화	(주)MBC C&I	– 방송 콘텐츠 제작, 유통 – 영화 제작, 영상 콘텐츠 공급 – 공연, 출판, 이벤트 사업 – 방송 중계, 편집, 기술 연구
	(주)MBC아트	– 방송 미술 – 전시 사업, 인테리어 사업, 테마파크 사업, 공공 디자인 무대 행사, 영화 미술, 캘리그라피 사업, 의상 임대 사업
	(주)iMBC	– 콘텐츠 사업 – 광고 제휴 사업 – 뉴미디어 IT 솔루션 사업 – 엔터테인먼트 · 교육 사업
수평적 다각화	(주)MBC플러스	– 케이블, 위성 IPTV, N스크린 등에 서비스하는 복수 채널 사업자 – MBC 드라마넷, MBC 에브리원, MBC 뮤직, MBC 스포츠플러스, MBC 퀸 등 5개 채널 운영
	MBC America	– 북미와 중남미 지역에 MBC 프로그램 방송, 배급, 판매
기업 복합	(주)MBC PlayBe	– 체험형 콘텐츠 기반의 교육사업 – 다양한 콘텐츠를 활용한 체험 활동 기반의 테마파크 – 정부 및 일반 사업자의 어뮤즈먼트 시설에 대한 컨설팅 및 위탁 운영 사업 – 어린이 뮤지컬, 도서, 키즈 전문 채널 등 출판, 유통, 방송 분야의 신규 사업 확장
	(주)MBC아카데미	– MBC 아카데미의 미디어 교육 – MBC 문화센터의 평생 교육 – 사이버 교육 콘텐츠를 통한 E-learning
	㈜ MBC 나눔	– 소외, 취약계층에게 희망을 주는 각종 사업과 방송을 주최, 제작 – 나눔 행사사업 및 사회공헌 사업 기획, 실행, 협찬

출처: MBC 홈페이지.

방법에 따라 그 유형 또한 다르게 분류된다.

현재 국내에서도 지상파 3사가 모두 방송 채널 사용 사업(PP), 인터넷, 위성 방송 사업으로 진출하고 있다. 2000년에는 SBS가 스포츠 관련 케이블 PP를 운영하기 시작했고, PP등록제 실시 후 KBS와 MBC도 PP 사업에 진출했다. KBS는 KBS N을 통해 KBS Drama, KBS Joy, KBS N Sports, KBS W, KBS Kids, KBS Prime 채

〈표 4-8〉 SBS의 사업 다각화 현황

다각화 유형	계열사 및 자회사	주요 사업 분야
수직적 다각화	(주) SBS콘텐츠 허브	– 콘텐츠 유통 전문 – SBS 및 계열 회사 방송 콘텐츠와 엔터테인먼트 콘텐츠의 국내외 기획 · 배급 · 유통 담당
	SBS 인터내셔널	– SBS 및 계열 회사 방송 콘텐츠의 미주 시장 유통, 미주 로컬 채널 운영 – 해외 스포츠 국내 중계권 구매
	(주) SBS A&T	– (주) SBS뉴스텍과 (주) SBS아트텍의 통합으로 설립 – 방송 예술 및 공연 기획 회사 – 방송 및 공연예술 관련 무대장치 제작 – 영화 미술, 오픈세트, 로케이션 세트
수평적 다각화	SBS골프	– 골프 전문 채널 운영 – 타깃 맞춤형 정보, 레슨, 이벤트 프로그램 제작
	SBS fun E	– SBS 연예오락 전문 채널 'SBS E!' 운영
	SBS스포츠	– 프리미엄 스포츠 채널 'SBS ESPN' 운영
	SBS CNBC	– 글로벌 경제 전문 채널 'SBS CNBC' 운영 – 한국 경제 정보의 해외 직접 방송
	SBS플러스	– SBS 드라마 전문 채널 운영 – SBS 드라마 및 교양 프로그램 제작
	SBS 바이아컴	– 음악 및 어린이 전문채널 SBS MTV, SBS nickelodeon 운영 및 프로그램 제작 – 국내외 엔터테인먼트 (음악, 공연, 애니메이션, 캐릭터 등) 콘텐츠 사업
기업 복합	미디어 크리에이트	– 국내 최초의 민영 미디어 랩 – SBS 및 지역 민방 9개사, SBS 계열 PP, 중소 방송사 등의 방송 광고 판매 대행
	SBS 문화 재단	– 교육, 학습, 언론, 사회, 문화 예술 분야를 지원하는 비영리 공익 재단

출처: SBS 홈페이지.

널을 운영하며, MBC는 MBC 플러스를 통해 MBC 드라마넷, MBC 에브리원, MBC 뮤직, MBC 스포츠플러스, MBC 퀸 등 5개 채널을 운영하고 있다. 그리고 SBS는 SBS골프, SBS ESPN, SBS CNBC, SBS플러스 등의 채널을 운영하고 있다.

지상파 방송사는 콘텐츠 유통 사업에도 진출하고 있는데 SBS는 자회사 SBS콘텐츠허브를 통해 SBS 및 SBS 계열회사의 방송 콘텐츠와 영화, 애니메이션, 게임, 음악, 캐릭터 등 엔터테인먼트 콘텐츠의 국내외 배급 및 유통을 담당하고 있으며, KBS는 KBS미디어(주)를 통해 KBS에서 제작되는 다양한 프로그램을 국내 및 해외에 유통시키고 있다. MBC는 iMBC를 통해 MBC 방송 콘텐츠를 국내외 인터넷, 모바일, 웹하드, pooq, 서비스, 이동방송 등 다양한 플랫폼으로 제공하고 있다. 한편 2012년부터는 지상파 방송 4사(KBS, MBC, EBS, SBS)와 계열 방송사들이 방송 프로그램을 합법적으로 다운로드 받아볼 수 있는 통합 사이트인 pooq을 운영하고 있다.

4) 프로그램 제작 · 유통사

방송사는 프로그램을 제작, 유통하는 제작 · 유통사들과 긴밀한 관계를 유지하고 있다. 물론 우리나라의 경우 방송 채널 사업자가 자체적으로 프로그램을 제작하고 유통하는 경우가 많아 프로그램만을 전문적으로 제작하거나 유통하는 제작 · 유통사의 시장 규모가 큰 편은 아니다. 그러나 최근 다채널화로 방송 채널이 급격히 증가함으로써 방송사 자체 제작만으로 프로그램을 충당하기 힘들고 또 비용을 절감하기 위해 자체 제작 대신 외부 프로그램 제작사에서 프로그램을 공급받아 방송하는 경우가 늘고 있다. 특히 국내 지상파 방송사의 경우 방송사를 통한 자체 제작 비율이 월등히 높고, 독립 제작사의 제작 비율은 방송통신위원회가 제시하는 외주 비율을 충당하는 수준이지만 최근에는 드라마를 중심으로 방송사가 아닌 독립 제작사에서 프로그램을 많이 제작하고 있다. 방송사들이 방송 프로그램을 자체 제작하는 가장 큰 이유는 경쟁 시장에서 안정적인 시장을 형성할 수 있다는 이점 때문이다. 즉, 프로그램을 제작하는 데 필요한 인력 및 제작 장비를 방송사 내부 시장화 함으로써, 시장 거래에 수반되는 거래 비용을 최소화하고, 나아가 시장 거래의 위험과 불확실성을 감소시키며, 생산에 동원된 요소를 사용 계획에 따라 조정함으로써 생산성 증가와 생산비 감소 효과를 얻을 수 있기 때문이다(장용호, 1989). 지금까지는 시장 규모가 협소했기 때문에 방송사의 자체 제작은 경제적인 효율성을 도모해준 것이 사실이다. 그러나 시장이 커지고 채널이 많아지면서 방송사 자체 제작만으로 프로그램의 수요를 모두 충당하기 힘들기 때문에 프로그램 제작사의 역할은 커지리라 생각된다. 방송사와의 관계에서 제작사가 프로그램을 제작해 방송사를 통해 방송을 할 경우 프로그램 저작권을 제작사가 갖지 못하고 방송사가 갖는 경우가 많아 프로그램 제작사가 수익을 증대시키기 힘들다. 프로그램 제작사들이 프로그램을 제작하고도 저작권을 갖지 못하는 이유는 프로그램 제작사들이 영세해 프로그램 제작 전에 방송사로부터 제작비나 제작 장비, 인력 등을 지원받는 경우가 많기 때문이다. 이러한 제작 구조는 제작사 수익 구조를 악화시켜 프로그램 제작사가 발전하는 데 어려움을 주고 있다. 이에 대해 프로그램 제작사들은 '창작'의 성과를 인정해 프로그램 방송 후 프로그램 저작권을 제작사들에게 일정 부분 의무적으로 부여해주도록 요구하고 있다.

프로그램 제작사와 방송사는 상호 윈윈하는 관점에서 협력 발전해야 방송 산업의 발전을 꾀할 수 있다. 송출과 제작이 수직적으로 통합된 방송사가 수용자를 독점하고, 생산, 유통 부문까지도 독점한다면 다양한 프로그램이 제작되기 힘들다. 또한 최근에는 커뮤니케이션 기술의 발달로 적은 제작비로도 채널을 운용할 수 있는 틈새시장이 마련되고 있다. 다양한 수요에 맞추어 다양한 종류의 프로그램이 제공되기 위해서는 적은 규모의 프로그램 제작사가 활성화되는 것이 필요하다.

프로그램을 제작하지 않지만 프로그램의 저작권을 사고파는 프로그램 유통사 역시 다채널 시대에 방송 산업 발전을 위해 매우 중요한 역할을 한다. 기술은 하루가 다르게 발전하기 때문에 채널은 늘어나고 있으나 채널을 채울 프로그램이 부족한 실정이다. 따라서 프로그램의 효용 가치를 극대화하기 위해서는 프로그램을 적재적소에 구매, 공급하는 유통사의 역할이 증대될 것으로 예상된다. 우리나라 방송사는 외국의 방송사에 비해 재방 비율이 낮을 뿐만 아니라 재방 시장이 많지 않다. 즉, 유통 부문에 있어서 단선적인 구조를 취하고 있다는 것이다. 영상 산업이 발달하기 위해서는 유통되는 프로그램의 수가 많고, 내용이 다양해야 하며, 창구가 다변화되어 있어야 한다. 또한 방송사가 대부분 프로그램 저작권을 가지고 있기 때문에 방송사 자체적으로 프로그램을 유통시키려는 경향이 강해 전문 유통사가 발전하기 힘들다.

5) 시민단체, 전문가 집단, 유관 단체

방송 환경이 급격히 변화하면서 수용자도 보다 적극적으로 변화하고 있다. 현대 사회의 방송 시청자는 단순히 주어지는 방송의 내용만을 받아들이는 존재가 아니라 스스로 다양한 여론을 창출해내고 방송의 내용에 대해 비판적으로 수용하는 주체적이고 적극적 임무를 띠고 있는 집단이다. 특히, 뉴미디어의 발달로 쌍방향, 다채널화되면서 송신자가 주도하는 일방향적인 전달이 아닌 쌍방향 커뮤니케이션으로 바뀜에 따라 수용자 중심의 매체가 되어가고 있다.

이러한 능동적인 수용자상(受容者像)을 세우는 데 YWCA나 민언련 같은 시민단체가 앞장서고 있다. 다양한 미디어 비평과 수용자 운동을 통해 보다 적극적으로 방송 수용에 참여하고 있다. 언론학자나 언론 종사자와 같은 전문가 집단과 이들이 소속되어 있는 많은 유관 단체에서 방송 시청자가 능동적 수용자로 뿌리내리는 데 기여하고 있다.

3. 방송사 조직

조직은 하나의 시스템으로 그 구성 요소가 어떻게 결합되어 있느냐에 의해 특성이 결정된다. 조직의 구성 요소에는 인력, 기계 설비, 자본, 정보 등 여러 종류의 자원이 있으며, 조직화(organizing)란 조직 내의 모든 활동이 조직의 목표 달성에 체계적으로 기여하도록 자원을 배분하는 것을 말한다(전용수 외, 1995). 따라서 방송사라는 조직을 구성하는 요소는 방송 제작, 경영, 관리 인력뿐만 아니라 방송을 제작하는 데 필요한 기계 설비, 자본 등이 포함되며 방송사 내부 조직은 프로그램을 기획, 제작, 송출하는 방송사 업무를 가장 효율적으로 달성하기 위한 방식으로 조직화 되어야 한다.

1) 방송사 내부 구조

어떤 조직이든 수평적 구조와 수직적 구조의 두 가지 성격을 가지고 있는데 수평적 조직은 일을 할 때 권한이나 의사 결정 과정에서 단계가 많지 않고 업무 담당자의 책임과 자율성을 존중하는 조직인 데 비해 수직적 구조는 권한과 의사 결정 과정에서 단계가 많고 단계별로 권한과 업무가 결정되어 있어 자율성이 많지 않은 조직을 의미한다. 수평적 구조는 수직적 구조에 비해 일을 신속히 처리하고 효율성을 추구할 수 있다는 장점은 있으나 일이 잘못 되었을 경우 책임 소재를 구분하기 힘들고 위기 상황에 직면했을 때 관리가 늦어질 수 있다. 반면에 수직적 구조는 권한이나 의사 결정 과정에서 단계가 많아짐으로써 일을 처리하는 데 많은 시간이 걸릴 수 있으며, 직원 개개인이 창의성을 발휘하기 힘들 수 있다. 따라서 수직과 수평 가운데 어떤 특성이 강하느냐에 따라 조직의 성격이 달라진다. 방송 조직은 업무의 성격상 수평적인 성격을 띠고 있다. 방송 제작 업무는 창작 활동의 한 유형으로 볼 수 있기 때문에 명령 체계에 의해서 움직이기보다는 개인의 자율성과 창의성이 최대한 보장될 수 있도록 하는 조직 구조가 바람직하다. 그러나 프로그램 제작 업무가 창작 업무이기는 하나 개인이나 소수가 만들어내는 창작 업무라기보

〈표 4-9〉 지상파 방송사 직종별 인원 비교(2016년 12월 말 기준)

(단위: 명)

매체	임원	경영직	방송직					기술직	연구직	영업 홍보직	기타	합계
			기자	PD	아나운서	제작 관련	기타					
KBS	10	350	868	894	187	912	30	753	69	126	414	4,613
MBC (본사)	10	160	330	321	33	199	518	241	41	112	373	2,338
SBS	7	237	244	224	34	93	0	127	0	29	0	995
EBS	3	105	13	142	0	251	39	81	12	55	157	858

출처: 방송통신위원회(2018), 『2017년 방송산업 실태조사 보고서』, 65쪽.

〈표 4-10〉 종합 유선 방송사 직종별 인원 비교 (2016년 12월말 기준)

(단위: 명)

매체	임원	경영직	방송직					기술직	연구직	영업 홍보직	기타	합계
			기자	PD	아나운서	제작 관련	기타					
CJ 헬로우비전	5	439	61	62	0	130	0	262	48	295	0	1,302
티브로드	21	148	69	47	6	10	9	169	3	164	0	646
딜라이브 (구 씨앤앰)	15	130	23	26	1	45	5	347	0	284	1	877
현대 HCN	7	82	37	27	5	15	9	98	0	162	4	446
씨엠비	27	55	33	30	4	24	5	119	29	83	0	409

출처: 방송통신위원회(2018), 『2017년 방송산업 실태조사 보고서』, 68쪽.

다는 많은 인력들이 매우 유기적으로 움직이면서 만들어내는 창작 업무이고 정해진 시간 안에 프로그램을 만들어내야 하기 때문에 종사자들의 자율성과 함께 업무의 효율성을 중시하는 조직 구조를 만들어야 하는 어려움을 안고 있다. 따라서 방송사가 대형화될수록 자율성보다는 효율성을 중시하는 수직적인 조직으로 발전하는 경향을 보인다. 다양한 성격의 업무를 일괄적으로 지휘, 통제해 기일 내에 프로그램을 만들어내기 위해서는 수직적인 명령 체계를 가진 구조가 유리하기 때문이다. KBS와 MBC, SBS 등 지상파 방송사는 수직적인 조직 구조를 기본으로 수평적 조직 문화를 활용하는 경향을 보이고 있다.

(1) 방송사 업무

방송사 조직화의 목표는 조직의 업무를 파악해 다양한 성격의 업무를 효율적으로 연결(networking)하는 것이다. 방송사 업무를 효율적으로 연결하기 위해서는 방송사 업무를 유형화하는 작업이 필요한데 업무를 유형화하는 기준은 기능의 구분에 따라 하거나, 생산품(프로그램)의 유형에 따라 구분하거나, 업무가 발생하는 지역에 따라 구분하기도 한다. 그러나 현실적으로 업무를 구분할 때 세 가지 기준들이

〈표 4-11〉 방송사 업무의 형태

제작 부문	편성 부문	기술 부문	영업 부문	관리 부문
- 보도: 정규 및 특집 뉴스 프로그램 제작 - 보도 제작: 시사 좌담, 토론, 시사 다큐멘터리 제작 - 스포츠: 스포츠 중계 및 스포츠 뉴스 등 제작 - 제작: 교양, 오락, 드라마 등 제작 - 미술 · 그래픽: 미술, 그래픽디자인, 세트 설치, 소품 업무	- 편성기획 운용: 장단기 편성 방향 수립, 운용 - 프로그램 구매: 국내 프로그램 구매, 프로덕션이나 다른 방송국과 프로그램 교환 업무	- 스튜디오 기술팀: 스튜디오 장비의 운용 및 유지 - 송출 기술팀: 송신소, 위성, 관련 기기의 유지 관리 - 현장 기술팀: 현장 중계 관리 등	- 광고팀: 전국 및 지방 광고 판매 및 광고주 관리 - 조사: 시청률 조사 등 경영 관련 조사 업무 - 판촉 및 홍보: 방송사 및 프로그램 홍보 및 이벤트	- 재무와 회계: 회사 예산에 대한 관리 - 인사: 사원의 채용, 훈련, 평가 - 재산 관리: 사내 재산 및 전산 시스템 관리

혼합되어 구분되는 경우가 많다. 방송사의 경우 기능에 따라 편성, 제작, 기술, 관리, 영업 등 다양하게 구분되고 생산품 즉 프로그램 종류에 따라 드라마, 예능, 보도, 스포츠, 교양 등으로 구분될 수 있다.

(2) 탄력적인 방송 조직 추구

방송 조직은 업무의 성격상 변화하는 환경에 대비할 수 있도록 유연하고 탄력적인 조직으로 만드는 것이 중요하다. 방송 프로그램의 제작 업무는 어느 한 개인에 의해서 이루어지는 것이 아니라 다양한 인력의 협업 하에 이루어지고 프로그램의 속성상 일주일 혹은 그보다 더 짧은 기간에 새로운 업무를 수행하는 팀을 짜게 된다. 목표 추구에 충실한 조직 형태로 자주 언급되는 것은 매트릭스(matrix) 조직이다. 매트릭스 조직이란 고정된 부서에 배치되어 고정된 업무만을 하는 것이 아니라 새로운 과제, 목표를 위해 수시로 팀을 조직하거나 해체하는 조직을 말한다. 방송사에서 매트릭스 조직은 시청자의 수요를 충족시키는 창의적 프로그램 개발과 제작을 위해 수시로 프로젝트팀을 구성해 운영하는 것이다. 예를 들어 환경을 지키는 캠페인성 프로그램을 제작할 때 시청자들에게 부담 없이 친근하게 다가가고자 정보와 오락을 동시에 추구하는 새로운 형식의 프로그램을 제작하려고 할 경우 교양국 PD뿐만 아니라 예능국 PD도 참여해야 하며 보도국 기자도 참여할 수 있다. 현재 일부 방송사에서 실시하고 있는 CP(chief producer)제나 팀제는 매트릭스 조직과 유사한 형태라 할 수 있다.

매트릭스 조직을 실행하는 데 있어서 난점은 수시로 필요에 따라 프로젝트팀을 구성하기 때문에 조직의 불확실성이 크고, 조직 구성원들은 개방된 자세로 목표를 위해 상호 높은 수준의 융통성과 협조를 발휘한다는 전제가 있어야 한다는 것이다. 매트릭스 조직이 성공하려면 조직이 수직, 수평적으로 개방되어 있고 직접적인 커뮤니케이션에 장애가 없어야 한다. 결국 수직적 구조에 안주해온 조직 문화에 일대 혁신이 일어야 하는데 이를 위해서는 경영자와 하부 경영자, 그리고 구성원들이 목표와 조직을 바라보는 자세를 바꾸고 특별한 적응 훈련도 필요하다. 특히, 목표 지향적인 매트릭스 조직의 실행을 위해서는 특정 조직원이 어떤 목표를 얼마만큼 달성했는가 하는 객관적인 평가가 가능해야 하고, 평가의 결과에 따라 보상을 달리하는 조직 문화가 형성되어야 한다(최영재, 2000: 289).

2) 방송사 인력의 유형과 역할

(1) 방송 경영인과 역할

방송 산업은 안정적인 지상파 방송 시대에서 케이블, 위성 등 다매체 다채널 시대로 접어들면서 창의적이고 추진력 있는 방송 경영인을 요구하고 있다. 방송 시장의 자율성이 보장된 미국의 경우, 터너 그룹의 테드 터너(Ted Turner)를 비롯해 MTV의 봅 피트먼(Bob Pittmen), USA 네트워크의 케이 코플로비츠(Kay Koplovitz)와 같은 새로운 방송 시장을 과감히 개척한 경영인을 배출해왔다.

[그림 4-3] 테드 터너

그러나 국내 방송계에서는 손꼽을 만한 방송 경영인을 찾기가 어렵다. 이는 방송 시장이 정부 규제 속에서 운영되어 경영자의 능력 발휘에 한계가 있기 때문이다. 그러나 방송 산업의 무대가 점차 정부에서 시장으로 이동되는 상황에서 방송 경영인의 역할은 그 어느 때보다 커지고 있다.

방송사의 경영인은 어떤 조직에서든 ① 현재 사업의 현상 유지, ② 동일 업종 내 투자 확장, ③ 관련 업종에 대한 투자 확대, ④ 새로운 업종 진출, ⑤ 부실 자산에 대한 정리와 같은 역할을 하게 된다. 경영자는 이와 같은 업무를 위해 주로 기획, 조직 구성, 재무 관리, 인사 관리 등의 기능을 하게 된다. 경영자의 기획은 방송 조직의 미래를 결정하는 중요한 역할을 한다. 경영자는 정확하게 미래를 예측하고, 변화에 대비한 계획을 세울 수 있는 능력을 구비해야 한다. 지상파 방송사 사장은 케이블과 위성 방송의 등장에 어떻게 대응할 것인가? 케이블 TV채널의 사장은 다른 경쟁채널이 개국하는 상황에서 어떤 전략을 세울 것인가? 위성 방송국 사장은 케이블 TV와 경쟁 상태에서 위성 수신기 가격을 얼마 정도로 책정할 것인가? 이러한 중요한 결정들을 시의 적절하게 내려야 하는 것이 경영자의 역할이다. 조직 구성은 방송사의 장단기 목표를 위해 가장 효율적으로 임무를 완성할 수 있도록 조직을 만들어내는 것으로, 조직 분화, 권한 부여, 인원 배치, 보상 체계 마련 등이 이에 해당한다.

재무 관리는 조직의 돈줄을 관리하는 만큼 방송사의 생존과 경쟁력의 핵심 분야이다. 방송사는 수입과 지출이 지속적으로 흐름을 타도록 관리해야 하며, 특히 신생 방송사의 경우는 단계적인 투자 계획을 신중하게 기획하고 집행해야 한다.

국내 방송사 경영인의 경우, 정부와의 관계 정립이 매우 중요한 역할 중의 하나가 되어왔다. 공영 방송의 경우 정부에 의해 선임될 뿐만 아니라 방송사의 많은 이권을 정부가 보유하고 있기 때문에, 정부와 경영진 간의 원만한 관계가 조직 운영에 큰 도움이 되었다. 그러나 시장 중심의 방송 산업이 재편되는 과정에서 방송 경영자는 정부로부터 이권을 취득하는 것뿐만 아니라 시장에서 방송 조직의 생존 전략을 마련, 시행하는 일의 비중이 점차 커지고 있다(최영재, 2000: 297-298).

한편, 레아(J. Rhea)는 일반적으로 방송 미디어 경영자들은 〈표 4-12〉와 같은 목적을 갖는다고 정리했다(Rhea, 1970).

〈표 4-12〉 미디어 경영자들의 일반적인 목표

구분	목표
시장 성과	최적의 수익을 올리는 것 방송사의 수용자 점유율 제고 시장에서 방송사의 위치 유지 총 수입 증가 지속적인 성장과 확장
프로그램 성과	새롭고 혁신적인 프로그램 제작 고품질의 전송과 제작 기준 유지 방송사 면허권 보호
지역 사회 기여	지역 공동체에서의 사회 변화 촉진 지역 공동체의 일반적인 필요에 봉사 지역 공동체에 우수 정보 프로그램 제공
조직원 차원	좋은 노사 관계 유지 및 근로자 만족도 제고 내부로부터 승진하기 위한 종사자들 개발
사회적 위상	방송 사업뿐 아니라 일반 기업 분야에서도 리더십의 위치 달성

출처: 한균태 · 김재범 역(1999). 『미디어경영』. 83쪽 재구성.

(2) 방송 프로그램 제작 · 기술 관련 인력[1]

텔레비전 제작은 팀 활동이다. 단순한 포맷의 대담 프로그램에서 많게는 수천 명의 인원이 동원되는 드라마 프로그램에 이르기까지 텔레비전 프로그램의 제작에는 많은 스태프와 기술자들이 동원된다. 텔레비전 제작에 관련된 각종 장비들이 제아무리 발전했다 하더라도 텔레비전 제작 시스템을 다루는 인력이 없으면 텔레비전 제작은 결코 이루어지지 않는다. 결국 프로그램 제작에서 무엇보다 중요한 것은 방송 장비들을 어떻게 효율적으로 다루는가가 아니라 방송제작에 관련된 다양한 인력들과 어떻게 조화를 이루며 방송제작을 이루어나가느냐 하는 점이다. 방송제작인력은 다음 세 가지로 구분될 수 있다(한진만 외, 2000).

1 방송 프로그램 제작 · 기술 관련 인력 용어에 대한 설명을 위해 홍기선 외 『현대방송의 이해』, 2000, 백운춘 · 이광직, 『방송용어대사전』, 1997, 방송용어 대사전 편집위원회, 『최신 방송용어 대사전』, 2006, 방송문화 진흥회, 『방송문화사전』, 1997, 한국언론진흥재단, 『사람들: AOL 뉴스디렉터 게리케멜』, 2004를 참조해 작성했다.

- 제작 관련(production, nontechnical) 인력: 주로 기획에서부터 최종적인 스크린 이미지 창출에 관련된 인력
- 기술 관련(technical, engineering) 인력: 제작 장비의 조작과 관련된 인력
- 보도 관련(news production) 인력: 특별히 뉴스나 특집 제작에 관련된 인력

① CP(Chief Producer)

여러 명의 디렉터를 총괄 지휘하는, 프로그램 제작에서 연출 부분까지의 책임자를 뜻하는 것으로 제작자와 연출자의 기능이 분리되어 있지 않은 현실에서 실제 방송 현업에서는 보통 15년 이상 현장 경험을 쌓은 부장급 PD가 CP로서 제작자의 역할을 맡아 프로그램의 전반적인 기획에 관여한다. 일반적으로 드라마 제작국장, 교양 제작국장 등이 해당되고, 일반 회사의 이사급에 해당된다고 할 수 있다. 이들의 주 업무는 프로그램의 콘셉트와 방향 설정을 주로 맡아 하며, 제작 준비 단계에서 다른 부서와의 협력 관계가 잘 이루어지도록 도와주는 역할을 한다.

② PD(Producer & Director)

방송 제작에서 프로듀서는 Conception, Production, Direction 등 제작의 시작에서부터 끝까지 전체를 책임지며, 제작에 참여하는 사람들을 운영하고 다양한 기능을 조정, 통합하는 중심적 위치에 있는 사람이다. 통상 텔레비전 프로그램 제작의 연출 담당 책임자를 말하는데 우리나라 방송사 PD는 그 기능과 역할 면에서 제작자(Producer)와 연출자(Director)가 분리되어 있지 않고, 업무를 겸하고 있다. 영국이나 미국계에서는 쓰지 않은 PD라는 말은 i) Planning Director, ii) Program Director, iii) Producing Director, iv) Producer and Director 에서 유래한다.

우리나라는 프로듀서와 디렉터의 업무가 분리되어 있는 외국의 경우와는 달리 한 사람의 PD가 프로듀서와 디렉터의 역할을 동시에 겸하고 있어 프로그램의 기획과 구성에서 연출에 이르기까지 총감독의 역할을 병행하고 있는 실정이다. 근래에 CP(Chief Producer) 제도가 도입되었으나 여전히 기획과 연출의 기능이 분명하게

분화되어 있지 않다. 따라서 우리나라 방송 제작 현장에서의 PD란 Producer & Director의 약자로 보는 것이 가장 타당하며, 기획에서 실제 제작에 이르는 프로그램 제작의 전 단계를 책임지고 권한을 행사하는 사람이라고 할 수 있다. 프로그램을 기획, 구성하고, 필요한 인물 섭외와 야외 촬영과 스튜디오 연출, 제작비 계산과 정산 등 제작과 관련된 일련의 전 과정을 이끌어나가야 하기 때문에 리더십과 책임감, 추진력이 요구된다.

프로듀서(Producer)로서의 PD는 자료 수집과 아이디어의 개발, 방송 프로그램의 기획 및 제안에서부터 제작 예산의 편성과 관리, 방송 제작 인력과 출연진의 선정, 제작 일정 수립 및 관리, 프로그램 홍보 및 평가에 이르는 광범위한 업무를 수행한다. 라디오에서는 프로듀서가 연출을 겸하는 형태가 지배적이나, 텔레비전에서는 업무내용이 복잡해 차차 연출과 분화되고 있다. 담당 프로그램의 규모와 역할, 조직의 형편에 따라 프로듀서는 프로듀서장(executive producer) · 주임 프로듀서(chief producer) · 조 프로듀서(associate producer) 등 여러 가지로 불린다. 전자는 대본의 선정, 배역, 연출자의 기용, 예산의 수립 등에 관한 업무를 수행하나, 후자는 그 밖에 자금 관리, 방송국과의 계약, 광고주와의 섭외 등 일체의 책임을 진다. 또한 경영자에게 아이디어를 설득하기 위해 사업가로서의 수완도 발휘해야 하며, 시청자의 요구와 필요를 파악하기 위해서는 사회학자가 되기도 해야 한다.

디렉터(Director)로서의 PD는 프로그램의 아이디어, 개념, 대본을 비디오 및 오디오 메시지로 변환해 형상화시키는 데 책임을 지며, 프로그램의 아이디어, 형식, 줄거리를 세부적으로 확대하고 발전시키는 업무를 수행한다. 디렉터는 대본을 영상화 · 오디오화하기 위해서 작가, 촬영, 편집, 조명, 미술 등의 제작팀과 진행자, 연기자, 출연자 등의 출연팀, 즉 방송에 투여되는 모든 인력과 각종 방송 제작 시설을 운행함으로써 효과적인 메시지가 담기도록 선택, 조정, 감독하는 사람이다. 라디오, 텔레비전 프로그램, CM 등의 제작 과정에서 연출을 하고 오디오 비주얼 작업을 총괄하고 책임지는 역할을 하며, 라디오나 텔레비전 프로그램, CM에서는 연출자로 불린다. 따라서 실제적이면서도 세분화된 업무 수행이 요구된다(한국방송개발원, 1998: 한진만 외, 2000).

③ 무대 감독(Floor Manager, Stage Manager)

무대를 창조하는 연출자를 도와 연출자의 의도를 무대에서 실현하기 위해 예술 · 기술 · 실무 등 모든 면에서 실제적인 관리와 연락을 책임진 사람으로 부조정실에 있는 연출자의 지시를 받고 스튜디오에서 이루어지는 모든 제작 업무를 진행한다. 조명이나 음향 효과, 기타 기술진과의 연락을 통해 촬영 중의 프롬프트(prompt), 장면 전환의 감독, 대도구 · 소도구의 점검 등이 주 임무이다.

소규모의 무대 진행을 전담하거나 간단한 촬영 및 제작 전반 업무에서 PD, AD를 보조하며 무대 위에서 일어나는 모든 운행을 맡아 처리하는 책임자를 보통 FD(Floor Manager)라 한다. 녹화 당일 FD는 출연자들의 출석 여부, 의상과 분장 등 모든 준비 상황을 일일이 점검하고 만반의 준비를 갖춘 다음 연출자의 지시를 기다린다. 녹화가 시작되면 연출자의 지시에 따라 '큐(Cue:시작 지시)'를 주고 상황에 따라 '컷(Cut:중지 지시)'을 진행한다. 이 밖에 스튜디오에서 발생하는 모든 문제점을 임기응변으로 처리한다. 국내 방송계에서는 1990년대부터 도입되었지만 무대 감독의 개념보다는 조연출, 조연출의 보조 기능 역할을 하고 있는 실정이다.

④ 작가(Writer)

방송 작가는 (1) 드라마 작가와 (2) 구성 작가, (3) 다큐멘터리 작가로 구분된다. 먼저 드라마 작가는 인물을 만들고, 인물의 주변을 만들고 갈등 구조를 통해 이야기를 만드는 방송인으로 드라마 뒤에 숨겨진 주역이다. 이어서 구성 작가는 드라마와 뉴스를 제외한 거의 모든 프로그램을 구성하고, 대본을 쓰는 방송인으로 쇼 · 코미디 작가, 다큐멘터리 작가, 교양 프로그램 작가 등으로 세분되는데, 이들은 PD와 함께 프로그램을 기획하고 취재 구성물의 원고 및 MC와 출연자를 위한 녹화 대본 등을 작성한다. 전체 프로그램을 구성하고 주제와 프로그램의 흐름을 적절한 언어로 표현하는 것이 작가의 업무이다. 마지막으로 다큐멘터리 작가는 픽션과 다른 다큐멘터리라는 특성상 픽션처럼 작가의 상상력에 의해 꾸며내는 것이 아니라 현실을 소재로 작가의 시각을 통해 형성하는 형식이다. 허구가 아닌 실재하는 사람, 행동, 장소 그리고 사건 속에 담겨진 가치를 탐구해 영상 언어로 전달하는 진실의 형상화 작업을 하는 작가이다.

⑤ 카메라맨/카메라 감독(Cameraman, Camera Director)

TV 영상 예술을 책임지는 최일선의 예술가로서 강인한 체력과 미적 감각 및 독창성이 요구되는 인력이다. TV로 방송되는 프로그램 영상을 만드는 사람이며, 방송 제작 현장에서 대본이나 음악과 자연 현상의 유무형의 이미지로부터 감상할 수 있는 유형의 영상 언어로 재창조해 시청자에게 정확하고 아름다운 영상을 보여주는 역할을 하는 것이다. 이들은 프로그램 성격에 맞는 카메라 조작 기술뿐 아니라 프로그램을 이해하는 능력과 예술적 감각, 시사 감각, 창조적 감각 등을 고루 갖추어야 한다.

방송국에서 움직이는 카메라 파트는 스튜디오/중계 카메라, 야외 촬영 카메라(ENG)로 나뉜다. 스튜디오/중계 카메라의 경우 쇼, 오락, 드라마, 교양 등 다양한 장르의 녹화 프로그램이나 생방송, 중계차를 이용한 야외 프로그램의 녹화나 생방송을 담당하며 최소 4대 이상의 카메라를 동시에 사용해 다양한 영상을 제공한다. 스튜디오/중계 카메라는 다양한 장르의 그림들을 잡아야 하므로 구도 및 영상에 대한 감각이 요구된다. 따라서 여러 명의 카메라맨이 각기 다른 앵글 위치에 배치되어 공동 작업을 한다. 야외 촬영 카메라(ENG)는 카메라에 장착된 VCR을 통해 뉴스, 다큐멘터리, 드라마 야외 촬영이나 교양 프로그램의 인서트(insert) 화면, 인터뷰 등 주로 야외에서 하는 녹화분을 촬영하며, 한 대의 카메라로 촬영하는 경우가 많다. ENG 카메라맨의 경우 8~10kg의 무게가 나가는 카메라를 들고 다녀야 하기 때문에 우수한 신체적 조건이 요구된다. 이렇듯 카메라맨은 단순히 대상을 찍는 것이 아니라 예술적 감각을 총동원해 '어떻게 표현할 것인가'를 염두에 두고 그림의 크기, 카메라의 위치 및 앵글에 신경을 쓰면서 실질적인 화면을 구성해나가는 것이 중요하다.

⑥ 기술 감독(TD : Technical Director)

기술 파트의 총 책임자인 기술 감독은 기술 부문의 요원을 구성하는 재량권을 가지며, 프로그램의 처음부터 끝까지 기술에 관련된 부분에 대해서는 모든 권한을 행사한다. 즉, 기술부 내에서의 PD와 같은 역할로 프로그램에 필수적인 음향, 영상, 오디오 스태프들을 통솔하고, 협력하게 해 프로그램이 잘 완성되도록 하는 핵심적인 역할을 하며 보통 때에는 스위처를 겸무한다. 기술 감독의 구체적인 활동을 보면 카메라, 카메라 콘트롤 유니트, 마이크로폰, 음향, 조명 등 모든 기술 부문의 일을 지휘하며 연출자를 보좌한다. 중계 방송의 경우는 현장과 방송국 사이를 연결하는 마이크로 웨이브까지 책임지게 된다.

텔레비전 프로그램을 제작할 경우 카메라, VTR, 텔레시네(필름과 슬라이드를 텔레비전 화면에 비추어주는 장치), 중계차 등으로부터 영상 신호를 받아 필요한 영상을 선택해 출력하는 기기가 있다. VMU(Video Mixing Unit)라고 불리는 이 영상 혼합 장치는 부조정실의 핵심 장비로, 카메라맨이 잡는 비디오, 오디오, 음악, VTR 영상 등 여러 가지 기능을 가진 스위치들에 의해 운용되기 때문에 '비디오 스위처(Video Switcher)'라고도 불리는데 여기에 장착된 각종 버튼을 누르거나 조정관을 조정해 화면의 영상을 변화시키는 작업을 하는 사람을 방송국에서는 스위처(Switcher)[2]라고 부른다. 단순한 기술자는 아니고, 어떻게 하면 아름다운 음이나 화면을 방송할 수 있는가를 생각해야 한다.

⑦ 음향(Mixer 또는 Audio Man)

음향 조정 기술자로 방송이나 레코딩, 스테이지에서 음량과 음질 등을 조정(믹싱)

2 스위처(Switcher): 텔레비전 프로그램 제작 화면을 스위칭하는 엔지니어. 프로그램의 내용, 연출 의도를 효과적으로 표현하기 위해서 화면의 구도, 스위칭 타이밍, 음향과의 조화 등을 생각해서 기기의 응용 기법을 구사해서 프로그램을 제작한다.

하는 기술자(사운드 엔지니어)이다. 방송 녹화는 출연진들의 말소리와 관객의 박수 소리, 효과 음악 등 매우 다양한 소리가 존재하는데 그 여러 소리들을 조절하기 위해 오디오 맨이 하는 일은 AMU라고 불리는 음성 혼합기(Audio Mixing Unit)를 다루는 것이다. 오디오, 믹서, 콘솔 등으로 불리기도 하는 이 기기는 각종 소리를 공급받아 이들을 혼합해 녹음 · 재생하는 기계로, 오디오 맨은 스튜디오에서 들려오는 출연자들의 목소리를 적절한 크기로 조절해 혼합하고 그 밖의 잡음이 완전히 차단되는지를 철저하게 검토한다. 또한 스테레오 방송인 경우에는 음이 퍼져나가는 방향을 조절하는 것이 주된 임무이다. 흔히 마이크 맨[3]이라고 불리는 또 다른 오디오 맨은 스튜디오에서 마이크를 배치하고 말하는 사람의 움직임에 따라 마이크의 위치를 조절하는 역할을 한다.

⑧ 효과(effect)

출연자들이 내는 음 이외에 배경 음악이나 소리를 만드는 것이 효과이다. 보통 '음악'과 '효과'로 나눈다. 음악 부문은 영상에 맞는 배경 음악을 작곡하거나 기존의 음악을 편곡해 사용한다. 효과 부문은 나뭇잎 떨어지는 소리, 전화벨 소리, 폭풍 소리 등 자연음과 기계적인 음을 만들어 존재하지 않는 상상의 소리까지 창출해낸다. 프로그램 제작비 중에서 효과비는 효과음 사용료 또는 제작, 녹음에 소요되는 비용을 말한다.

⑨ 조명 감독(LD : Lighting Director)

조명에 따라 프로그램의 내용이 아주 다르게 느껴질 정도로 조명의 영향은 크다. 조명 감독은 프로그램 제작의 조명 관계 담당 책임자로 프로그램을 제작하는 경우 조명 분야에 관한 전반적인 책임을 맡으며, 대본을 근거로 정확한 조명 기구를 선택하고 조명의 방법, 시간, 조합 순서 등을 갖춘 계획을 작성한다. 리허설 중

3 마이크 맨(mikeman): 촬영시 붐이나 피시폴로 마이크를 이동시키거나 이동을 돕는 사람.

에는 배튼(Batten)에 매단 조명 기구 등의 불안전한 곳을 고치면서 필요한 조도, 색, 온도, 조명 효과를 확인하고, 프로그램 중에는 조명의 전환, 조광 등에 대한 책임을 진다. 조명 플랜을 세워 여러 명의 LO(Lighting Operator)를 지휘해서 기구를 준비해 세팅 및 조작대를 운용한다.

조명 감독의 경우 보통 6-7명 정도로 짜여진 팀을 이끌며 작업을 하는데 일반 드라마의 경우 조명 감독을 포함한 6명의 조명 기사와 1명의 발전 기사로 팀이 구성된다. 한 번 촬영을 위해 사용되는 조명 장비는 8-9개 정도로 라이트와 그것을 지탱하는 스탠드, 발라트까지 갖춘 무게는 60kg가량 된다. 조명 감독은 조명의 역할과 기기의 성능, 그림이나 색채 감각과 팀워크와 같은 하드웨어와 소프트웨어 양면의 지식이 요구된다.

⑩ 영상 엔지니어(Video Engineer)

카메라로 촬영한 영상을 부조정실로 보내면 색조, 콘트라스트, 영상을 가장 좋은 상태로 만드는 작업을 하는 사람을 영상 엔지니어 혹은 비디오 맨(video man)이라 한다. 방송국 내에서는 보통 VE로 불리는데 비디오에 대한 상당한 지식이 요구된다. 이들은 프로그램 제작에 사용되는 부조정실 내의 카메라를 포함한 모든 영상 기기에 대한 응용과 보수 관리를 담당하면서 최상의 그림이 방송되도록 한다. 조명 담당자와의 관계도 긴밀하다. 프로그램 제작에서 항상 안정된 영상을 얻도록 파형이나 영상 레벨을 파형 모니터, 백터스코프, 컬러 모니터 등의 측정기를 이용해 관리한다.

그 밖에 녹화 담당자, 편집, 미술 감독, 세트 디자이너, 대도구, 소도구, 무대 전기 효과, 의상, 분장, 타이틀 디자인, 컴퓨터 그래픽 인력이 있다.

(3) 보도 프로그램 제작 관련 인력

① 방송 기자(Reporters)

방송은 정보화의 시대에 정보의 대중화를 책임지는 대표적인 매체로, 세계에서 일어나는 모든 정보를 수집하고 평가 · 분석해서 대중에게 알기 쉽도록 전달한다. 그런데 그러한 과정을 수행하는 주체는 방송 기자들이며, 방송 기자의 정보 관리 능력에 따라 방송의 기능이 정의된다고 해도 과언이 아니다.

방송 기자는 주로 시국(時局)에 관한 보도 및 논평을 하는 일에 종사하는 사람으로서, 취재 · 편집 · 논평 등의 일을 담당한다. 외국에서는 취재 담당자를 리포터(reporter), 편집 및 논평 담당자를 에디터(editor)라고 하며, 양자의 총칭으로서 저널리스트(journalist)라는 말을 사용하고 있다. 방송 기자는 라디오 방송과 텔레비전 방송으로 나뉘게 되는데 라디오의 경우 소리로, 텔레비전의 경우 영상과 소리로 뉴스를 전달하기 때문에 기자가 작성한 기사는 방송을 위한 대본이 된다. 또한 뉴스쇼 형식으로 진행되는 뉴스 프로그램의 경우 기자가 직접 출연해 뉴스를 전달하기도 한다.

② 뉴스 감독(News Director)

뉴스의 전반적인 진행과 뉴스캐스트의 궁극적인 책임을 진다. 뉴스와 관련된 전반적인 일을 총괄하면서 뉴스 콘텐츠를 공급받아 기사를 선택하고, 배치하는 내용적인 면에서부터 기술적, 운영적인 면까지 모두 책임을 진다.

③ 뉴스 프로듀서(News Producer)

뉴스캐스트가 전체적으로 통일되고 균형을 취하도록 뉴스를 선택하고 배열하는 일에 대한 직접적인 책임을 진다.

④ 보도 사진 기자(Videographers or News Photographers)

캠코더 조작자로 리포터가 없는 경우 사건의 어떤 측면을 보도할 것인가를 결정한다.

⑤ 작가(Writer)

구성 작가와 같은 역할로 보도 프로그램에서는 앵커를 위한 방송 스크립트를 작성하는 역할을 한다. 또한 스크립트라이터(scriptwriter)의 약어로 방송에서는 스크립터라고 부르기도 하는데 리포터의 취재 내용과 활용 가능한 비디오테이프를 편집한다.

⑥ 뉴스 편집자(Editor)

리포터의 취재 내용과 작가의 스크립트, 프로듀서의 지시에 따라 비디오테이프를 전한다. 촬영된 필름에서 불필요한 장면을 제거하고 필요한 것만 연결하는 작업을 전담하는 역할을 하는데 일상적인 단위 프로그램에서는 기능적인 일을 맡은 사람이지만 뉴스나 논설에 관련해서는 최고 책임자이나.

⑦ 앵커(Anchor)

뉴스의 꽃이라고 일컬어지는 앵커는 보통 스튜디오 세트에서 뉴스캐스트의 주요 진행자를 말한다. 원래의 뜻은 선박의 닻 또는 릴레이 경기에서 최종 주자로 뛴다는 것을 의미한다. 방송에서는 뉴스 프로그램에서 뉴스를 읽거나 전체의 진행을 맡아보는 등 프로그램의 중심적인 역할을 담당하는 인물을 말한다. 단순히 뉴스를 읽어주는 아나운서 또는 뉴스 리더(news reader)나 통상적인 뉴스 진행자를 의미하는 뉴스 캐스터(news caster)와는 달리 보다 전문적이고 개성적인 퍼스낼리티를 보여주는 사회자이다. 뉴스를 전달해주는 것뿐 아니라 오프닝이나 뉴스 아이템 사이, 클로징 때 부분적인 뉴스 논평도 행하고 각 뉴스 아이템을 취재 지시하며, 편집까지 관여하면서 직접 프로그램 진행을 겸하는 사람이다. 앵커맨이라고도 불린다.

⑧ 기상 캐스터(Weathercasters)

기상 정보 해설자로 텔레비전 시대의 새로운 직능으로 등장한 것이다. 기상 정보를 전달하는 카메라 출연자로서 보통 기상학자라기보다는 엔터테이너의 성격이 강하다.

⑨ 스포츠 캐스터(Sportscasters)

스포츠 뉴스나 해설을 전하는 카메라 출연자를 말한다.

더 생각해볼 문제

1. 방송사 조직이 목표, 구조, 운영 전략과 성과 등의 측면에서 다른 일반 기업 조직과 어떻게 다른지 생각해보자.
2. 방송사 혹은 방송과 관련된 업무에 종사하는 전문 인력의 유형과 특성에 대해 생각해보자.
3. 인터넷 방송, 다중 채널 사업자 등 새로운 유형의 방송 사업자의 등장이 기존 방송 사업자의 조직 구조나 운영 전략에 어떠한 영향을 미칠 것인가에 대해 논의해보자.

제5장

방송 편성

1. 편성의 개념

1) 편성의 의미

우리가 텔레비전을 켜서 특정의 프로그램을 시청하는 것은 우연에 의한 일 같지만 이는 방송사의 치밀한 계산에 의해서 만들어진 것이다. 즉, 방송사가 어느 시간대에 누구를 대상으로 어떠한 유형의 프로그램을 방송할 것이냐 하는 문제를 다양한 측면에서 계산하고 고려해서 프로그램을 선택하고 송출하는 것이고 결과적으로 이를 시청자가 수용하는 것이다. 그렇기 때문에 시청자에 따라서는 자신이 원하는 시간에 보고 싶은 프로그램을 시청하게 될 수도 있고 하지 못하는 경우도 있다. 결국 방송사는 보다 많은 시청자들이 자신이 원하는 시간에 원하는 프로그램을 선택할 수 있도록 전략을 짜야 하고 방송사의 이러한 행위를 편성이라고 일컫는다.

편성의 개념에 대해 차배근(1981)은 "편성이란 무엇(방송 내용)을 누구(방송 대상자)에게, 언제(방송 일시), 어떻게(방송 형식), 얼마나(방송 시간량) 들려주고 또는 보여주느냐를 결정하고 이들 프로그램을 배열하는 전 작업을 말한다"라고 정의했다.

그러나 1990년대 이후 다채널 시대가 개막되면서 시청자들의 채널 선택권이 강화되었고 시청자들은 방송사가 선택한 스케줄대로 프로그램을 시청하기보다는 능동적으로 프로그램을 선택하게 되었다. 또한 방송사 간의 경쟁이 치열해지면서 방송사들은 프로그램을 제작할 때 경제적 효율성을 중시하게 되었다. 이러한 방송환경의 변화는 편성의 개념까지 확대시켰다. 기존 방송사에서 수행하는 편성 행위는 수동적인 시청자들을 최대한 끌어들이기 위한 프로그램 배열에 대한 선택의 의미였다면, 다채널 시대의 편성의 의미는 다채널 시대에 경제적 효율성을 극대화하면서 경쟁력을 확보하기 위한 프로그램의 기획, 제작, 선택, 유통으로 인식되고 있다. 전자의 편성 의미가 협의의 편성 개념이었다면 후자의 편성 의미는 광의의 편성 개념이라고 할 수 있다.

<편성의 개념>

- 협의의 의미: 일반적으로 프로그램 내용의 구체적 결정이나 제작 단계 이후를 포함하지 않는 주제와 형식과 시간을 결정하는 행위만을 의미한다.
- 광의의 의미: 방송 프로그램의 명칭, 성격, 분량, 배치 등을 계획하는 행위에서부터 그 계획을 구체화시키기 위한 실제적인 기획, 제작 행위 및 제작 이후의 프로그램 유통까지 포함한다.

2) 편성의 목표

편성이 추구하는 목표에 대해서는 방송 체제나 방송 시장 구조, 방송의 외부적 환경 등에 따라 달라질 수 있다. 기본적으로 크게 네 가지로 요약할 수 있다.

첫째, 편성은 공익성 추구를 목표로 한다. 방송은 전파라는 공공재를 사용하기

[그림 5-1] 재난 방송의 예: 서해안 기름 유출 사고

때문에 민영 방송이라도 최소한의 공익성을 준수해야 하는 의무를 가진다. 그렇기 때문에 방송은 대중이 원하는 것(want)만 제작해 방송하는 것이 아니라 대중이 필요로 하는 것(need)도 제작해 방송해야 한다. 방송 체제에 따라 대중이 원하는 것과 필요로 하는 것에 대한 선택의 비율이 다소 차이가 있을 수 있으나 방송은 그 사이에서 적절한 균형을 유지해야 한다. 프로그램 기획을 조절함으로써 대중이 원하는 것과 필요로 하는 것을 적절히 전달할 수 있는 것이다.

예를 들어 국민의 건강과 삶의 유지를 위해 재난 방송의 경우 필수적인 정보에 해당한다. 따라서 방송사는 재난 방송의 경우 정규 방송을 중단하고 방송해야 하는 의무가 있다. 2007년 12월 7일 서해 태안반도 만리포 북서쪽 10Km 지점에서 발생한 원유 유출 사건이 발생했을 때 각 방송사는 정규 방송을 중단하고 재난 방송을 일제히 보도했다. 사고 발생 당시에 긴급 편성한 재난 방송은 원유가 퍼져나가는 상황과 태안의 피해 상황 및 자원 봉사의 필요성 등을 강조하면서 원유 유출로 인한 생태계 파괴와 공동체 파괴 문제의 심각성에 대해 전 국민에게 필요한 정보를 전달했다.

현재 KBS, MBC, SBS 등 주요 방송사들은 모두 재난 방송과 관련한 내부 지침을 마련해놓고 있으며 2007년 7월 2일 방송위원회가 풍수해의 진행 상황에 따라 재난 방송을 의무적으로 편성하도록 하는 '재난 방송 종합 매뉴얼'을 확정해 발표했다. 이후 2008년에 방송통신위원회가 재난 발생 시 방송과 통신의 체계적인 위기 관리를 위한 '방송 통신 재난 방송 종합 매뉴얼'로 확대 발표했다. 이러한 재난 방송의 의무화를 통해 종합 편성 및 보도 전문 편성을 하는 방송 · 통신사는 방송통신위원회의 요청과 관계없이 재난 방송을 실시할 의무가 생겼다. 국민이 필요로 하는 니즈가 있는 한 방송의 보도, 교양 프로그램의 비율은 지속적으로 높아져야 한다.

둘째, 편성은 수용자의 편익을 극대화하는 것을 목표로 한다. 편성은 시청자의 생활 패턴, 요구, 선호도를 바탕으로 이들의 이익과 편의를 극대화할 수 있도록 해야 한다. 프로그램을 기획할 때 시청자들이 가장 관심 있어 하는 소재나 주제가 무엇인가, 시청자들이 가장 재미있어하는 형식이 무엇인가를 고려해야 하고, 프로그램을 배치할 때는 시청자의 일상생활 주기에 맞도록 해야 한다.

예를 들어 계절의 변화에 따라 시청자들의 생활 시간대가 달라진다면 이에 맞추어 방송 시간대에도 변화를 주어야 한다. 그렇기 때문에 방송사별로 계절별로 개편을 실시하기도 한다. 또한 오전 9~11시 시간대에 KBS1 〈아침마당〉, KBS2 〈여유만만〉, MBC 〈기분좋은 아침〉, SBS 〈좋은아침〉 등과 같이 방송사마다 연예 정보 프로그램을 유사하게 배치하거나, 저녁 7~12시 시간대에는 오락 프로그램, 일일 드라마, 미니 시리즈 등의 프로그램을 배치하는 것을 기본적인 편성 패턴으로 유지하도록 해 TV 편성과 시청자들의 삶의 패턴을 자연스럽게 연결하는 전략을 보이고 있다.

셋째, 편성은 방송사의 자원을 효율적으로 사용할 수 있도록 해야 한다. 프로그램을 제작하는 데 인력, 기술, 기자재, 재원, 시간 등 많은 자원이 투자되어야 한다. 이러한 자원들이 낭비되지 않고 효율적으로 사용되기 위해서는 프로그램의 기획 조정 기능이 필요하다.

예를 들어 재난 방송은 예측하지 못한 갑작스런 사건이 발발한 것이기 때문에 각 방송사들은 기존에 배치되었던 인력, 기술, 재원, 시간 등의 방송 자원을 급하게 재배치해야 하는 응급 상황에 처하게 된다. 이때 각 방송사들은 공동 취재단을 구성해 방송 3사의 방송 자원을 보다 효율적으로 투자하는 방식을 취한다. 이는 방송통신위원회에서 정한 '재난 방송 실시에 관한 기준'에 의거해 공동 취재단을 운영하게 되는데, 재난이 전국적으로 확대되어 많은 취재 인력이 투입되어야 할 경우 주관 방송사는 필요에 따라 공동 취재단의 구성을 효율적으로 운용해야 하는 의무가 있다.

넷째, 방송 미디어가 가진 대중 소구의 잠재력을 개발하는 것을 목표로 한다. 일반 대중에게 공유되는 감정과 관심에 소구하는 '방송(broadcasting)'과 특별한 공중의 취향에 부응하는 '협송(narrowcasting)'의 역할이 방송 편성 영역에 공존해야 한다.

각 방송사마다 개편 시기에 맞춰 시청률이 일정 기준에 도달하지 않는 프로그램을 시청률 수치에 따라 폐지한다는 원칙으로 개편을 추진하는 경향이 있다. 그러나 방송은 다수의 시청자를 대상으로 하는 프로그램 이외에도 소수 시청자를 대상으로 하는 프로그램 개발에도 꾸준히 매진해야 한다. 밤 11시~1시 사이의 심야 시간대에 진행되는 토론 프로그램인 KBS1 〈심야토론〉, MBC 〈100분 토론〉, SBS 〈시사토론〉 등은 시청률의 수치보다는 소수의 시청자를 대상으로 하더라도 전문적인 정보 전달과 의제 설정의 기능을 수행하기 위해 꾸준히 진행되는 프로그램이다. 또한 기존 대중가요 프로그램과 차별화한 라이브 음악 프로그램인 KBS2 〈유희열의 스케치북〉 역시 시청률보다는 소수 음악 마니아층을 위한 프로그램으로 존재한다. 이와 같이 소수 공중을 대상으로 하는 전문 편성은 방송 미디어가 대중의 소구를 균형있게 맞추기 위해 필요한 부분이다.

민영 방송의 경우 편성은 경제적 효율성을 극대화 하는 것을 목표로 한다. 방송사가 경제적 이익을 극대화하는 방안은 크게 두 가지이다. 하나는 민영 방송사의 주재원인 광고 수익을 올리는 것인데, 광고 수익을 극대화하기 위해서는 최대한 많은 시청자를 끌어들여야 하고 이를 위해서 어느 시간대 누구를 대상으로 어떤 프로그램을 전략적으로 배치해야 하는가를 결정해야 한다. 다른 하나는 프로그램의 투자를 줄임으로써 경제적 효용성을 극대화하는 것이다. 광고 단가가 비싼 프라임 타임대는 제작비를 많이 투자하는 프로그램을 제작해 다수의 시청자들을 끌어들이는 다수 지향형 모델을 추구하고, 광고 단가가 싼 비프라임 타임대는 제작비를 적게 투자해 소수의 시청자들을 끌어들이는 소수 지향형 모델을 추구해야 한다.

예를 들어 밤 10시~11시 시간대의 드라마는 가장 많은 시청자를 대상으로 하는 프라임 타임대 방송물이다. KBS 〈바람의 나라〉는 총 200억 원의 제작비가 투자되었고 MBC 〈에덴의 동쪽〉은 총 250억 원, KBS 〈아이리스〉는 총 200억 원의 제작비가 투자되어 시청률을 의식한 다수 지향형 모델을 목표로 제작된 대표적인 대규모 영상물이다. 반면 오전 9~11시 시간대의 아침 연예 정보 토크쇼 형태의 프로그램들은 주부 계층과 같은 소수 시청자를 대상으로 제작되는 비프라임 타임대 방송물에 해당한다. 이러한 프로그램들은 특별히 많은 제작비를 투자해야 하는 프로그램은 아니지만 소수 시청자의 소구를 적극적으로 반영해 아침 시간대의 주부 시청자를 꾸준히 끌어들이는 소수 지향형 모델을 지향하는 것이다.

2. 편성의 결정 과정과 영향 요인

1) 편성의 결정 과정

광의의 편성의 의미는 방송 프로그램의 명칭, 성격, 분량, 배치 등을 계획하는 행위에서부터 그 계획을 구체화시키기 위한 실제적인 기획, 제작 행위 및 제작 이후의 프로그램 유통까지 포함하는 것이다.

방송사에서 행하는 편성의 종류와 차원은 다양하다. 주로 1년을 단위로 편성을 결정하는 연간 편성이 있고, 계절에 맞추어 편성을 하는 계간 편성, 월별로 편성을 결정하는 월간 편성, 주 단위로 편성을 결정하는 주간 편성, 매일 매일 편성을 결정

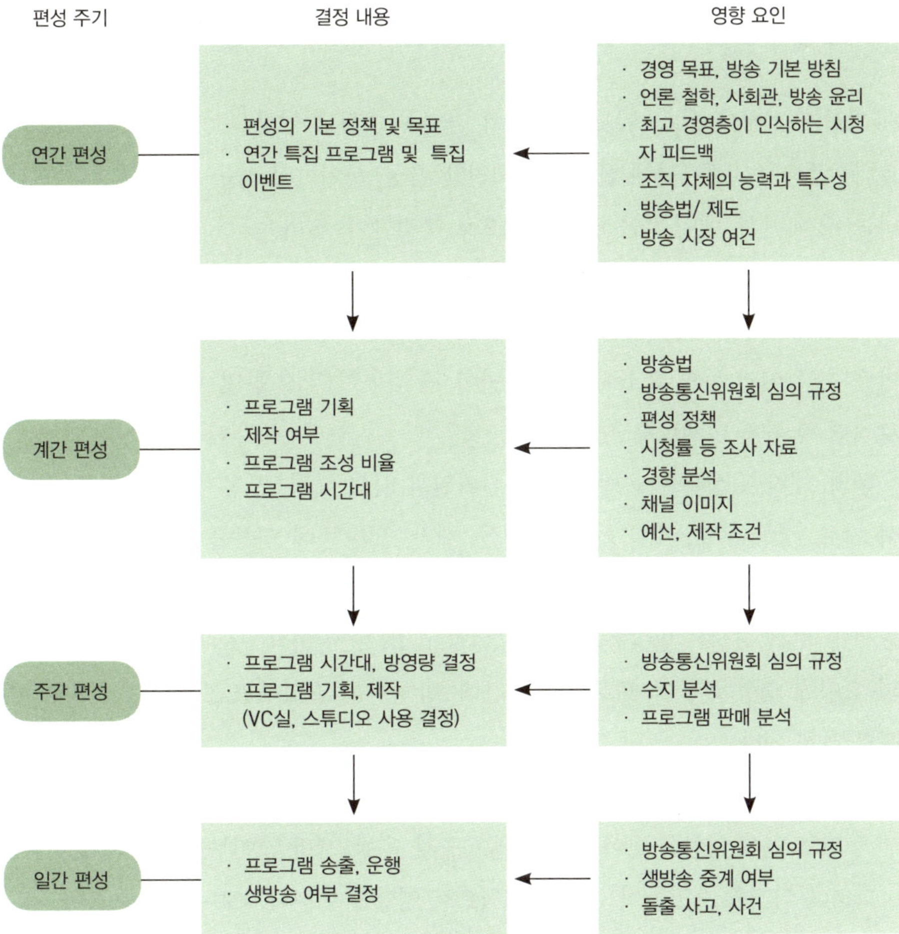

[그림 5-2] 편성의 결정 과정

하는 일간 편성이 있다. 편성의 종류에 따라 편성의 결정 내용과 과정이 다르고 또 이에 영향을 미치는 요인도 다르다. 편성의 종류별로 편성 결정 과정과 영향을 미치는 요인은 다음과 같다.

2) 편성의 결정 과정에 영향을 미치는 요인

[그림 5-2]에서 알 수 있듯이 편성의 결정 단계별로 영향을 미치는 요인들이 다르다. 편성 주기를 1년에 한 번 하는 연간 편성, 분기마다 하는 계간 편성, 주마다 하는 주간 편성, 매일 하는 일간 편성으로 분리할 수 있다.

첫째, 연간 편성은 경영 목표, 방송 기본 방침, 언론 철학, 사회관, 방송 윤리, 최고 경영층이 인식하는 시청자 피드백, 조직 자체의 능력과 특수성, 방송법·제도, 방송 시장 여건 등의 요소에 영향을 받아 편성의 기본 정책 및 목표, 연간 특집 프로그램 및 특집 이벤트를 결정한다.

둘째, 계간 편성은 방송법, 방송통신위원회 심의 규정, 편성 정책, 시청률 등 조사 자료, 경향 분석, 채널 이미지, 예산, 제작 조건 등에 영향을 받아 프로그램 기획, 제작 여부, 프로그램 조성 비율, 프로그램 시간대를 결정한다.

셋째, 주간 편성은 방송통신위원회 심의 규정, 수지 분석, 프로그램 판매 분석 등의 요인에 영향을 받아 프로그램 시간대, 방영량을 결정하고 프로그램 기획과 제작을 하게 된다.

넷째, 일간 편성은 방송통신위원회 심의 규정, 생방송 중계 여부, 돌출 사고와 사건 등의 요인에 영향을 받아 프로그램 송출과 운행, 생방송 여부를 결정하게 된다.

그러나 이러한 요인들이 상호 독립적으로 영향을 미친다기보다는 상호 연관적인 차원에서 영향을 미친다고 할 수 있다. 예를 들어 편성의 기본 정책을 수립하는 연간 편성의 경우 방송사의 방송 철학, 경제적 상황, 재원 조달 규모, 방송법 등이 영향을 미치게 되는데, 이러한 요인들은 계간, 주간, 일간 편성에까지 지속적으로 영향을 미친다. 결국 단계별로 편성에 영향을 미치는 주요 요인들이 다를 수 있고, 요인들은 통합적으로 영향을 미치는 경우가 많다.

편성에 영향을 미치는 요인들을 유형별로 정리하면 다음과 같다.

첫째, 법·제도적 요인이다. 이는 편성의 결정 과정에 영향을 미치는 가장 기본적인 요인이라 할 수 있다. 대표적인 요인으로 방송법을 들 수 있는데 각 나라마다 편성에 관한 규약을 법으로 명시해놓은 경우가 많다. 우리나라의 경우 방송법으로 외화 수입비율과 프로그램 유형별 편성비율을 규정해놓았기 때문에 방송사에서는 이를 준수해야 한다. 이 외에도 방송통신위원회의 심의 규정, 방송에 관한 행정 규정, 법률 등이 편성에 영향을 미치는 요인으로 작용한다.

둘째, 산업·경제적 요인이다. 다채널 다미디어 시대가 본격화되면서 방송을 산업적인 시각에서 보는 경향이 두드러지고 있는 만큼 산업·경제적인 요인이 편성에 중요한 영향을 미치고 있다. 산업·경제적 요인이라 함은 방송 산업을 둘러싼 외부 경제적인 환경을 의미한다. 이는 방송 산업 시장 구조, 광고비 규모, 방송 체제, 사회 경제적 요인 등을 말한다. 방송 시장 구조가 자유 경쟁적인 상업 시장 구조 여부에 따라 편성이 달라지기도 하고 광고비의 규모는 프로그램의 기획, 제작에 직접적인 영향을 미치기도 한다.

1998년 IMF 경제 위기 상황 때 광고 시장 규모가 급격히 감소하게 됨에 따라 방송사마다 제작비가 많이 투입되는 프로그램이 대폭 줄어들었으며, 2008년 역시 세계적인 경제 위기와 맞물려 그동안 천정부지로 솟아오른 드라마 제작비를 충당하기 어려워 가을 개편에서 각 방송사마다 드라마 한 편씩을 폐지하기도 했고 출연료가 비싼 외부 MC를 내부 아나운서 등으로 대폭 교체하는가 하면 재방송을 늘려 프로그램 추가 제작 시 소모되는 예산 자체를 낮추는 편성 방안을 제시하기도 했다.

셋째, 조직적 요인이다. 방송사 내부 조직적인 문제는 편성 행위에 직접적인 영향을 미치게 된다. 특히 방송사의 인적, 기술적 자원을 포함한 제작 여건은 프로그램의 기획, 제작에 직접적인 영향을 미친다. 아무리 좋은 아이디어라 하더라도 방송사의 능력으로 이를 구체화시킬 수 없다면 그 아이디어는 무용지물이 되고 만다. 방송사가 가지고 있는 시설을 포함한 물리적 조건, 예산 조건, 인적 조건 등 세 가지의 제작 조건이 충족되어야만 편성을 구체화할 수 있다. 이 밖에도 방송사의 윤리 규정, 경영 방침 등이 편성에 영향을 미치는 요인이 된다.

넷째, 사회·문화적 요인이다. 방송 프로그램은 사상과 가치를 담은 문화적 상품

〈표 5-1〉 1997년 경제 위기 이전 이후 방송사별 총 제작비 규모 변화

(단위: 천만 원)

	1997	1998	감소 비율
KBS	41,472	34,319	17.2%
MBC	29,121	24,581	15.6%
SBS	23,453	18,777	19.9%

출처 : 유세경(2000), 「광고수익 감소에 따른 방송 편성 변화에 관한 연구」, 『한국언론정보학보』, 봄 통권 14호, 228쪽.

〈표 5-2〉 2008년 경제 위기 이후 방송사별 주요 가을 개편 내용

	드라마 부분	비드라마 부분
KBS	KBS2 일일극 폐지	내부 MC 기용
MBC	심야 주말극 폐지	재방송 활성화
SBS	금요 드라마 폐지	예능 프로그램 보강

이기 때문에 프로그램을 기획, 제작할 때 그 사회의 가치, 문화적 요인들에 의해 영향을 받게 된다. 특히 프로그램의 주제, 소재, 출연진 등을 결정하는 단계에서 사회 · 문화적 정서가 많은 영향을 미친다. 예를 들어 우리나라는 아직도 삼강오륜이 중시되는 유교적 사회이기 때문에 이에 위반되는 소재나 주제는 채택되지 않는 경우가 많다. 특히 한국 사회는 동성애와 관련된 주제를 다른 나라에 비해 매우 민감하게 받아들이는 경향이 있는데, 탤런트 홍석천이 2000년도에 커밍아웃을 선언한 이후 각 방송사들로부터 출연 거부를 통보받은 일이 대표적인 예이다. 이는 당시 동성애자는 물론 동성애와 관련된 주제가 아직 사회 · 문화적으로 수용되기 어려웠던 배경에 기인한 일이었다. 그러나 현재는 동성애에 대한 사회 · 문화적 시각이 변화함에 따라 동성애자 또는 트렌스젠더임을 밝힌 가수, 탤런트들이 다수 방송에 출연하고 있고, 영화나 드라마에서도 동성애 관련 주제가 종종 등장하고 있다.

다섯째, 수용자 조건이다. 사실상 방송 프로그램을 편성하는 데 가장 먼저 중요하게 고려되는 것은 그 대상자인 시청자이다. 어떠한 대상을 위해, 무슨 내용으로,

어느 시간에 방송할 것이냐가 편성에서 제일 중요하기 때문이다. 따라서 시청자들의 연령, 직업, 취미, 기회, 경제 상태, 시청자의 생활 습관, 소비 행태 등을 고려해 편성을 실시하게 된다.

3. 편성 전략

편성은 특별한 시장과 미리 정해진 목표 수용자에 맞는 적절한 프로그램을 만들기 위한 것이다. 따라서 편성 전략이란 단순한 프로그램의 선택과 배열이 아니고 구조화되고 체계화된 것이어야 한다. 실제로 다른 방송과의 경쟁에서 살아남기 위해서는 다양한 전략을 동원해 프로그램을 선택, 배열해야 한다.

미국의 저명한 편성 전문가 시드니 헤드(Sydney Head)가 제시한 프로그램 편성 요건은 다음과 같다.

첫째, 조화성(Compatibility)은 일상 생활의 주기에 맞추어 수용자의 활동에 일치되도록 프로그램을 배치하는 것이다. 라디오와 텔레비전의 지속적 개방성(continuously unfolding nature)은 프로그래머로 하여금 서로 상이한 프로그램물이나 혹은 유사한 프로그램들을 상이한 방법으로 하루 중 다양한 시간대에 편성 가능하게 한다. 프로그래머들은 대부분의 사람들이 아침에 일어나 출근하고, 오전 중 가사 일을 하

<시드니 헤드가 제시한 다섯 가지 프로그램 편성 요건>

① 조화성(Compatibility)
② 시청 습관 형성(Habit formation)
③ 수용자 흐름의 통제(Control of audience flow)
④ 프로그램 자원의 확보
⑤ 소구의 폭(Breadth of appeal) / 소구 효과

며, 점심을 먹고 오후를 보내다가, 어린이를 데리러 갔다 와서 분주히 저녁을 준비해 먹고, 편안히 하루를 마무리한다는 일상적인 일과를 염두에 두고 있다. 일반적인 사람들의 일과에 맞추어 오전, 오후, 저녁, 프라임 타임 등의 시간대를 나누어 프로그램을 편성한다. 물론 생활 주기가 변화되는 토요일과 일요일은 평일과 다른 프로그램을 편성해 새로운 스케줄에 맞도록 전략을 짠다. 이러한 전략을 시간대별 편성(dayparting)이라고 부르며, 출퇴근 시간대(drive time), 초저녁 변두리 시간대(early fringe), 프라임 타임대(prime time) 등의 용어로 알려진 하루의 시간대와 조화를 이루도록 상이한 유형의 프로그램을 편성한다(Eastman, 1993; 전환성 역: 44-45).

둘째, 시청 습관 형성 전략은 일반인들의 생활 패턴에 맞추어 프로그램을 편성한다는 전략이지만 이와 동시에 수용자들은 매일 제공되는 프로그램 구성에 맞추어 생활 습관이 형성(Habit formation)되는 경향이 있다. 프로그램 편성이 수용자의 시 · 청취 습관을 형성하기 때문에 한번 형성된 미디어 습관은 일상생활의 한 부분이 되어 고정적이고 지속적인 시 · 청취자가 되도록 유도하기 때문에 매우 큰 힘을 발휘하는 편성 선략이다. 예를 들어 월요일부터 금요일까지의 평일 저녁에 방영되는 일일 드라마의 경우 매일 같은 시간에 프로그램을 편성하는 줄띠 편성(stripping programming)인데, 이는 수용자들의 저녁 식사 시간과 맞물려 매우 자연스러운 시청 습관으로 만들고 결국 자동화된 시 · 청취 습관(tuning habits)을 형성한다(Eastman, 1993; 전환성 역: 47).

셋째, 수용자들은 하나의 프로그램을 시청하다가 다른 프로그램을 시청하기 위해 채널을 바꾸는 행위들이 지속적으로 일어나기도 한다. 이러한 변화를 수용자 흐름(audience flow)이라고 한다. 프로그램을 편성하는 프로그래머 입장에서는 경쟁 채널 혹은 경쟁 매체로부터 흘러들어오는 수용자 수를 극대화하는 동시에 자사의 채널로부터 다른 경쟁 채널로 빠져나가는 수용자 수를 최소화하려는 노력을 하게 된다. 이것이 바로 수용자 흐름의 통제(control of audience flow)이다. 모든 편성 수준에서 사용되는 여러 전략들은 수용자 흐름을 고려하며 결정된다. 예를 들어 대응 편성(counter programming)은 경쟁 채널 프로그램과 다른 소구를 하는 프로그램을 동시간대에 편성하는 전략인데, 이것은 다른 경쟁 네트워크에서 빠져나오는 시청자를 겨냥한 것으로 독립 텔레비전 방송사 편성 전략에 매우 중요한 전략이 된다(Eastman, 1993; 전환성 역: 49).

넷째, 라디오뿐만 아니라 텔레비전은 하루 종일 방송해야 한다는 사실 때문에 빠르게 프로그램 자료들을 소비한다. 따라서 얼마나 많은 프로그램 자원을 확보할 수 있는가도 프로그램 편성에 핵심적인 전략 중 하나가 된다. 아무리 재미있고 눈부신 성공을 거둔 프로그램이라 할지라도 여러 번 재방송되면 그 프로그램의 매력은 없어지게 된다. 바로 이러한 사실이 프로그램 자원을 적재적소에 배치하도록 기획하는 일의 중요성을 말해준다. 프로그래머는 가능한 최소의 새로운 프로그램 자원을 요구하는 포맷을 개발하고, 오래된 프로그램들을 계속 재방송할 때 신선함을 잃지 않도록 방영 시기와 횟수를 고안해 최소한의 노력으로 최대한의 가치를 창출할 수 있도록 편성 전략을 개발해야 한다(Eastman, 1993; 전환성 역: 51-52).

마지막으로 텔레비전 네트워크는 이용 가능한 모든 시청자를 포괄하는 프로그램을 만들 수 있다고 생각하는 경우는 거의 없다. 따라서 시청률 20%만 넘어도 많은 시청자가 시청했다는 좋은 평가를 받는다. 물론 월드컵이나 특별 기획 방송과 같은 특별한 프로그램의 경우 40~50%의 시청률을 보이는 경우도 있지만, 일반적으로 시청률이 가장 높은 프라임 타임대의 프로그램이라 하더라도 잠재적 수용자의 25% 정도만을 확보하고 있을 뿐이다. 최대 규모의 수용자를 확보할 수 있는 유일한 방법은 수용자를 인구사회학적 배경에 따라 세분화하는 방법이다. 수용자를 인구사회학적 배경에 따라 세분화하고 수많은 상이한 사회 집단에 소구함으로써만 확보할 수 있다. 이를 소구의 폭(Breadth of appeal) 또는 소구 효과라고 한다. 네트워크 텔레비전은 일반적으로 수용자들을 근본적으로 특성이 다른 많은 수의 하위 수용자(sub-audiences) 집단으로 세분화해 개별적으로 소구해 들어감으로써 연령, 성별, 학력 및 생활 스타일의 차이를 극복할 수 있도록 최적의 프로그램을 제작해 편성해야 한다(Eastman, 1993).

이 밖에도 프로그래머는 최적의 프로그램 편성을 위해 일반적으로 수용자들이 즐겨하는 프로그램 소재 및 아이디어가 무엇인지 고려해야 한다. 텔레비전뿐만 아니라 영화, 연극, 신문, 잡지, 서적 등에서 주로 성공을 거두는 소재는 갈등, 코미디, 섹스, 정보 및 인간적 흥미와 같은 요소들이다. 이러한 소구 요소를 고려해 프로그램을 제작할 때 적절히 혼합해 사용하는 것이 프로그램의 실패를 줄이는 전략이라고 볼 수 있다.

2TV 주간 편성표(2018-07-30~2018-08-05)

시	월(07/30)	화(07/31)	수(08/01)	목(08/02)	금(08/03)	토(08/04)	일(08/05)
5	00 숨터 HD 자 재	00 숨터 HD 자 재	00 숨터 HD 자 재	00 숨터 HD 자 재	00 숨터 HD 자 재	00 트레킹노트 세상을 걷다 스페셜	00 다큐 공감
	05 걸어서 세계속으로 HD 자 재 자 재	05 걸어서 세계속으로 HD 자 재 자 재	05 걸어서 세계속으로 HD 자 재 자 재	05 걸어서 세계속으로 HD 자 재 자 재	05 걸어서 세계속으로 HD 자 재 자 재	15 한국인의 밥상 HD 자 재 자 재	55 생생정보 스페셜 HD 자 재 자 재
6	00 생방송 아침이 좋다 HD 자 재	00 생방송 아침이 좋다 HD 자 재	00 생방송 아침이 좋다 HD 자 재	00 생방송 아침이 좋다 HD 자 재	00 생방송 아침이 좋다 HD 자 재	10 영상앨범 산 HD 자 재 재 40 다큐멘터리 3일 HD 자 재	
7	00 생방송 아침이 좋다 HD 자 재	00 생방송 아침이 좋다 HD 자 재	00 생방송 아침이 좋다 HD 자 재	00 생방송 아침이 좋다 HD 자 재	00 생방송 아침이 좋다 HD 자 재	40 연예가중계 HD 자 재	25 KBS 재난방송센터 HD 자 35 영상앨범 산 HD 자 재
8	00 KBS 아침 뉴스타임 HD 자 재	00 KBS 아침 뉴스타임 HD 자 재	00 KBS 아침 뉴스타임 HD 자 재	00 KBS 아침 뉴스타임 HD 자 재	00 KBS 아침 뉴스타임 HD 자 재	45 슈퍼맨이 돌아왔다 HD 자 재	05 살림하는 남자들 HD 자 재
9	00 TV소설 파도야 파도야 HD 자 재	00 TV소설 파도야 파도야 HD 자 재	00 TV소설 파도야 파도야 HD 자 재	00 TV소설 파도야 파도야 HD 자 재	00 TV소설 파도야 파도야 HD 자 재		10 1박 2일 HD 자 재
	40 그녀들의 여유만만 HD 자 재	40 그녀들의 여유만만 HD 자 재	40 그녀들의 여유만만 HD 자 재	40 그녀들의 여유만만 HD 자 재	40 그녀들의 여유만만 HD 자 재		
10	40 지구촌 뉴스 HD 자 재 재	40 지구촌 뉴스 HD 자 재 재	40 지구촌 뉴스 HD 자 재 재	40 지구촌 뉴스 HD 자 재 재	40 지구촌 뉴스 HD 자 재 재	30 영화가 좋다 HD 자	40 엄마 아빠는 외계인 HD 자 재
11	00 일일드라마 끝까지사랑 HD 자 재 재	00 일일드라마 끝까지사랑 HD 자 재 재	00 일일드라마 끝까지사랑 HD 자 재 재	00 일일드라마 끝까지사랑 HD 자 재 재	00 일일드라마 끝까지사랑 HD 자 재 재	40 해피투게더 HD 자 재 자 재	
	40 월화드라마 너도 인간이니? HD 자 재 자 재	40 월화드라마 너도 인간이니? HD 자 재 자 재	40 수목드라마 당신의 하우스헬퍼 HD 자 재 자 재	40 수목드라마 당신의 하우스헬퍼 HD 자 재 자 재	40 인간극장 스페셜 HD 자 재 자 재		
12	50 월화드라마 너도 인간이니? HD 자 재 자 재	50 제보자들 HD 자 재 자		50 인간극장 스페셜 HD 자 재 자 재			00 개그콘서트 HD 자 재

HD 자 재

[그림 5-3] 주간 편성표

출처: 2018년 8월 1째주 KBS 2TV 주간 편성표(KBS 홈페이지).

2) 편성 전략 유형

(1) 채널 내 편성 전략 유형

채널 내 수평 편성 전략이란 수용자의 시청 습관 형성에 목표를 둔 편성 전략이다. 경쟁 방송사의 프로그램의 배열보다는 시청자의 생활 주기에 맞추어 자사의 프로그램을 배열함으로써 시청자들을 자신의 채널에 고정시키려 하는 전략이다. 이러한 편성 전략으로는 줄띠 편성, 장기판 편성, 구획 편성, 해머킹, 텐트폴링 등이 있다. 각각의 편성 전략을 구체적으로 살펴보면 다음과 같다.

① 줄띠 편성(stripping programming)

일주일에 5일 이상 동일한 시간대에 동일한 프로그램을 편성하는 것으로 프로그램 편성표를 보면 마치 하나의 띠가 가는 것처럼 보인다. 수평적 편성(horizontal programming) 또는 월경 편성(across-the-board programming)이라고도 불린다. 뉴스나 일일 연속극 또는 아침 드라마가 대표적인 예이다.

② 장기판 편성(checkerboarding programming)

동일한 시간대에 매일 다른 유형의 프로그램을 편성하거나 격일 또는 주간 단위로 같은 프로그램을 편성하는 전략이다. 장기판 편성은 줄띠 편성보다 여러 가지 유형의 프로그램을 편성함으로써 비교적 다양하게 시청자의 욕구를 충족시킬 수 있는 장점이 있다.

③ 구획 편성(blocking programming)

하루를 몇 가지 시간대로 구분한 구획으로 나누고 각 구획마다 특정한 시청 대상을 위한 프로그램을 집중적으로 편성해 시청자 흐름을 유지하기 위한 전략이다. 평일 오후 4시대를 어린이 시청자를 위한 구획으로 정하고 이 시간대에는 어린이 프로그램만 방영하고 있는 것이 그 예이다.

KBS2

시	7/30(월)	7/31(화)	8/1(수)	8/2(목)	8/3(금)
5	00 오늘 플러스	00 휴먼다큐 사람이 좋다 스페셜	00 이상한 나라의 며느리 스페셜	00 할머니네 똥강아지 스페셜	00 TV 속의 TV (재)
	05 걸어서 세계속으로				
6	00 생방송 아침이 좋다				
7	00 생방송 아침이 좋다				
8	00 KBS 아침 뉴스타임				
9	00 TV 소설 파도야 파도야				
	40 그녀들의 여유만만				

MBC

시	7/30(월)	7/31(화)	8/1(수)	8/2(목)	8/3(금)
5	00 오늘 플러스	00 휴먼다큐 사람이 좋다 스페셜	00 이상한 나라의 며느리 스페셜	00 할머니네 똥강아지 스페셜	00 TV 속의 TV (재)
6	00 MBC 뉴스투데이 1부				
7	25 MBC 뉴스투데이 2부				
8	50 일일 연속극 비밀과 거짓말 (재, 25-29)				
9	30 생방송 오늘 아침			30 아침 발전소	
	30 930 MBC 뉴스				
10	45 기분 좋은날				

SBS

시	7/30(월)	7/31(화)	8/1(수)	8/2(목)	8/3(금)
5	00 SBS 특선 다큐멘터리	00 순간포착 세상에 이런 일이	00 생활의 달인	00 열린 TV 시청자 세상	00 네트워크 특선
6	00 모닝와이드 (1부)				
7	30 모닝와이드 (2부)				
8	40 모닝와이드 (3부)				
	40 아침 연속극 나도 엄마야			40 아침연속극 나도 엄마야	

[그림 5-4] 줄띠 편성

출처: 2018년 8월 현재 KBS, MBC, SBS 주간 편성표(각 사 홈페이지).

방송사	시					
KBS2	23	10 안녕하세요	10 엄마 아빠는 외계인	10 추적 60분	10 해피 투게더	05 거기가 어딘데?
MBC	5	20 출발! 비디오 여행 스페셜	20 휴먼다큐 사람이 좋다 스페셜	20 이상한 나라의 며느리 스페셜	20 할머니네 똥강아지 스페셜	20 앙코르 MBC 스페셜
SBS	16	00 동상이몽 2 너는 내 운명	00 불타는 청춘	00 로맨스 패키지	00 본격 연예 한밤	00 궁금한 이야기 Y

[그림 5-5] 장기판 편성

출처: 2018년 8월 현재 KBS, MBC, SBS 주간 편성표(각 사 홈페이지).

방송사	시					
KBS2	15	00 자동공부책상 위키 2	00 자동공부책상 위키 2	00 자동공부책상 위키 2	00 자동공부책상 위키 2	00 후토스-잃어버린 숲
		30 TV 유치원	30 TV 유치원	30 TV 유치원	30 TV 유치원	30 코딩 TV
MBC	2 3	25 헬로키즈 신비한 자연교실 (재)	20 제 44회 전주 대사습놀이 전국대회 제2부 (녹화)	30 헬로키즈 동물교실 (재)	40 뽀뽀뽀 모두야 놀자	35 판다랑 (재)
		20 샤이닝스타		25 프리파라3	10 판다랑	05 내친구 마카다 (재)
		50 뽀뽀뽀 모두야 놀자		55 섹션TV연예통신	40 꾸러기 식사교실	35 헬로키즈 동물교실2
SBS		50 월화드라마 서른이지만 열일곱입니다 (3화)	50 월화드라마 서른이지만 열일곱입니다 (5화)	50 드라마 스페셜 친애하는 판사님께 (3화)	50 드라마 스페셜 친애하는 판사님께 (5화)	50 드라마 스페셜 친애하는 판사님께 (7화)
	13	25 월화드라마 서른이지만 열일곱입니다 (4화)	25 월화드라마 서른이지만 열일곱입니다 (6화)	25 드라마 스페셜 친애하는 판사님께 (4화)	25 드라마 스페셜 친애하는 판사님께 (6화)	25 드라마 스페셜 친애하는 판사님께 (8화)

[그림 5-6] 구획 편성

출처: 2018년 현재 KBS, MBC, SBS 주간 편성표(각 사 홈페이지).

방송사	시					
KBS1	19	50 일일드라마 끝까지 사랑	50 일일드라마 끝까지 사랑	50 일일드라마 끝까지 사랑	50 일일드라마 끝까지 사랑	50 일일드라마 끝까지 사랑
	20	30 글로벌24	30 글로벌24	30 글로벌24	30 글로벌24	30 글로벌24
	21	55 제보자들	55 1대 100	55 살림하는 남자들	55 속보이는 TV 인사이드	55 연예가 중계
		00 월화 드라마 너도 인간이니?	00 월화 드라마 너도 인간이니?	00 수목 드라마 당신의 하우스 헬퍼	00 수목 드라마 당신의 하우스 헬퍼	00 VJ 특공대
		35 월화 드라마 너도 인간이니?	35 월화 드라마 너도 인간이니?	35 수목 드라마 당신의 하우스 헬퍼	35 수목 드라마 당신의 하우스 헬퍼	
MBC	19	15 일일연속극 비밀과 거짓말 (26–30)				
	20	55 MBC 뉴스데스크				
	21	55 섹션TV 연예 통신	55 휴먼다큐 사람이 좋다	55 이상한 나라의 며느리	55 할머니네 똥강아지	55 판결의 온도
		00 월화특별기획 사생결단 로맨스 (5)	00 월화특별기획 사생결단 로맨스 (5)	00 수목미니시리즈 시간 (5)	00 수목미니시리즈 시간 (7)	50 선을 넘는 녀석들
		35 월화특별기획 사생결단 로맨스 (6)	35 월화특별기획 사생결단 로맨스 (6)	35 수목미니시리즈 시간 (6)	35 수목미니시리즈 시간 (8)	
SBS	20	00 SBS 8 뉴스				
	21	55 생활의 달인	55 본격연예 한밤	55 영재발굴단	55 순간포착 세상에 이런 일이	55 궁금한 이야기 Y
	22	00 월화드라마 서른이지만 열일 곱입니다 (5화)	00 월화드라마 서른이지만 열일 곱입니다 (7화)	00 드라마 스페셜 친애하는 판사님 께 (5화)	00 드라마 스페셜 친애하는 판사님 께 (7화)	00 정글의 법칙 1부
		35 월화드라마 서른이지만 열일곱입니다 (6화)	35 월화드라마 서른이지만 열일곱입니다 (8화)	35 드라마 스페셜 친애하는 판사님 께 (6화)	35 드라마 스페셜 친애하는 판사님 께 (8화)	35 정글의 법칙 2부
	23	10 동상이몽2 너는 내 운명 1부	10 불타는 청춘 1부	10 로맨스 패키 지 1부	10 김어준의 블랙하 우스 1부 (최종)	20 백종원의 골목식 당 1부

[그림 5–7] 해머킹 편성

출처: 2018년 8월 현재 KBS, MBC, SBS 주간 편성표(각 사 홈페이지).

④ 해머킹 / 끼워넣기 편성(hammocking)

두 개의 강력한 인기 프로그램 사이에 전망이 불확실한 프로그램을 끼워넣음으로써, 기존 프로그램의 시청자를 계속 유지하거나 신설 프로그램을 확고한 위치로 올려놓기 위한 전략이다. 그네타기 편성이라고도 말한다. 이전의 프로그램으로부터 지속적인 흐름은 중간에 끼인 프로그램에 대한 시청자를 증가시킬 수 있다. 또한 중간에 끼인 프로그램이 끝날 무렵, 인기 높은 후속 프로그램을 보기 위해 다른 방송국으로부터 미리 유입된 시청자들로 인해 샌드위치 프로그램에 대한 수용자가 증가할 수 있는 것이다.

국내에서 7~8시대에 일일 드라마를 편성하고 8~9시 메인 뉴스를 방영한 뒤 9~10시대에 인기 드라마 또는 오락 프로그램을 편성해 시청자의 흐름을 자연스럽게 뉴스 시청으로 유도하는 전략은 대표적인 해머킹 편성의 예라고 할 수 있다. 실제 방송사마다 일일 드라마의 시청률에 따라 뒤따르는 뉴스의 시청률에도 변화가 있었으며, 또 뉴스 다음에 방송되는 프로그램의 인기에 따라서도 뉴스 시청률에 다소 차이가 있었음을 시청률 조사 자료를 살펴보면 쉽게 알 수 있다.

⑤ 텐트폴링/물리기 편성(tent-poling)

텐트폴링은 해머킹의 대안적인 편성 방법으로 인기 있는 프로그램의 앞뒤에 인기 전망이 불확실한 새로운 프로그램을 편성하는 전략이다. 이러한 전략은 인기 프로그램이 부족해 샌드위치 전략을 사용할 수 없을 때 특히 효과적이다.

(2) 채널 간 경쟁 편성 전략

채널 간 경쟁 편성 전략이란 상대사를 공격하거나 상대사의 공격을 방어하기 위한 편성 전략이다. 그렇기 때문에 시청자의 생활 주기보다는 상대사의 편성을 고려해 자사의 편성 전략을 수립하는 것으로 실력 편성, 보완 편성, 함포 사격용 편성, 스턴트 편성, 엇물리기 편성 등이 있다. 각각의 편성 전략을 살펴보면 다음과 같다.

〈표 5-3〉 실력 편성

채널 / 시간	KBS1	KBS2	MBC	SBS
21:00~22:00	뉴스 9	살림하는 남자들	이상한 나라의 며느리	영재발굴단
22:00~23:00	생로병사의 비밀	월화드라마 〈당신의 하우스헬퍼〉	수목드라마 〈시간〉	수목드라마 〈친애하는 판사님께〉

출처: 2018년 8월 첫째주 수요일 TV 편성표 비교.

① 실력 편성(power programming)

경쟁사가 이미 요새화한 시간대에 동일한 시청자들을 대상으로 같은 유형의 프로그램을 맞붙여놓는 정면 도전 전략이다. 대표적인 예는 각 방송사가 집중 투자하고 있는 저녁 10~ 11시 시간대에 주간 드라마를 집중적으로 편성하는 것을 들 수 있다.

② 대응 편성(counter programming)

경쟁 방송사와 장르가 다른 프로그램을 방송함으로써 경쟁을 피하고 자국으로 수용자를 끌어들이기 위한 전략이다. SBS가 기존 방송의 가족 오락 프로그램 시간대인 8시대에 뉴스 프로그램을 편성한 것과 KBS1이 수, 목 밤 10시대에 드라마 대신 다큐, 교양 프로그램을 편성한 것이 좋은 예이다. 이 전략은 시청자에게 선택의

〈표 5-4〉 대응 편성

채널 / 시간	KBS1	KBS2	MBC	SBS
20:00~21:00	〈일일 연속극〉 내일도 맑음	글로벌 24	뉴스데스크	8 뉴스
21:00~22:00	뉴스 9	제보자들	섹션 TV 연예통신	생활의 달인
22:00~23:00	가요무대	월화드라마 〈너도 인간이니〉	월화드라마 〈서른이지만 열일곱입니다〉	월화드라마 〈사생결단 로맨스〉

출처: 2018년 8월 1째주 월요일 TV 편성표 비교.

폭을 넓혀준다는 점에서는 긍정적인 면이 있다.

③ 함포 사격용 편성/ 위력적 편성(blockbuster programming)

1시간 반에서 2시간 정도의 매머드 프로그램의 편성 전략으로 다른 방송사의 짧은 프로그램보다 일찍 시작하거나 늦게 종료함으로써 시청자를 장악하는 전략이다. 이것은 수용자가 다른 채널로 옮겨갈 가능성이나 시간 여유가 반감되는 이점이 있다. 예를 들어 MBC의 경우 시청률이 매우 높은 〈황금어장〉 프로그램을 약 80여 분 편성함으로써 프로그램이 끝날 때까지 시청자들이 동시간대 다른 채널의 프로그램으로 옮겨가는 것을 적극 방어하고 있다.

〈표 5-5〉 함포 사격용 편성 / 위력적 편성

채널 시간	KBS1		KBS2		MBC		SBS	
21:00~22:00	뉴스9		살림하는 남자들		뉴스데스크		영재발굴단	
22:00~23:00	환경스페셜		수목드라마 〈당신의 하우스 헬퍼〉		수목드라마 〈돌아온 일지매〉		드라마스페셜 〈친애하는 판사님께〉	
23:00~24:00	23:00 00:40 01:15	뉴스라인 수요기획	23:10 00:10	추적60분	23:00 00:40	라디오스타 1부, 2부	23:10 00:30	로맨스 패키지

출처: 2018년 8월 첫째주 수요일 TV 편성표 비교.

④ 모험적 편성(stunt programming)

예측하지 못할 편성의 변화로 경쟁 방송국의 편성 전략을 무력화하는 전략이다. 신속히 배치를 변화시키거나 새로운 시리즈를 시작하고, 특별한 프로그램을 준비해 정규 프로그램 편성을 변경하는 등의 양상을 띠는 것이다. 이것은 상대방의 정규 편성을 당황하게 하면서 단기적으로 상대국에 대한 균형을 깨뜨리기 위해 사용한다.

〈표 5-6〉 모험적 편성

<table>
<tr><th>채널
시간</th><th>KBS1</th><th>KBS2</th><th>MBC</th><th>SBS</th></tr>
<tr><td rowspan="4">20:45~23:00</td><td>글로벌 다큐멘터리</td><td rowspan="2">〈같이 살래요〉 (41회)</td><td rowspan="4">UHD 부잣집 아들 (71회, 72회, 73회, 74회)</td><td>집사부일체 2부</td></tr>
<tr><td>KBS 뉴스9</td><td>SBS 8 뉴스</td></tr>
<tr><td>역사저널 그날</td><td>개그 콘서트</td><td>맨 인 블랙박스</td></tr>
<tr><td>저널리즘 토크쇼 J</td><td>다큐멘터리 3일</td><td>미운우리새끼 1부, 2부</td></tr>
</table>

출처: 2018년 8월 첫째주 일요일 TV 편성표 비교.

⑤ 엇물리기 편성 / 교차 편성(cross programming)

경쟁사의 프로그램과 시차를 두고 편성하는 전략으로 시청자의 선택권을 의도적으로 제한하는 방법이다. 이러한 편성은 경쟁 채널 간에 많이 사용되는데 경쟁사의 프로그램보다 조금 앞서 편성하거나 상대 프로그램의 중간 정도에 걸쳐서 편성하는 방법이다. 상대 라이벌사의 인기 프로그램의 허리를 자르는 엇물리기 편성

〈표 5-7〉 엇물리기 편성 / 교차 편성

<table>
<tr><th>채널
시간</th><th colspan="2">KBS1</th><th colspan="2">KBS2</th><th colspan="2">MBC</th><th colspan="2">SBS</th><th colspan="2">JTBC</th><th colspan="2">MBN</th><th colspan="2">TV조선</th><th colspan="2">채널A</th></tr>
<tr><td rowspan="2">20:00</td><td rowspan="2">20:10</td><td rowspan="2">글로벌 다큐멘터리</td><td rowspan="2">19:55</td><td rowspan="2">〈같이 살래요〉 (41회)</td><td>19:55</td><td>MBC 뉴스데스크</td><td>20:00</td><td>SBS 8 뉴스</td><td>19:55</td><td>JTBC 뉴스룸</td><td rowspan="2">20:20</td><td rowspan="2">기막힌 이야기 실제 상황 (294회)</td><td rowspan="2">19:50</td><td rowspan="2">강적들 (244회)</td><td rowspan="2">20:00</td><td rowspan="2">나만 믿고 따라와, 도시어부 (48회)</td></tr>
<tr><td>20:45</td><td>〈부잣집 아들〉 (71회)</td><td>20:45</td><td>맨 인 블랙박스</td><td>20:50</td><td>JTBC NEWS 9</td></tr>
<tr><td rowspan="2">21:00</td><td>21:10</td><td>KBS 뉴스</td><td rowspan="2">21:15</td><td rowspan="2">개그 콘서트</td><td>21:20</td><td>〈부잣집 아들〉 (72회)</td><td rowspan="2">21:05</td><td rowspan="2">미운 우리새끼 1부</td><td rowspan="2">21:00</td><td rowspan="2">뭉쳐야 뜬다 (83회)</td><td rowspan="2">21:40</td><td rowspan="2">천기 누설 (322회)</td><td rowspan="2">21:10</td><td rowspan="2">모란봉 클럽 (150회)</td><td rowspan="2">21:30</td><td rowspan="2">풍문으로 들었SHOW (146회)</td></tr>
<tr><td>21:40</td><td>역사 저널 그 날</td><td>21:55</td><td>〈부잣집 아들〉 (73회)</td></tr>
</table>

출처: 2018년 8월 첫째주 일요일 TV 편성표 비교.

이다.

이 전략은 두 가지 형식이 있다. 하나는 초저녁 시간대에 시작해 주시청 시간대까지 지속되는 긴 형태의 강력한 프로그램을 편성하는 방법이다. 그리고 다른 전략은 프로그램을 불규칙한 시간에 시작하고 끝냄으로써 다른 방송사 프로그램의 시작 종결점을 지나치도록 하는 전략이다.

(3) 케이블 TV 편성 전략

케이블 TV의 경우 모든 계층의 시청자를 대상으로 하는 지상파 방송이나 종합편성 채널과는 달리 특정 계층의 시청자를 대상으로 하는 세분화되고 특화된 전문편성을 시행하고 있으며, 가입자를 대상으로 방송을 전송한다. 그 때문에 케이블 방송이 추구하는 편성 목표는 지상파 방송과는 차이가 있는데 일반적으로 세 가지의 편성 목표를 가지고 있다. 첫째, 많은 가입자 수의 확보, 둘째, 양질의 프로그램의 균형적인 제공, 셋째, 각 채널의 인지도 향상이다. 이를 달성하기 위해 케이블 방송사에서 행하는 편성 전략은 크게 다섯 가지로 유형화할 수 있는데 첫째 해당 채널이 타겟으로 하는 장르의 프로그램을 집중 편성하는 주 편성과 주 편성과는 다른 장르의 프로그램을 편성하는 부 편성이 있다. 때문에 케이블 채널에서는 2-3개 장르의 프로그램을 편성한다. 둘째, 다양한 장르의 프로그램을 편성할 수 없기 때문에 방송 시간을 채우기 위해 재방송을 하며, 재방송의 횟수나 시기는 케이블 채널에서 시청자들의 시청 행위를 고려해 정하게 되는데, 이를 순환 편성이라고 한다. 이러한 순환 편성은 해당 프로그램의 누적 시청자 수를 늘릴 수 있는 효과적인 편성 전략이라 할 수 있다. 세 번째는 프로그램 간 틈새 편성이다. 프로그램 간 틈새 편성이란 한 프로그램이 끝난 직후, 다음 프로그램이 시작하기 전 5분 이내의 짧고 독립적인 프로그램을 편성하거나 혹은 홍보하고자 하는 프로그램의 하이라이트 내지 메시지를 삽입하는 것을 일컫는다. 이는 해당 프로그램에 대한 관심을 유발하고 프로그램이 끝난 뒤 다른 채널로의 채널 변경을 막아 시청자들이 유출되는 것을 막기 위한 목적으로 활용이 되곤 한다. 다섯째는 마라톤 편성이다. 마라톤

〈표 5-8〉 순환 편성 비율

사업체명	채널명	연간 방송 시간(분)	본방송		순환 편성	
			시간(분)	비율(%)	시간(분)	비율(%)
(주)공영홈쇼핑	아임쇼핑	344,845	231,445	67.1	113,400	32.9
(주)롯데홈쇼핑((주)우리홈쇼핑)	롯데홈쇼핑	525,600	440,919	83.9	84,681	16.1
(주)씨제이오쇼핑	CJ	525,600	451,785	86.0	73,815	14.0
(주)엔에스쇼핑	NS	525,600	438,000	83.3	87,600	16.7
(주)지에스홈쇼핑	GS SHOP	525,600	437,930	83.3	87,670	16.7
(주)현대홈쇼핑	현대홈쇼핑	525,600	433,034	82.4	92,566	17.6
(주)홈앤쇼핑	홈앤쇼핑	525,600	443,378	84.4	82,222	15.6
(주)매일방송	MBN	525,600	252,630	48.1	272,970	51.9
(주)제이티비씨	JTBC	525,600	272,725	51.9	252,875	48.1
(주)조선방송	TV조선	519,080	300,490	57.9	218,590	42.1
	C'TIME	411,960	139,840	33.9	272,120	66.1
(주)채널에이	채널에이	520,720	321,245	61.7	199,475	38.3
	채널A 플러스	264,390	42,635	16.1	221,755	83.9
주식회사 매일경제티브이	매일경제 TV	525,600	292,745	55.7	232,855	44.3
(주)제이티비씨스포츠	JTBC 3FOX Sports	220,320	54,230	24.6	166,090	75.4
(주)제이티비씨플러스	JTBC골프	525,600	212,868	40.5	312,732	59.5
	JTBC2(QTV)	525,600	114,055	21.7	411,545	78.3
(주)연합뉴스티브이	연합뉴스TV	525,600	491,050	93.4	34,550	6.6
(주)와이티엔	YTN	525,600	499,483	95.0	26,117	5.0
	사이언스TV	525,600	174,500	33.2	351,100	66.8
	YTN웨더&라이프	525,600	422,057	80.3	103,543	19.7
(주)에스비에스골프	SBS GOLF	525,600	132,415	25.2	393,185	74.8
에스비에스바이아컴(유)		525,600	13,960	2.7	511,640	97.3
	SBS MTV	525,600	200,150	38.1	325,450	61.9
(유)에스비에스스포츠	SBS SPORTS	525,600	248,310	47.2	277,290	52.8
에스비에스플러스(주)	SBS funE	525,600	193,421	36.8	332,179	63.2
	SBS PLUS	525,600	87,945	16.7	437,655	83.3

출처: 방송통신위원회(2017). 『2016 방송산업 실태조사 보고서』.

편성을 day편성 혹은 연속 편성이라고 불리기도 하는데, 이는 하루 24시간 내내 혹은 며칠에 걸쳐 드라마나 시리즈물을 연속적으로 편성하는 것을 말한다. 장시간

〈	12/29 금	12/30 토	12/31 일	01/01 월	01/02 화	01/03 수	01/04 목	〉
	05:05	꽃피어라달순아						자
	05:50	꽃피어라달순아						자
	06:25	꽃피어라달순아						자
	07:00	꽃피어라달순아						자
	07:40	흑기사						자
	08:50	흑기사						자
	10:05	흑기사						자
	11:20	흑기사						자
	12:35	흑기사						자
	13:50	흑기사						자
	15:00	흑기사						자
	16:15	흑기사						자
	17:30	내남자의비밀						자
	18:15	내남자의비밀						자
	18:50	내남자의비밀						자

[그림 5-8] KBS 드라마의 마라톤 편성

의 마라톤 편성은 연휴나 장마와 같은 외출이 힘든 날씨가 지속되는 시기에 시청자들의 '몰아보기' 시청 행태를 공략해 TV 시청 시간을 늘리기 위해 사용되곤 한다. 본방송에서 인기가 있었던 드라마 시리즈물 등이 마라톤 편성으로 주로 사용된다(한진만 외, 2013: 119-121).

(4) 비실시간 방송 편성 전략

비실시간 방송에서의 편성 전략은 기존 실시간 방송에서의 편성 전략과 차이가 있다. 실시간 방송은 채널 간 경쟁 등을 고려해 편성하지만, 비실시간 방송은 시청자들이 원하는 시간대에 원하는 프로그램을 직접 선택해 보기 때문에 경쟁사의 편성보다는 방송 콘텐츠 소비 환경과 이용자 특성의 변화를 고려해 편성을 하고 있

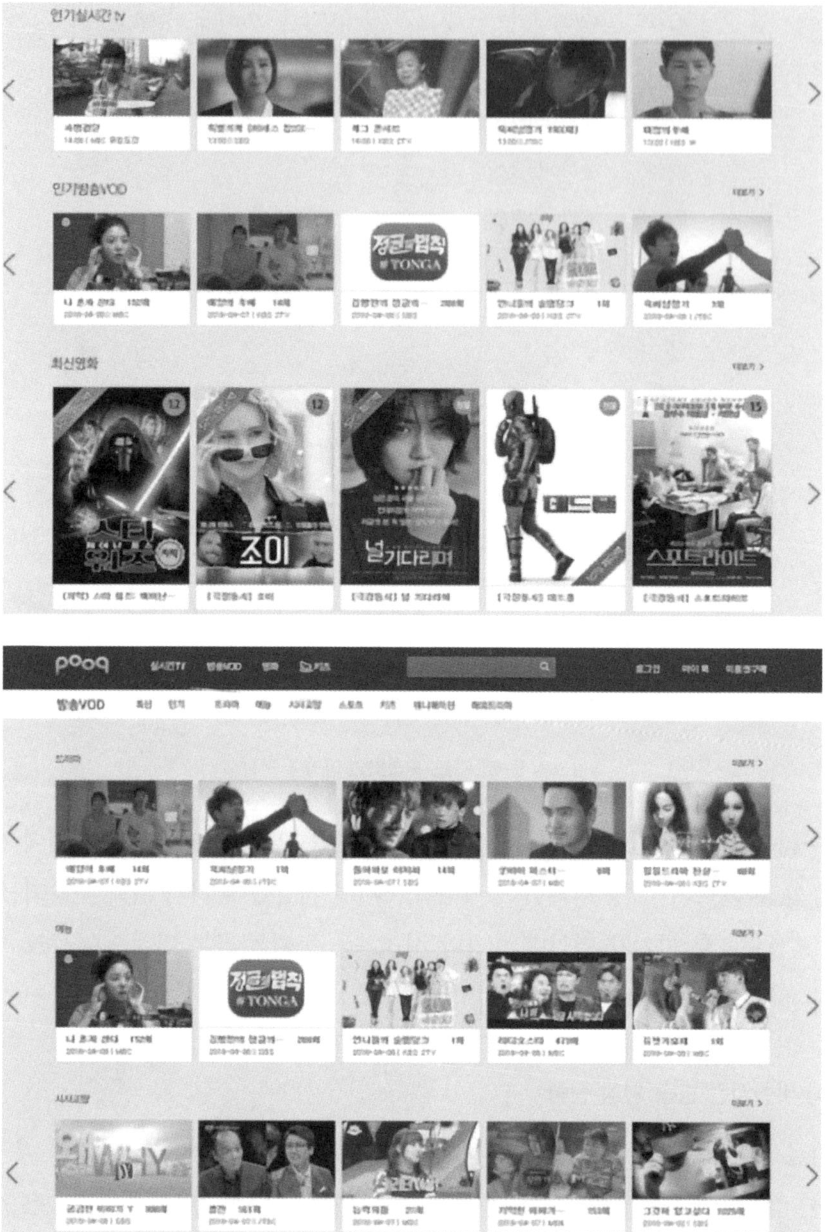

[그림 5-9] POOQ 콘텐츠 큐레이션

다. 따라서 비실시간 방송에서는 방송 사업자가 중심이 된 편성이 아니라, 이용자 중심으로 편성을 하는 것이 주요한 특징으로, 이용자가 프로그램의 노출을 통제하도록 한다. 미국의 OTT 플랫폼 Netflix나 왓챠 플레이의 경우 특정 시청자의 프로그램 선호도와 빅데이터 분석을 기반으로 해당 시청자가 시청할 만한 콘텐츠를 제안하는 맞춤형 편성 서비스를 제공한다. 이러한 편성을 '콘텐츠 큐레이션'이라고 칭한다. 큐레이션이란 본래 미술관에서의 전시 기획을 의미하는 단어로 수많은 그림 중 특정 그림만 간추려서 관람객들에게 추천하는 것을 말하는 것이었으나, 현재는 미디어의 영역에서도 단어의 의미가 확장되어 쓰이고 있다. '콘텐츠 큐레이션'이란 수많은 콘텐츠 중에서 특정한 콘텐츠만을 추려내고 정리해 시청자들이 이용할 수 있도록 공개하는 것을 의미한다. 따라서, 시청자들이 콘텐츠를 선택할 때 일종의 기준별로 선택권을 제공해주는 역할을 하기도 한다. 예를 들면, 인기 순, 장르별 분류, 이용자 특성별 분류 등으로 콘텐츠의 선택이 가능해지는 것이다.

4. 편성 성과의 측정

프로그램을 편성하고 난 후 이의 성과에 대한 측정은 다양하게 행해질 수 있다. 프로그램이 방송되었을 때 그 프로그램에 대한 시청자의 의견과 반응은 전화나 편지, 혹은 각종 시청자 모임, 방송 비평, 시청자 조사 등을 통해 나타난다. 가장 보편적이고 중요한 편성 성과의 측정은 시청자 조사(시청 후 반응과 의견에 관한 피드백 조사)라고 할 수 있다. 편성의 가장 중요한 목표 중의 하나가 시청자들의 욕구를 충족시켜 시청자들을 끌어들이는 것이기 때문이다. 시청자의 피드백 조사는 크게 '질적(Quality) 조사'와 '양적(Quantity) 조사'로 나눌 수 있는데 방송사들이 필요에 따라 양적 조사와 질적 조사를 병행해 활용한다.

질적 조사는 사람들이 왜 특정 프로그램을 선택하고 선택한 프로그램에 대해 어떻게 생각하는가를 밝히는 것으로 주로 시청자, 전문가들의 심층 인터뷰를 통해 이루어진다. 이러한 질적 조사는 프로그램 성과에 대해 깊이 있는 정보를 얻을 수 있으나 시간과 비용이 많이 들어 많은 사람들을 인터뷰할 수 없기 때문에 대표성에 문제가 있을 수 있고 주관적인 평가가 내재되어 있을 수 있다. 질적 조사의 결과는 프로그램 내용에 대한 수용자 반응을 이해하기 위한 목적으로 이용될 수 있다. 반면 양적 조사는 주로 시청률과 시청 선호도 조사로 밝혀지는 양적인 데이터 형태로 제시되는 것이다. 양적인 조사는 수치로 밝혀주기 때문에 정확하고 객관적인 자료일 수 있으나 프로그램에 대한 심층적인 정보를 제공해주지는 못한다. 즉 특정 프로그램에 대해 시청률이 32%가 나왔다는 양적 조사의 결과가 왜 시청자들이 그 프로그램을 선택했는지는 알려주지 못하기 때문이다.

다음에서 편성 결과를 측정하는 방법을 크게 양적 측정과 질적 측정 방법으로 구분해 편성 결과 측정의 정확한 의미와 방법을 살펴보고 이를 올바르게 활용하는 방안에 대해 살펴보고자 한다.

1) 양적 측정 : 시청률 조사

(1) 시청과 시청률 개념

일반적으로 프로그램을 탐색하기 위해 채널을 변경하는 행위는 시청으로 간주하지 않고, 한 채널에 일정 시간 이상 머무른 것을 가리킨다. 우리나라의 경우 특정 프로그램에 15초 이상 머물렀을 때 '시청'이라고 한다.

'시청률(ratings)'은 단위 프로그램들이 추구하는 표적 시청자들을 어느 정도 확보하고 있는지 평가하는 계량적 척도로서, 시청자들의 선호도를 간접적으로 반영한다. 시청률을 통해서 개별 프로그램 시청 정도, 각 채널별 시청 정도, 각 프로그램에 관한 평가 및 채널 변경 행위 등을 파악할 수 있다.

시청률 조사는 전체 시청자를 대상으로 조사할 수 없기 때문에 시청자 집단을 모집단으로 한 후 표본집단을 추출해 이들 표본집단을 대상으로 시청률을 측정하게 된다. 시청률 측정은 일반적으로 시청자의 TV에 전자식 시청률 기록 장치를 부착해 조사하는 방법으로 이루어진다.

구체적인 산출 방식은 TV 수상기를 가진 가구 전체를 기준으로 해 특정 방송국이나 네트워크의 TV를 시청한 가구의 백분율로 계산할 수 있다.

* 시청률(ratings) : 주어진 시간 동안에 모집단 전체에서 특정 채널을 시청하는 가구나 사람을 백분율로 나타낸 것
채널별 시청률 : 가구(개인) 시청률 = $\frac{\text{특정 채널 시청 가구(인구) 수}}{\text{총 수상기 보유 가구(인구) 수}} \times 100$

시청률과 유사한 개념으로 총 TV 시청 가구 비율(HUT), TV 시청 인구 비율(PUT), 점유율(Share) 등이 있다.

* 총 가구 시청률(Household Using Television: HUT) : 채널에 관계 없이 특정 지역, 특정 시간대에 TV를 보유한 전체 가구 중 TV를 켜놓은 가구 수의 비율
총 가구 시청률 : HUT = $\frac{\text{TV 시청 가구 수}}{\text{총 TV 보유 가구 수}} \times 100$

* 총 개인 시청률(Persons Using Television: PUT) : 총 가구 시청률의 개념을 개인의 차원으로 바꾼 것임. TV 수상기를 보유한 가구의 총 인구 수 중에서 TV를 시청하는 모든 개인의 비율. 즉 채널에 관계 없이 특정 지역, 특정 시간대에 TV를 보유한 가구의 총 인구 중 TV를 시청한 사람들의 비율
총 가구 시청률 : PUT = $\frac{\text{TV 시청 인구 수}}{\text{총 TV 보유 인구 수}} \times 100$

* 점유율(Share) : 해당 시간대에 TV를 시청하고 있는 가구(개인) 중 특정 채널을 시청하는 가구(개인)의 비율을 구하는 것. 전체 모집단 중 TV를 시청하지 않는 가구(개인)는 제외됨.
점유율: Share = $\dfrac{\text{특정 채널 시청 가구 수}}{\text{TV 시청 가구 수}} \times 100$

(2) 시청률의 실제 측정 방법

① 피플 미터 방식 개요

초기에 한국의 시청률 조사는 개략적인 시청자 정보를 파악하기 위해 주로 전화, 서베이, 일기식 방법을 사용했다. 현재에도 이러한 방법이 사용되고는 있으나, 시간이 지나면서 좀더 구체적이고도 정밀한 시청자 정보가 필요하게 됨에 따라 개인 시청률의 측정이 가능한 피플 미터(people meter) 방식이 도입되어 이용되고 있다. 한국에서 피플미터를 이용한 시청률 조사는 MSK(Media Service Korea)가 처음으로 시작했으며, 현재는 AGB Nielsen Media Research(구 MSK)와 TNS Media Korea에서 하고 있다.

AGB의 경우 전국 2,050가구를 대상으로 하고 있으며, TNS 미디어 코리아는 2,000가구를 대상으로 하고 있다. 피플 미터 방식은 각 패널 세대에 TV 세트 수만큼 리모컨 장치와 유사한 핸드세트가 제공되면 각 가족 구성원들은 고유 숫자를 부여받고 TV를 시청하거나 끌 때 자신의 고유 번호를 누른다. 이때 수상기 상단에 놓은 MDU(Monitor & Display Unit)가 시청 행태 모든 것을 기록해 조사 회사에 보내고 조사 회사는 이를 수량화해 시청률로 환산하는 것이다. 그 때문에 미터식 방식으로는 분당, 15분, 30분당, 시간당 시청률이 계산되며, 프로그램별, 방송사별 시청률도 계산되므로 활용 가치가 높다.

피플 미터 방식은 오디미터(audimeter)에서 한 단계 더 발전한 측정 방식으로 개인별 시청 정보를 얻을 수 없었던 오디미터의 한계점을 보완해 패널 가족 구성원의 개인별 시청 행태까지 조사할 수 있다는 특징을 지니고 있다. 즉 텔레비전에 부

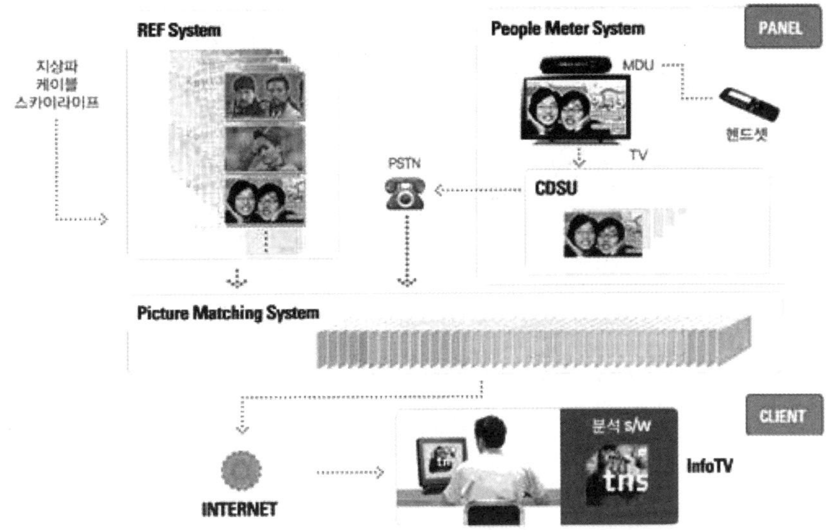

[그림 5-10] 피플 미터 시스템도

출처: TNS 미디어 코리아(http:// www.tnsmk.com).

착된 전자 장치를 이용해 누가, 언제, 어떤 방송을 시청했는가를 자동으로 기록, 송신하게 되어 있어 단순 시청 행태는 물론 시청자의 인구통계학적 자료도 동시에 얻을 수 있다.

② 피플 미터 방식의 측정 과정

피플 미터식 수용자 조사는 다음과 같은 과정을 거쳐서 이루어지는데, 첫째 대표성 있는 표본을 설정하기 위한 TV 환경 조사(기초조사) 단계, 둘째 TV 환경 조사를 기초로 패널로 영입될 사람들을 표본으로 확정하는 패널 영입 단계, 셋째 표본으로 확정된 가정 및 사람들에게 피플 미터 수치를 부여하고 설치하는 단계 및 관리 단계, 넷째 일정 기간을 주기로 해 패널 집단을 교체해주는 패널 교체 단계, 다섯째 수집된 자료를 처리, 분석하는 단계 및 마지막으로 수집, 처리된 자료를 전송하는 단계로 구분된다.

③ 피플 미터 방식의 장점 및 단점

피플 미터의 장점을 살펴보면 첫째, 기존의 시청률 조사 방법(전화식, 일기식)에 비해 신속하고 정확하다. 둘째, VCR 및 게임기의 조사 역시 가능하다. 셋째, 핸드세트를 이용해 가구 시청률뿐만 아니라 개인별 시청률을 기록하기 때문에 시청자들이 각 채널별로 어떻게 분산되어 있는지를 알 수 있다. 넷째, 초단위로 측정되기 때문에 광고에 대한 시청 정도 역시 얻을 수 있으며 매분(초)별 시청률은 물론 프로그램과 광고에 대한 노출 정도, 중복 및 충성 시청자 등까지도 추정할 수 있다. 다섯째, 새로운 프로그램에 대한 반응을 즉각 알 수 있고, 새로운 프로그램 제작 시 그 성패에 대해 예측할 수 있는 근거를 마련해준다. 마지막으로 광고의 스케줄링 효과를 측정할 수 있다.

피플 미터는 이러한 많은 장점에도 불구하고 여러 가지 단점 역시 함께 존재하는데, 첫째, 미터기 설치가 복잡하고 비용이 많이 든다. 둘째, 참여자의 절대적인 협조가 관건이므로 표본가구의 참여도에 따라 오차의 범위가 커질 수 있는 가능성이 있다. 셋째, 리모컨(피플 미터기 사용 리모컨)의 작동 방법이 복잡해 어린이나 노년층의 시청 행위는 잘 반영되지 않을 위험이 있다. 넷째, 지핑현상(광고 건너뛰기 현상)을 잘 알아내지 못하고 다채널화에 따라 측정할 수 있는 채널의 한계가 있다. 다섯째, 실제로는 텔레비전을 보지 않으면서 켜놓는 것과 같은 시청자의 개인별 행태를 파악할 수 없다.

(3) 시청률 활용 방안

① 시청률 자료 활용 목적

시청률은 프로그램에 대한 시청자들의 반응을 객관적인 수치로 나타낸 것으로 매우 중요한 자료로 쓰인다. 일차적으로 시청률은 광고 판매의 기준이나 프로그램 편성의 기본 자료로 활용되지만 방송사의 철학이나 운영 목표에 따라 보다 다양하게 활용될 수 있다. 특히 편성의 측면에서 보면 편성의 목표는 시청자들이 원하는 프로그램을 시청자들이 시청하기 편한 시간대에 배치하는 것이 목적이므로 시청률 자료는 이러한 편성 목표가 어느 정도 달성되었는지를 파악하게 해준다. 이에 대해 이동후(1998)는 시청 자료는 첫째, '누가 어떤 프로그램을 언제 보느냐'에 대한 정보를 통해 TV 프로그램 편성 시 시청자를 최대한 활용, 개발, 예측하는 때에 도움을 주고, 둘째, 프로그램에 관한 시청자의 반응에 대한 분석을 통해 프로그램의 효율성을 높이고 시청자의 공정한 평가를 통한 프로그램의 질 향상을 도모하고, 셋째, 잠재 시청자를 끌어들여 프로그램 시청자의 크기를 극대화하는 데 이용된다고 설명했다.

방송 편성은 일주일을 기본 단위로 이뤄지며 한 주간의 시청 패턴에 대한 시청 자료는 월간 편성 및 장기적으로는 프로그램 개편 작업에 일반적이고 통상적인 상식과는 매우 다른 분석 결과를 가져올 수도 있다는 것을 암시하고 있다. 따라서 기존 프로그램의 시간대나 요일을 바꾸어 편성하거나 채널 간 이동 편성을 시도할 경우에도 매일의 시청 자료를 누적시켜 이를 토대로 요일별, 시간대별, 일정 기간별로 분석, 활용한다. 따라서 편성을 위한 시청 자료와 제작을 위한 시청 자료를 구분하기보다는 시청 자료의 다양한 가공 및 분석을 통해 상호 보완적으로 활용하는 것이 현실이다(주연자, 1998).

② 시청률 자료의 실제 활용

시청률 자료를 실제 방송 산업에서 활용하는 방안은 일반적으로 다음과 같다.

첫째, 평균 시청률과 점유율을 파악, 편성 자료로 활용한다. 매일의 시청 자료를 누적시켜 특정 기간(1주, 1개월, 3개월, 6개월 등) 동안의 개별 프로그램에 대한 평균 시청률과 점유율을 파악, 1차적으로 동일한 시간대에 편성된 경쟁 채널 프로그램과의 비교가 가능함으로써 개별 프로그램에 대한 평가와 제작 방향 제시의 기초 자료가 된다. 또한 프로그램 개편 시 기존 편성 대신 새로운 포맷의 프로그램을 편성하고자 할 때 새롭게 신설, 이동 편성하려는 프로그램에 대한 시청량과 시청자 확보 가능성을 예측할 수 있는 기초 자료가 된다. 특히, 프로그램 개편을 전후로 일정 기간을 설정해 시간대별, 프로그램별 경쟁력 증감을 파악함으로써 개편의 성공

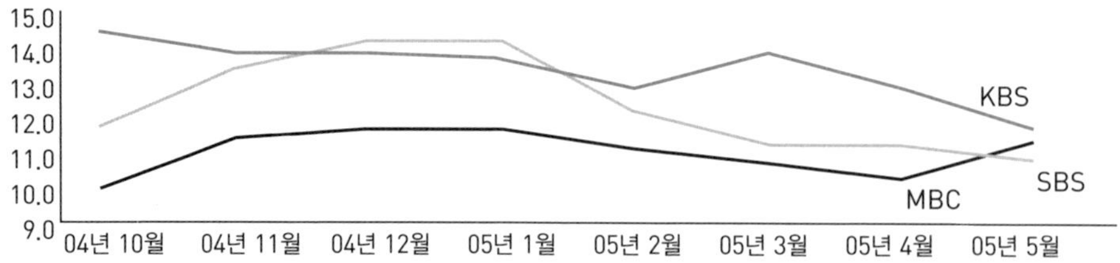

[그림 5-11] 드라마 장르에 대한 지상파 TV의 기간별 시청률 분석 자료

* 분석 조건: 전국 / 가구 / 2004년 10월–2005년 5월 / 드라마 장르
출처: TNS 미디어 코리아 2005년 자료.

여부를 가늠해볼 수도 있다(주연자, 1998).

둘째, 시청자의 흐름을 파악해 편성 자료로 활용한다. 시간대별 시청 특성은 분당 시청률을 이용해 오전, 오후, 프라임 타임, 심야 시간대 등 필요한 시간대의 단위를 설정하고 분당 시청률 자료를 활용해 연령별 또는 가구별 분석을 통해 시청자 흐름을 파악하면 프로그램의 시청률이나 점유율만으로는 알 수 없는 다양한 정보를 얻을 수 있다. 즉, 한 프로그램이 시작하고 끝나는 시간 동안에 다른 채널과 경쟁 상황, 프로그램 내의 강약 지점이나 변화 양상 및 연령별 시청자의 선호에 따른 이동 등 중요한 편성 정보를 얻을 수 있다. 특히 시간대별 시청 특성은 한 시간보다는 큰 단위로 방송 시간이 짧고 활용할 수 있는 프로그램의 유형과 수가 많지 않을 때 시간대별 시청 특성을 이용해 비슷한 프로그램들을 편성함으로써 보다 효과적인 편성 전략을 계획할 수 있다. 또한 요일별로 동일한 시간에 다른 프로그램을 편성하는 '장기판 편성'의 경우에도 동일 시간대 요일별 프로그램의 강약 파악을 가능하게 한다(주연자, 1998).

셋째, 시간대 및 프로그램의 주시청층 분석을 통해 목표 시청자와 실제 시청자를 파악한다. 특정 시간대 또는 단위 프로그램별로 주시청자가 누구인가, 남성 혹은 여성인가, 가족 전체가 시청하는가, 또한 어떤 연령층에서 많이 보는가, 10대~60대 중 어느 연령에서 가장 많이 선호하는 프로그램인가, 특히 어떤 직업을 가진 사람들이 많이 시청하는가 등을 파악해 편성 자료로 활용할 수 있다. 이같은 특정 시간

〈표 5-9〉 지상파 일일시청률 자료

가구 시청률 TOP 20

(분석기준: 전국 13개 지역, 가구, 단위: %)

순위	채널	프로그램	시청률
1	KBS2	주말드라마 〈같이 살래요〉	27.4
2	MBC	주말특별기획 〈이별이 떠났다〉	9.8
3	KBS1	KBS9시뉴스	9.2
4	SBS	주말특별기획 〈미스터리멜로 그녀로말할것같으면〉	8.4
4	KBS1	시니어토크쇼 황금연못	8.4
6	MBC	전지적참견시점	8.0
6	KBS1	KBS뉴스(09:30)	8.0
6	SBS	백년손님	8.0
9	MBC	주말특별기획 〈이별이 떠났다〉	7.9
10	KBS1	노래가좋아	7.7

가구 시청률 TOP 20

(분석기준: 수도권, 가구, 단위: %)

순위	채널	프로그램	시청률
1	KBS2	주말드라마 〈같이 살래요〉	25.6
2	MBC	주말특별기획 〈이별이 떠났다〉	10.5
3	KBS1	KBS9시뉴스	9.3
4	MBC	전지적참견시점	9.0
4	SBS	주말특별기획 〈미스터리멜로 그녀로말할것같으면〉	9.0
6	KBS1	KBS뉴스(09:30)	8.4
6	MBC	주말특별기획 〈이별이 떠났다〉	8.4
8	SBS	백년손님	8.3
9	KBS1	시니어토크쇼 황금연못	8.2
10	MBC	주말특별기획 〈이별이 떠났다〉	7.9

* 2018년 8월 4일 시청률 자료

출처 : 닐슨 코리아 (https://www.nielsenkorea.co.kr).

대나 프로그램에 대한 주시청층 분석을 통해 기존 시청자의 흐름을 유지하고 주시청층에 맞는 프로그램을 편성함으로써 새로운 시청자를 확보할 수도 있다. 주시청층 분석은 특정 시간대나 프로그램별로 시청 자료에 대한 기초 데이터를 활용해 일별, 요일별, 시간대별, 가구별, 연령별, 학력별 분석이 가능하다(주연자, 1998).

넷째, 광고 매체 전략에 있어서도 시청률 자료는 유용하게 활용될 수 있다. TV가 속성상 시간적인 매체이고, 일정하게 편성된 프로그램에 의해 방영된다 하더라도 시의적인 상황에 따라 시청자들에게 매우 다른 의미를 줄 수 있기 때문이다. 따라서 개략적으로 시청 상황을 예측해 시간을 확보, 집행하는 TV 광고는 항상 엉뚱한 결과에 직면하게 된다. 전화 인터뷰, 일기식 조사, 면접법 등을 통한 시청률 조사에서 정확하게 광고 시청률을 조사한다는 것은 현실적으로 불가능하다. 이런 문제점

• 지상파 | 타깃별시청률　　　2009년 01월 12일~01월 18일

KBS1, KBS2, MBC, SBS, EBS 5개 채널의 프로그램별 가구 시청률.
전국 모집단은 6개 대도시(서울, 경기 인천, 부산, 대구, 광주, 대전) TV보유 가구의 지상파 안테나 시청가구(케이블 비가입 가구), 케이블 TV 가입가구 모두 포함되어 있음

I 성인남자(19세 이상) Top 5	
1. 주말연속극 〈내사랑금지옥엽〉	KBS2 10.5
2. 특별기획드라마 〈에덴의 동쪽〉	MBC 10.4
3. 개그콘서트	KBS2 10.2
4. 대하드라마 〈천추태후〉	KBS2 9.7
5. 특별기획드라마 〈바람의 나라〉	KBS2 9.3

I 성인여자(19세 이상) Top 5	
1. 일일드라마 〈아내의 유혹〉	SBS 23.2
2. 특별기획드라마 〈에덴의 동쪽〉	MBC 17.9
3. 주말연속극 〈내사랑금지옥엽〉	KBS2 17.6
4. 주말극장 〈유리의성〉	SBS 16.3
5. 일일연속극 〈집으로 가는 길〉	KBS1 14.9

I 어린이(4~12세) Top 5	
1. 개그콘서트	KBS2 16.7
2. 일요일이좋다 1부	SBS 13.9
3. 미니시리즈 〈꽃보다 남자〉	KBS2 11.4
4. 위기탈출넘버원	KBS2 10.8
5. 해피선데이	KBS2 10.4

I 청소년(13~18세) Top 5	
1. 미니시리즈 〈꽃보다 남자〉	KBS2 19.8
2. 상상플러스 시즌2	KBS2 15.1
3. 일요일이좋다 1부	SBS 12.5
4. 해피선데이	KBS2 11.1
5. 무한도전	MBC 10.9

[그림 5-12] 지상파 타깃 시청률 자료

* 2009년 1월 12 ~ 1월 18일 시청률 자료
출처: TNS 미디어 코리아(http:// www.tnsmk.com).

을 조금이라도 극복하기 위한 방식이 TV 미터나 피플 미터 방식에 의한 시청률 조사이다(박정래, 1998).

광고 매체 전략에서 일일 가구 시청률이 적용되는 사례는 거의 없다. TV 광고의 특성상 최소 청약 단위가 1개월 이상이고, 프라임 타임대(SA급) 간판 프로그램의 경우는 3개월 이상 장기 청약 광고물이 대부분이기 때문이다. 간혹 갑자기 시청률이 뜨는 프로그램이 있어 광고가 몰리기는 하나, 광고의 평가 단위가 캠페인 단위 또는 최소 1개월(미국과 유럽의 경우는 특정 피어리드, 주간 단위) 단위로 매체 효율 평가 작업이 이루어지기 때문이다. 정기적인 분석 평가 및 제언의 단위는 대개 월정으로 이루어지며, 광고의 판매도 월 1~2회 정도 이루어진다. 결국 TV 광고에 있어서 평가는 특정 기간(대개 월정)에 얼마 정도의 총도달률을 획득했느냐 하는 것이고, 그 결과 어느 정도의 매체 효과를 얻었느냐 하는 것으로 귀착된다. 흔히 얼마의 광고

〈표 5-10〉 A브랜드의 지상파와 케이블 방송 집행 시 광고 효과에 대한 시청률 분석 자료

채널	누적 요금 (천 원)	빈도	1 + (%)	2 + (%)	3 + (%)	5 + (%)	7 + (%)	9 + (%)
지상파 3사 + 케이블 24사	550,885	7.2	81.9	72.7	62.4	43.1	30.9	21.6
지상파 3사	331,931	4.1	75.1	57.9	43.7	25.4	14.9	7.1
케이블 24사	218,954	6.0	47.6	37.4	28.2	18.2	13.5	8.6
지상파 + 케이블 광고 집행 효과			6.8	14.8	18.7	17.7	16.0	14.5

* 분석 조건: 서울수도권 / 25–44세 여자 / 2005년 5월.
* 분석 결과: 지상파와 케이블에 함께 광고를 집행한 〈A브랜드〉는 5억 5천만 원으로 81.9%의 Reach를 얻어 지상파에만 집행했을 경우 예상 광고 비용 8억 대비 2억 5천만 원의 비용 절감 효과를 거둔 것으로 나타남.
출처: TNS 미디어 코리아 2005년 자료.

GRPs(Gross Rating Points)를 획득해 어느 정도의 R&F(Reach & Frequency)를 얻었느냐 하는 것으로 평가된다. 대개 이 부분을 특정 타깃에 대한 자료로 좁혀 분석하는 것이 일반적이며(이 경우 광고 TGRPs), 집행 결과에 대한 효율 유무는 타깃의 CPP(Cost per rating Point)로 평가된다(박정래, 1998).

현재는 AGB사의 피플 미터 방식을 통해 광고 시청률을 공급하고 있다. 전국 주요도시의 2,050가구의 패널을 모집단으로 해 분단위 시청률과 광고 브랜드 단위 광고 시청률을 조사 공급하고 있고 광고 시청률에 의한 분석인 만큼 이 데이터가 TV 광고의 평가 및 계획 수립의 소스 데이터로 활용되고 있다. 결과적으로 광고 매체전략에 있어서 시청률은 광고 시청률을 기초로 하고, 거기에 광고단가(집행규모), 집행횟수(집행빈도), 타깃에 따른 시청 패턴까지 포함하면 상당히 복잡한 양상을 띨 수 있다.

(4) 시청률 조사의 문제점

현재 프로그램 평가의 유일한 기준을 제시하고 있는 시청률 조사는 현행 피플 미터식으로 진행되고 있는데, 이는 기존의 일기식이나 오디미터식보다 월등한 장점을 지니고 있음에도 불구하고 조사 결과의 정확성에 영향을 주는 다양한 문제점

을 드러내고 있다. 조성호(1998)는 미터식 시청률 조사의 문제점을 다음의 여덟 가지로 제시하고 있다(조성호, 1998: 106-110 참조).

① 신뢰 수준과 오차범위

시청률 자료는 설사 정확하게 측정되었다 하더라도 오차를 포함하고 있다. 우리나라의 경우 1991년 12월부터 MSK(미디어 서비스 코리아)가 서울 지역을 대상으로 300가구를 표본으로 선정(1995년 5월 샘플규모를 275가구에서 300가구로 확대했음)해 패널 조사를 했고, 현재 AGB 닐슨 미디어 리서치에서 전국 2,050가구 그리고 TNS 미디어 코리아에서 2,000가구를 대상으로 패널 조사를 실시하고 있다.

샘플을 선정해 조사하는 경우 조사 결과가 실제 시청 행태를 나타나는 것이 아니라 모집단의 추정치를 나타낸다. 예를 들면 시청률이 가장 높았던 〈아내의 유혹〉의 시청률이 50이 나왔다면 오차를 고려할 때 실제 시청률은 약 45에서 55사이에 있음을 90% 이상 확신한다는 것을 의미한다. 즉, 시청률이 46에서 54로 나왔을 경우 그 차이가 오차에 의해서 다른 것처럼 나온 것이지 실제는 같을 수도 있다는 것이다. 따라서 시청률 몇 포인트의 등락에 따라 제작진을 추궁하는 관행은 시청률에 대한 이해 부족에서 오는 것임을 쉽게 알 수 있다. 그렇다면 미국이나 영국 등과 같은 다른 나라처럼 신뢰도 수준을 95%로 높일 수 없는 것인가? 신뢰도 수준을 95%로 높이면 추정 범위는 44.3~55.7로 당연히 넓어지게 된다. 이러한 추정 범위와 신뢰도는 시청률 조사 결과 이용상의 정확성 제고를 위해 제기될 수 있는 문제이고 근본적으로 표본 확대를 통해 해결될 수 있다.

② 샘플 규모의 적정선

샘플 규모는 비용과 직접적으로 관련이 있기 때문에 오차 범위를 최소화하면서 가장 경제적인 방식으로 샘플 규모를 설정하게 된다, 때문에 샘플 규모의 적정선에 대한 해답은 없다. 또한 시청률 자료를 필요로 하는 이해 당사자 간에도 샘플 규모에 대해 이견이 있을 수 있다. 예를 들어 방송사의 입장에서 보면 현재의 샘플 규모가 적절할지도 모르나, 보다 세부적인 분석을 요구하는 광고주의 입장에서 보면 부족하다고 할 수 있다. 또한 시청률이 높을 경우 다양한 인구사회학적인 변인에 따른 분석이 어느 정도 가능하나 시청률이 낮을 경우에는 이렇게 세부적인 분석이 불가능하다. 예를 들면 광고주가 원하는 타깃이 10대 청소년인데 특정 광고 시청자 중 이러한 요인에 해당되는 사람은 불과 3~4명이 될 수도 있다. 이러한 경우 만일 그 한 명이 서울 지역의 5만 명을 대표한다면 불과 한두 명의 등락에 따라 이 타깃층의 시청률이 엄청나게 차이가 날 수도 있다. 더구나 그 해당 인원이 3~4명이라면 오차가 너무 커서 사실 이러한 분석은 불가능하다고 할 수 있다. 따라서 샘플 규모의 적정성을 논의할 경우에도 그 자료를 이용하는 고객의 요구에 따라 그 규모를 결정해야 함은 당연한 것이다.

③ 시청률 조사 대상 지역

시청률과 관련해 또 하나 논의가 되는 부분은 시청률 조사가 서울과 수도권 지역만을 대상으로 실시되고 있다는 점이다. 서울의 시청 행태와 지방의 시청 행태가 차이가 날 수 있는데도 불구하고 서울 지역에 국한된 시청률 조사로 인해 서울 사람의 시청 행태에 초점을 두고 프로그램이 제작, 편성될 우려가 있으며 이와 더불어 전국적인 광고의 매체 계획에도 영향을 줄 수 있다. 서울과 지역의 시청 행태는 차이가 있고 특정 프로그램에 따라서는 서울과 지역뿐 아니라 각 지역별로 차이가 있다고 볼 수 있으므로 시청률 조사를 전국으로 확대해 실시하자는 주장이 타당성을 지님을 알 수 있다.

④ 시청률 조사 대상

시청률 조사 대상 단위는 전국 주요 도시(서울, 인천, 경기, 부산, 대구, 광주, 대전, 청주, 춘천, 전주, 구미, 마산 등)에 거주하고 있는 가구이다. 그렇기 때문에 외출 시는 물론 집 밖에서 발생되는 시청 행위가 누락된다. 더구나 최근에는 커뮤니케이션 기술의 발달로 이동하면서 프로그램을 수신하는 경우가 매우 많다. 따라서 가정 이외의 지역에서 발생되는 시청 행위를 포함할 수 있는 대책이 마련되어야 한다.

⑤ 패널 영입

시청률 조사의 정확성에 영향을 주는 또 하나의 요인은 누구를 패널로 영입하는가 하는 문제이다. 또한 패널로 영입할 시청자들을 선정했더라도 그들이 패널로 영입을 수락하는 비율이 어느 정도 되는가에 따라 패널의 대표성이 달라질 수 있다. 대체로 패널 영입률은 50% 정도를 약간 상회하나 패널 영입은 조사 회사들의 노력 여하에 따라 달라질 수 있으므로 조사 회사들은 패널 영입에 많은 노력을 해야 한다.

⑥ 가구원 협조

개인별 시청 행위를 기록하기 위해 패널로 선정된 가족 구성원은 TV 시청 시 핸드 세트를 이용해 본인에게 부여된 번호를 눌러주어야 한다. 그러나 이 행위에 대한 감시를 할 수 없다는 데 근본적인 문제가 있다. 단지 처음 TV를 켰을 때 개인 기록을 누르지 않고 시청하는 행위는 찾아낼 수 있다. 그러나 다른 사람이 켜놓은 프로그램을 도중에 자신의 번호를 누르지 않고 시청하는 행위, 시청 도중에 자신의 번호를 누르지 않고 잠시 자리를 비우는 행위 등은 근본적으로 체크하기 어렵다. 특히 프로그램 중간보다는 광고 방영 시에 잠시 자리를 비우는 경우가 더 많은데 이에 대한 근본적인 대책이 마련되어야 한다. 따라서 버튼을 누르지 않더라도 얼굴 인식이나 음성 인식 등으로 시청자를 감별해 기록할 수 있는 방안 등을 모색해야 한다.

⑦ 시청 기록 검증

현재 방송 종료 후 각 패널 가구에 대한 시청 기록이 다음날 새벽 조사 회사의 메인 컴퓨터에 집계되면 각 자료에 대해 소프트웨어를 이용해 검증을 실시해 최종 자료 산출에 이용될 데이터를 가려내고 있다. 비록 이 소프트웨어에 의해 시청 기

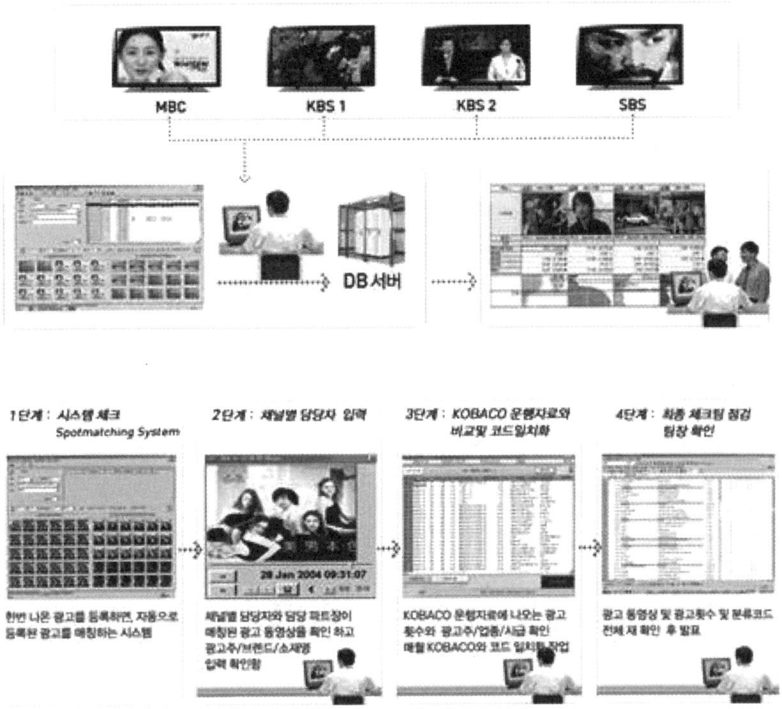

[그림 5-13] TNS 데이터베이스 시스템

출처: TNS 미디어 코리아(http:// www.tnsmk.com).

록이 부실하거나 기계 고장 등에 의해 문제가 된 가구는 제외하고 있다고 하나 구체적인 검증 절차는 알려져 있지 않고 단지 블랙박스처럼 처리되고 있다.

⑧ 1분 단위 기초 데이터

현재 미터식 조사 방법으로 기록된 시청률 데이터는 1분 단위로 제공되고 있다. 1분 단위로 시청률이 제공됨으로써 나타날 수 있는 문제점은 광고 시청률의 정확성 문제이다. 대부분의 광고가 15초, 20초 또는 30초 단위로 제작되어 방영되고 있다. 그러나 시청률의 기초 데이터는 1분 단위로 환산되어 제공되고 있다. 따라서 특정 광고의 시청률을 정확하게 파악하기 어렵다. 1분 단위 시청률 환산의 경우도 순간적인 채널 탐지 행위는 기록되지 않고 최소 한 채널에 15초 이상 머물 때 그 채널을 시청한 것으로 기록되므로 특정 광고를 10초 정도 시청했을 경우는 체크되지 않는다. 또한 만일 1분 동안에 15초씩 4개 채널을 시청했다면 어느 채널을 시청한 것으로 간주할 것인가도 정해져야 한다.

시청률 자료는 객관적이고 정확한 수치로 나와 있기 때문에 방송과 광고 산업에 유용한 자료임에는 틀림없으나 단순한 양적 자료로서 심도 있는 정보를 제공해줄 수 없고 표본의 대표성과 오차의 문제 등이 있기 때문에 시청률 자료를 맹신해서는 안 된다. 특히 서울과 수도권 등 일부 지역만을 대상으로 한 수치를 가지고 전국으로 확대 평가할 경우 잘못된 평가를 할 수 있다. 따라서 시청률 자료를 보완해 보다 심도 있는 정보를 제공해줄 질적 평가 자료가 필요하다.

2) 질적 측정 : 평가 지수 활용

(1) 국내외 프로그램 평가지수

〈표 5-11〉 국내 프로그램 평가 지수 종류

평가 조사명	개발 기관	측정 방법 또는 항목
KI	방송통신위원회	개별 프로그램에 대한 수용자들의 만족도를 측정하는 SI(Satisfaction Index) 와 개별 프로그램에 대한 질에 대해 측정하는 QI(Quality Index)가 있다. 이 밖에도 방송사 이미지 조사는 방송사의 감성적 인지적 이미지와 사회 공헌도를 평가한다
PSI	KBS	수용자들의 인지적 · 정서적 · 기능적 평가 기준을 세분화해 '잘 만들었다', '시간가는 줄 몰랐다', '뭔가 얻는게 있다' 등의 항목으로 측정
EPEI	EBS	교육 방송이라는 특성을 평가에 반영 독창적/완성도, 공익성, 흥미성, 유익성 등 네 가지 하위 차원으로 구성해서 복수 문항으로 측정
QI	MBC	뉴스, 교양, 오락/드라마 장르로 구분해서 측정 시청한 프로그램에 대해 제1요인(인지 반응과 중요도 평가)과 제2요인(감성 반응과 제작 평가) 두 가지 차원으로 측정
ASI	SBS	민영 방송의 특성을 반영 보도, 교양, 오락, 드라마로 구분해서 측정 객관성, 신뢰성, 창의성, 즐거움/재미를 측정해서 장르별로 이용

〈표 5-12〉 해외 프로그램 평가 지수 종류

국가	평가 조사명	측정 방법 또는 항목
미국	TVQ(Television Quotient)	전국 1,200 패널을 대상으로 프로그램에 대한 인지도와 호감도를 5점 척도로 측정
	VOX BOX	전국 200여 가구를 대상으로 전자 반응 장치를 통해 여섯 가지 항목과 프로그램 인물에 대한 평가로 구성
	공영 방송 평가 시스템	공공 TV에 대한 시청자 만족도를 4점 척도로 측정
영국	QI (Quality Index)	프로그램 질에 대한 시청자 평가 척도
	GQ (General Quality)	질이 '매우 우수한'에서 '질이 매우 낮은'의 5점 대칭 척도로 제시하고 100점 만점으로 환산
	PQ (Proportion of high Quality)	프로그램의 전반적 질적 수준이 높다에서 낮다까지 5점 척도로 측정
일본	FASS (Fuji Television Satisfaction Serve)	프로그램 질을 16개 기능으로 분류 112개 체크 항목으로 나누어 각 기능별로 4점 척도로 사용해 8단계로 시청 만족도 측정
캐나다	EI (Enjoyment Index)	'전혀 재미없다'에서 '매우 재미있다'의 6점 척도로 측정
	FI (Famillarity Index)	다른 방송사의 유사 프로그램과 차별성이 있는지 그리고 친밀하게 생각하는 프로그램이 있다면 얼마나 자주 시청하는지를 측정
프랑스	CEO	프로그램의 질을 문화적 생동감, 오락적 가치, 주제의 독창성, 전통적 가치, 연출 수준, 접근 가능성, 내용의 기여도, 연출의 독창성 세 가지로 설정해서 측정
	KALOMATH	프로그램의 질을 결정하는 7개 개념을 18개 항목으로 측정

국내의 방송에 대한 평가 제도는 크게 방송통신위원회가 방송법에 근거해 실시하고 있는 방송 평가 제도와 각 방송사가 자율적으로 실시하고 있는 프로그램 질적 평가에 대한 지수로 구분할 수 있다.

우선 방송통신위원회의 방송 평가 제도는 방송법 제31조에 근거해 방송통신평가위원회를 구성해 매년 방송 평가를 실시하고 있다. 방송법 제31조에 따르면 "방송통신위원회는 방송 사업자의 방송 프로그램 내용 및 편성과 운영 등에 대한 종합적 평가를 할 수 있다"고 규정하고 있다. 따라서 방송통신위원회는 방송 내용, 방송 편성, 방송 운영에 관한 세부 평가 기준을 정해 방송 평가를 실시하고 있으며, 평가 결과는 방송사의 재허가 추천 시에 점수로 반영하고 있다. 그러나 방송통신위원회는 그동안 실시해왔던 방송 평가 제도에서 평가 기준의 모호성, 질적 평가 내용의 미반영 등의 문제점이 발견되어 제도를 개선하고 있다. 2003년부터는 방송법상에 명시되어 있는 방송 평가 제도를 현실화하기 위해 KI(Korea Broadcasting Index)를 개발하고 있다. 2006년부터는 KI 수용자 품질 평가 조사가 본격적으로 조사되어 방송 사업자 평가에 반영하기 시작했다. KI 지수는 방송통신위원회가 KBS1 · 2, MBC, SBS 등 3개 방송 사업자의 4개 채널에 대해 10,000여 명 규모의 시청자 패널을 대상으로 365일 전일 조사하며 '프로그램 평가지수', '방송사 이미지', '방송도달력 지수' 등 3개 부문으로 평가한다. KBS의 경우 PSI(Public Service Index), MBC의 경우 QI(Quality Index), 그리고 EBS의 경우 EPEI(EBS Program Evaluation Index)를 개발해 시행하고 있다. 또한 SBS는 현재 ASI(Appreciation SBS Index)를 개발하고 있다.

(2) 질적 측정의 한계점

그러나 질적 평가는 양적 평가보다 더 많은 한계점을 지니고 있기 때문에 실제 방송사 편성에 거의 반영되지 않고 있다. 현재 조사가 중단된 방송통신위원회의 AI 조사를 예로 들면, 재미와 유익이라는 두 가지 차원의 복합 척도를 이용해 매년 8~9회 전국을 대상으로 일기식 방법으로 프로그램에 대한 질적 조사를 실시했다. 그러나 문제는 우선 방송을 평가할 수 있는 척도가 재미와 유익으로 한정되어 있고 또 재미와 유익을 구분하지 않고 복합적으로 질문을 함으로써 평가 점수가 실제 재미를 의미하는 것인지, 유익을 의미하는 것인지 또 재미와 유익을 동시에 고려하는지가 구분되지 않는다. 또한 평가 점수도 대략 60~80점 사이로 프로그램 간에 뚜렷한 차이를 보이지도 않는다. 뿐만 아니라 조사 결과가 나오기까지 한 달 이상이 소요되고 결과의 배포도 방송사 심의실에 불과 2~3부 배포함으로써 실질적으로 제작 및 편성에 활용되기 어렵다는 한계를 지니고 있다.

KBS에서 개발된 PSI도 평가 항목을 세 가지로 구분했으나 실질적으로 AI 조사가 지니고 있는 한계점을 극복하지 못하고 있다. 특히 채널이 급격히 늘어나고 있는 방송 환경에서 일기식 조사는 실질적으로 불가능하다. 따라서 질적 조사의 원조격인 영국의 AI 조사도 이러한 문제점으로 인해 조사가 중단되었듯이 새로운 대안이 마련되지 않는 한 현재의 시청률 조사가 당분간 유일한 프로그램 평가 자료로 활용될 수밖에 없는 실정이다.

그러나 프로그램에 대한 정확한 시청자 조사를 도모하기 위해서는 질적 측정과 양적 측정의 균형 있는 조화가 함께 이루어져야 할 것이다. 따라서 보다 다각적인 프로그램 측정 방법을 지속적으로 연구 개발해야 할 것이다.

3) 크로스 미디어 소비 행위의 증가와 시청률 측정의 새로운 방식의 필요성

방송과 통신 융합으로 시청자들은 다양한 단말기를 통해 방송 프로그램을 시청할 수 있게 되었다. 거실이나 안방에서 온 가족이 모여앉아 프로그램을 시청하는 모습은 이제 과거의 일이다. 가족 구성원들마다 자신이 원하는 시간대에 원하는 단말기를 가지고 프로그램을 시청한다. 예를 들어 저녁 9시에 아버지는 거실의 TV로 9시 뉴스를 시청하지만, 엄마와 딸은 컴퓨터 스크린이나 스마트 패드, 혹은 스마트 패드 기기를 이용해 케이블 TV의 드라마를 시청한다. 또한 10시에 지상파 채널에서 동시에 시작하는 드라마를 모두 보고 싶으면 정시에는 MBC 드라마를 보고 이후 SBS 드라마는 IPTV나 MBC와 SBS가 공동으로 투자해 만든 콘텐츠 연합 플랫폼(주)에서 서비스하는 클라우드 기반의 N스크린 서비스인 pooq을 이용해서 시청하면 된다. 실제로 2014년 1사분기를 기준으로 닐슨 코리아가 자사의 표본을 기반으로 추정한 결과를 보면, 전체 인구의 58.1%가 'TV-PC-Mobile'의 3-스크린을 이용하고 있는 것으로 나타났다.

이러한 N 스크린 환경에서 '방이나 거실에서 시청하는' 시청 행위만을 측정하는 현재의 시청률 측정 방식은 문제가 있을 수 있다. 물론 피플 미터 방식의 시청률 조사 업체에서는 1가구에 2대 이상의 TV를 보유한 경우, 핸드셋, DU, BU를 TV대

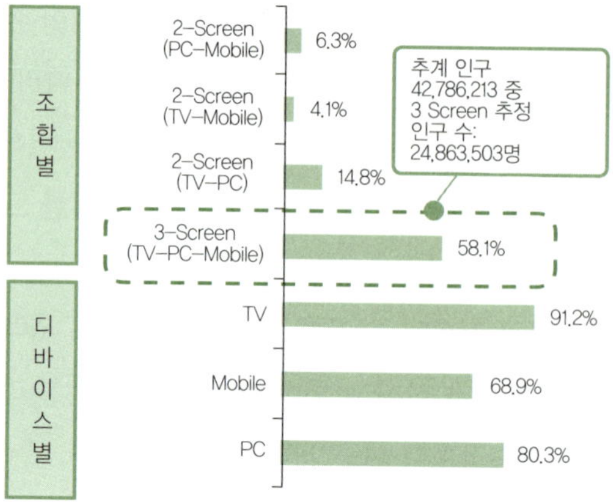

[그림 5-14] 3-screen 이용자 비중

출처: 닐슨코리아(2014). 『2013년 3분기 Cross Platform Report』.

수 만큼 설치하며, 전송 기능을 갖춘 TU는 1대만 설치한다. 즉, 하나의 가구에서 보유한 여러 대의 TV를 통해 일어난 시청 행위를 핸드셋, DU, BU가 기록하면 이 모든 시청 정보는 1대의 TU에 저장되어 전송하는 것이다. 현재 피플 미터를 이용해 디지털, IPTV, PVR, 쌍방향 등 국내 모든 채널이 측정 가능하다(닐슨코리아, 2013)는 것이다.

그러나 이제 시청 환경이 변해 거실에서 TV로 시청할 뿐만 아니라, 지하철에서, 학교에서, 직장에서 모바일 기기를 이용해 실시간으로 혹은 원하는 시간대에 방송 프로그램을 시청한다. 기존의 피플 미터 방식으로는 이러한 시청이 측정될 수 없기 때문에, TV 수상기 이외의 디바이스에서 시청한 행위도 모두 포함되는 '통합 시청률' 측정과 산출이 필요함에 따라 2017년 11월부터 TNMS에서는 실시간 방송과 비실시간 다시보기를 통합한 통합 시청자 순위도 발표하고 있다.

N-스크린 환경의 대두로 시청자가 다양한 매체로 분산되면서 TV 시청률이 전반적으로 감소하자, 개별 방송사 차원에서도 광고주에게 소구할 수 있는 통합적인 시청률 지표를 제공하기 위해 다양한 시도를 하고 있다. 국내에서는 CJ E&M이 CIM(Crossmedia Campaign's Integrated Measurement)을 개발했는데, CIM은 TV-PC-모바

[그림 5-15] TNMS의 통합시청률 측정

본방 2018년 8월 16일(목)
TTA 2018년 8월 16 ~ 2018년 8월 22일

TTA 순위 (000명)

1위 MBCevery1 어서와한국은처음이지 48회 (4,998,031)
2위 KBS1 내일도맑음 72회 (4,629,891)
3위 tvN 아는와이프 6회 (4,530,707)

본방순위 vs TTA 순위

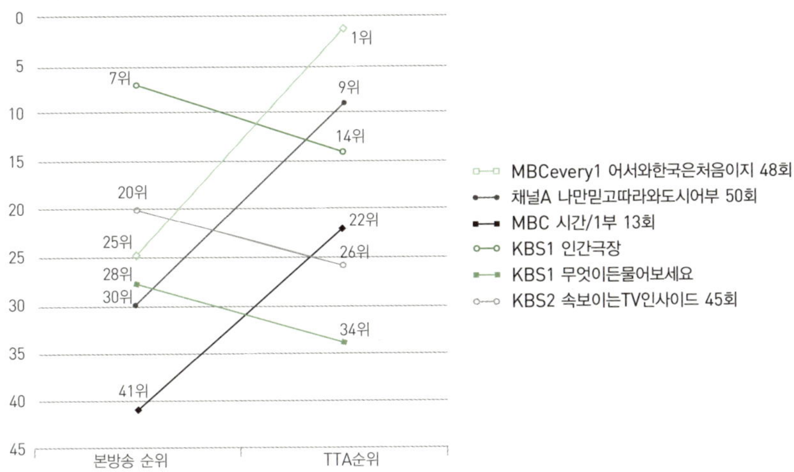

VOD 시청 많은 프로그램 (000명)

tvN 아는와이프 6회 (36,382)

재방송 시청 많은 프로그램 (000명)

MBCevery1 어서와한국은처음이지 48회 (4,003,598)

출처: http://www.tnms.tv/tta.php

<표 5-13> Nielsen Social Content Ratings TV 시청률 TOP 10 Series and Specials (2018. 7/23~7/29)

(단위: 천)

순위	네트워크	프로그램	일자	인터랙션	페이스북	트위터	인스타그램
1	USA Network	WWE Monday Night RAWl	7/23	2,133	231	490	1,413
2	USA Network	WWE Smack Down!	7/24	1,204	105	216	883
3	FOX	The Four	7/26	626	103	160	363
4	Telemundo	Sin Senos Si Hay Paraiso	7/27	625	170	1	454
5	NBC	America's Got Talent	7/24	517	124	94	299
6	NBC	World of Dance	7/25	475	50	41	383
7	Telemundo	Sin Senos Si Hay Paraiso	7/26	441	57	1	383
8	Telemundo	Sin Senos Si Hay Paraiso	7/25	374	16	1	358
9	MTV	Nick Cannon Presents: Wild'n Out	7/26	368	3	10	355
10	Telemundo	Sin Senos Si Hay Paraiso	7/23	354	16	1	337

출처: http://www.nielsensocial.com/nielsentwittertvratings/weekly/#dialog-popup

일의 통합 광고 효과를 측정하는 방식이다. 또한 기존 TV 시청률 이외에 프로그램의 영향력을 측정하기 위해 콘텐츠 파워 지수(CPI: Content Power Index)를 개발해 인터넷과 소셜 미디어에서 화제성이 높은 프로그램(Issue Ranking), 관심/관여도가 높은 프로그램(Searching Ranking), 몰입이 높은 프로그램(Buzz Ranking)을 측정하고 있다(김숙, 2014). 이 밖에도 소셜 미디어에 의한 TV 이용이 증가하자 시청률 조사 회사인 닐슨은 트위터(Twitter)에 실시간으로 등록되는 TV 콘텐츠 관련 피드를 기반으로 산출한 '닐슨 트위터 TV 시청률(Nielsen Twitter TV Rating)'을 2013년부터 발표하고 있는데 닐슨 트위터 TV 시청률은 일정 기간 동안 TV 관련 트윗의 총량과 개별 트윗의 노출도를 측정하고 이를 TV 콘텐츠별로 정리해 순위를 매기는 소셜 TV 통계이다.

더 생각해볼 문제

1. 디지털 멀티 플랫폼 시대의 방송 편성의 개념, 목표, 성과, 전략은 어떻게 변화되는지에 대해 논의해보자.
2. 디지털 멀티 플랫폼 시대에 방송 편성에 영향을 미치는 요인은 과연 어떻게 달라졌을까? 방송 편성권의 주체는 누구일까?
3. 비실시간 방송 서비스를 이용해 영상 콘텐츠를 소비하는 행위가 늘어나고 있다. 이러한 소비 패턴에 대응할 수 있는 편성 성과 측정 방식에 대해 생각해보자.

제6장

방송 프로그램의 개념과 제작

1. 방송 프로그램의 개념과 분류

1) 프로그램의 개념

프로그램이란 방송 커뮤니케이션의 메시지(message)이다. 바꾸어 말하면, 방송사가 의도한 목적을 위해 어떤 내용을 전파적 신호로 바꾸어 완성시킨 정신적 산물로서 독립된 하나의 방송 항목 내지 일련의 방송 항목을 총체적으로 일컬어 프로그램이라 한다. 프로그램은 드라마, 좌담, 다큐멘터리 등과 같이 그 자체로 완비된(self-contained) 방송 항목과 음악회와 무대 중계처럼 방송을 위한 관련 항목의 정선품(selection)을 가리킨다. 이 경우 프로그램의 구성은 프로그램을 형성하는 많은 항목을 선택하고 배열하는 행위가 된다.

포괄적 의미의 프로그램은 방송사가 하루 낮이나 밤 시간에 내보내기 위해 계획한 일련의 독립된 방송 항목(단위 프로그램)을 집합적으로 가리킨다. 요컨대 방송 프로그램이란 방송 커뮤니케이션의 메시지 또는 그 메시지 내용을 기호화해서 수록한 하나의 작품이라 말할 수 있다. 즉, 방송국 측이 의도한 목적을 위해 어떤 내용을 전파 신호로 바꾸어서 완성시킨 정신적 산물로서 하나의 독립된 방송 항목 또는 일련의 독립된 방송 항목을 총체적으로 일컫는다.

2) 프로그램의 분류

텔레비전 프로그램은 학계, 산업계(방송사나 조사 회사 등), 방송 규제 기구 등에 따라서 다르게 분류되어왔다. 이는 텔레비전 프로그램을 분류하는 목적이 다르기 때문이다. 학계의 경우 방송 비평이나 편성 분석을 위해 미학적 분류 기준 등을 사용해 프로그램을 구분한다. 반면 방송사나 조사 회사는 시청률이나 시청자의 관심 영역을 중심으로 프로그램을 분류하고, 방송 규제 기구는 방송법에서 규정하는 편성의 규제를 바탕으로 프로그램을 구분한다.

가장 빈번히 사용되는 학계의 텔레비전 프로그램 분류의 경우 주로 비평의 수준에서 구분되어왔다. 로즈(Rose, 1985)는 텔레비전 프로그램을 경찰 드라마, 서부극, 의학 드라마, 공상과학 드라마, 시트콤, 소프 오페라, 텔레비전 영화, 다큐 드라마, 뉴스, 다큐멘터리, 게임 쇼, 버라이어티 쇼, 광고로 분류했고, 밴드버그와 위너(Vande Berg & Wenner, 1991)는 코미디, 액션-모험 드라마, 멜로 드라마, 소프 오페라, 어린이 프로그램, 광고, 음악, 뉴스, 스포츠, 토크 쇼, 게임 쇼로 분류했다.

방송 비평을 기준으로 한 분류는 일관성 있는 체계를 가지고 있는 것이 아니라 연구자의 주관적 관심사에 의존하기 때문에 활용하는 데 한계가 있다. 특히 편성의 다양성을 분석하는 데는 어떤 유용점도 주지 못한다. 그 때문에 국내 연구자들은 비평적 시각이 아니라 편성 분석을 위한 기초 자료로 텔레비전 프로그램을 분류했다. 강대인 외(1983)는 보도, 오락, 교양(사회 교육, 일반 교양, 고전 음악, 학습)으로, 한진만(1995)은 보도, 오락, 교양(정보 교양, 성인 교육, 일반 교양, 어린이 교양)으로 텔레비전 프로그램을 구분했다. 최양수(1993), 조성호(2000), 이은미(2001)는 각각 용어의 차이는 있지만 대체로 뉴스, 시사, 다큐멘터리, 토론/대담, 생활 정보, 문화 예술, 학습(교육), 드라마, 연예/오락(버라이어티 쇼 등), 코미디, 스포츠, 영화, 퀴즈/게임, 만화, 어린이 등 총 15개 장르로 분류했다.

각각의 학자들은 내용과 형식을 통한 대분류에서는 유사함을 보이지만 세부적인 분류에서는 다소 차이가 있다. 이는 프로그램을 분류할 때 학자가 가지는 관점이나 분류 목적에 따라 조금씩 다를 수 있음을 나타낸다. 따라서 획일화된 프로그램 분류 기준이 있다고 할 수는 없다. 하지만 전체적으로 볼 때 학자들이 차용하고 있는 대분류에는 유사성이 있기 때문에, 이를 형식(format)에 의한 분류, 내용에 의한 분류, 기능에 의한 분류, 대상에 의한 분류, 제작원에 의한 분류로 구분해서 살펴보겠다.

(1) 형식에 의한 분류

프로그램의 구조 또는 전달 방식에 의해 분류되는 방법을 장르에 의한 분류 또는 형식에 의한 분류라고 할 수 있다. 이 방식에 따르면 방송 프로그램을 크게 '드라마(dramatic) 프로그램'과 '비드라마(non-dramatic) 프로그램'으로 분류할 수 있다.

드라마 형식은 구체적으로 연속극, 시추에이션(situation), 코미디(comedy), 서부극,

〈표 6-1〉 형식별 분류

장르	분류 소항목
다큐멘터리	내레이션, 종합 구성
대담, 토론	공개, 비공개
드라마	일일연속극, 주간연속극, 단막극, 미니시리즈, 시추에이션, 특집극 등
코미디	시추에이션 코미디, 토크 코미디, 콩트식 옴니버스(omnibus) 코미디 등
퀴즈, 게임	개인 대결, 팀 대결, 패널 쇼 등
뉴스	종합뉴스, 스트레이트 뉴스, 리포트 뉴스, 속보, 뉴스 해설, 기획보도, 기자회견, 뉴스매거진, 특별행사 중계 등
버라이어티	리얼 버라이어티, 코믹 버라이어티 등

탐정극, 문예물, 특집 드라마 등의 장르가 포함된다. 또 비드라마 형식은 구체적으로 뉴스, 토론 프로그램, 인터뷰 프로그램, 버라이어티 프로그램, 음악 프로그램 등이 포함된다.

그러나 좀 더 일반적으로 프로그램의 구조와 전달 방식을 기준으로 분류하면 크게 공개와 비공개, 생방송과 녹화 방송으로 구분할 수 있으며, 이를 더 구체적으로 구분하면 일곱 개의 세부 장르로 구분지어 분류할 수 있다.

(2) 내용에 의한 분류

내용에 의한 분류는 프로그램이 담고 있는 주요한 내용이 무엇인지에 따라서 분류하는 방법이다. 이 방식은 어떤 주제를 중점적으로 다루었는가 하는 점이 분류의 초점이 된다.

이러한 분류는 전달 형식이나 포맷은 완전히 배제되고 오락 프로그램을 매우 과소평가한 점이 특징으로 대표적인 예로서는 미국 연방통신위원회(FCC)의 분류를 들 수 있나. 미국연방통신위원회는 프로그램을 내용에 따라 ① 농사 프로그램, ② 오락 프로그램, ③ 뉴스 프로그램, ④ 공공(公共) 프로그램, ⑤ 종교 프로그램, ⑥ 학습 프로그램, ⑦ 스포츠 프로그램, ⑧ 사설(社說), ⑨ 정치 프로그램, ⑩ 교육 기관 프로그램, ⑪ 기타 프로그램 등으로 나누고 있다. 이상의 분류는 교육적이고 교양적인 프로그램을 중심으로 분류한 것이다. 이는 FCC란 기관이 방송의 공공성(公共性)을 중시하기 때문이다.

〈표 6-2〉 내용에 의한 분류

장르	분류 소항목
뉴스	시사종합뉴스, 정치, 경제, 사회, 문화, 스포츠, 기상 등
정보/교양	시사, 휴먼, 역사, 기행, 자연과학, 종교 등
드라마	가족, 애정, 탐험, 추리, 수사, 과학, 종교, 전쟁, 다큐드라마 등
오락	코미디, 버라이어티 등

(3) 기능에 의한 분류

기능별 분류는 일반적으로 프로그램 분류 기법상 대표적인 것으로 널리 통용된다. 가장 보편적이고 널리 통용되는 단순 분류 기준은 보도 · 교양 · 오락으로 구분하는 것이다. 이러한 분류법은 3분법이라고도 하는데, 영국 BBC 칙허장(Royal Charter)의 전문 5절에서 그 유래를 찾을 수 있다. 즉, "정보 또는 보도(information), 교육 또는 교양(education), 그리고 오락(entertainment)을 전하는 수단으로서 방송의 높은 가치를 고려해 우정성의 면허에 의거 BBC방송을 허가한다"라는 것이다.

보도 · 교양 · 오락이라는 기본 정신은 미국 방송 이념인 공공의 편익, 이익, 필요(public convenience, interest or necessity)에 상응하는 것으로서 영국 방송 정책의 지표가 되고 있다. 이러한 영국의 기능 분류법이 일본을 통해 우리나라에 들어와 방송법 시행령 제29조 '방송 순서의 편성 기준'에 보도(10% 이상), 교양(40% 이상), 오락(20% 이상)의 편성 비율을 명백히 하고 있다.

3분법을 기준으로 프로그램을 기능별로 분류하면 다음과 같다.

〈표 6-3〉 기능에 의한 분류

분류	분류 소항목
보도	종합뉴스
	스트레이트 뉴스
	시사 해설
	기획보도
	행사 중계
	기자회견
	해외뉴스
	스포츠뉴스
	기상예보
교양	일반교양
	생활정보

교양	다큐멘터리
	대담, 토론
	퀴즈
	학습
	문화예술
	기능 강좌
오락	드라마
	코미디
	버라이어티 쇼
	토크쇼
	게임, 퀴즈

① 보도 방송

정치, 경제, 사회, 문화 등 모든 분야에서 시사에 관한 속보(速報) 또는 해설을 목적으로 하는 방송으로 시사적인 사건과 현실적인 상황을 보도의 가치에 입각해 보도 형식으로 전달하는 프로그램을 말한다. 보도 방송에는 국내외 전반적인 시사와 뉴스를 진행자인 앵커를 중심으로 보도하는 것으로 간단한 해설과 취재한 기자의 리포트 등으로 구성·진행되는 종합 뉴스, 앵커나 아나운서 등 진행자에 의한 뉴스 해설이나 리포트 없이 사건의 단순 보도 형식으로 구성되는 스트레이트 뉴스, 하나의 사건이나 주제를 중심으로 그 의미와 해석을 다루는 시사 해설, 시사적 성격의 기념 행사 중계, 언론사 기자들과 뉴스 가치가 있는 인물들 간의 질의 응답식 회합인 기자 회견, 그 밖에 해외 뉴스, 스포츠 뉴스, 기상 예보 등이 있다.

② 교양 방송

공중의 일반적인 교양의 향상 및 교육을 목적으로 하는 방송으로 교양 방송은 다시 일반 교양, 생활 정보, 다큐멘터리, 대담 및 토론, 퀴즈, 학습, 문화 예술, 그리고 요리, 서예, 그림, 분재, 기타, 취미 교실 등과 같은 기능 강좌를 포함한다. 특히,

대담 및 토론은 특정 인사나 전문가와 일반인을 중심으로 사회자와 대화를 중심으로 진행해 광범위하게 의견을 교환하는 형식의 프로그램이다. 토론 프로그램은 어떤 사회적 현상이나 그 과정에 관한 문제점을 도출해서 주제로 삼고, 토론자들이 의견을 제시, 교환하면서 문제를 분석, 설명, 평가하고 여론을 조성함으로써 문제 해결을 모색하는 프로그램이다. 그러므로 토론 프로그램은 토론 주제에 대한 분석적 · 평가적 기능과 시청자에게 인지적 · 숙지적 기능도 아울러 수행한다고 볼 수 있다.

③ 오락 방송

국민 정서의 함양과 오락의 제공을 목적으로 하는 방송으로 오락 방송은 다시 드라마, 코미디, 버라이어티 쇼, 토크 쇼, 게임 및 퀴즈로 나눌 수 있다. 먼저 드라마는 텔레비전 방영을 목적으로 제작된 극 형식의 모든 프로그램을 말하는 것으로 드라마의 길이에 따라 다시 연속극, 단막극, 시추에이션 드라마, 미니 시리즈, 대하드라마로 나눌 수 있다. 코미디는 웃음을 주제로 한 TV 프로그램으로서 코미디언이나 개그맨의 연기 비중이 높거나 프로그램 전체의 목적이 희극적인 성격이 강한 프로그램을 말한다. 코미디는 다시 포맷에 따라 시추에이션 코미디, 코미디 단막극, 버라이어티 코미디 쇼, 토막 코미디(콩트) 쇼, 고전 코미디 쇼, 뮤지컬 코미디 쇼, 고전 해학극, 만담 등으로 나눌 수 있다. 버라이어티 쇼는 기본적으로 노래와 춤, 곡예, 토막극, 재담 등을 중심으로 한 오락적 색채가 짙은 프로그램 유형을 말하는 것으로 가요 순위 쇼, 연예 정보 쇼, 영상 음악 쇼, 토크 음악 쇼, 음악 경연 쇼, 버라이어티 구성 쇼 등이 이에 해당한다. 토크 쇼는 토론이나 대담 프로그램과 형식은 비슷하나 소재가 초대 손님의 생활 주변 이야기, 화젯거리, 인생담 등 오락성이 있으면서 흥미를 자극하는 것으로 구성의 테크닉을 복합적으로 꾸밀 수도 있다. 마지막으로 게임 및 퀴즈는 오락성이 짙은 각종 게임, 놀이, 경연 등을 통해 기량을 겨루는 흥미 위주의 구성 프로그램이다. 게임의 종류에 따라 다양하며 실내에서 할 수 있는 게임과 수영장이나 야외 특수 시설이 구비된 장소에서 할 수 있는

〈표 6-4〉 대상에 의한 분류

분류	분류 소항목
방송 지역	전국, 지역, 국내, 해외
연령층	유아, 어린이, 청소년, 성인, 노인 등
직업별	국군, 운전기사, 중고생, 대학생, 주부, 직장인 등
생활 환경	도시, 농어촌 등

실외 게임으로 구분될 수 있다.

(4) 대상에 의한 분류

방송 프로그램은 제작 목적인 수용자 혹은 시청자를 위해 송출되므로 대상 시청자의 특성을 반드시 고려해야 한다. 수용자의 생활 환경이나 취향, 기호, 선호하는 유형 등 수용자의 대상에 대한 연구에 따라 프로그램이 제작된다. 특수 대상이 아닌 불특정 대상으로 일반 시청자를 위한 프로그램도 제작된다.

프로그램을 이와 같이 대상에 따라 분류해 보면 먼저 방송 지역에 따라 전국, 지역, 국내, 해외 방송으로 분류할 수 있다. 그리고 연령층에 따라서는 유아, 어린이, 청소년, 성인, 노인 등으로 분류할 수 있다. 또한 직업에 따라서도 프로그램을 분류할 수 있는데, 대체로 국군, 운전기사, 중고생, 대학생, 주부, 직장인 등으로 분류할 수 있다. 또한 생활 환경에 따라 도시와 농어촌으로 프로그램의 대상에 따라 프로그램을 분류할 수 있다.

[그림 6-1] KBS2 어린이 프로그램 〈파니파니〉

출처: KBS2 〈파니파니〉 홈페이지.

[그림 6-2] 외주 제작사 '그룹에이트'의 〈꽃보다 남자〉
출처: KBS2 〈꽃보다 남자〉 홈페이지.

(5) 제작원에 의한 분류

방송상의 프로그램 제작 주체에 따라서도 프로그램을 분류할 수 있다. 과거에는 거의 대부분의 프로그램을 방송사에서 자체 제작했으나 1990년 이후 외주 제작을 활성화하려는 정책적인 노력이 이루어지면서 방송사의 프로그램은 자체 제작 인력을 가지고 제작하는 자체 제작 프로그램과 외부에서 제작한 외주 제작 프로그램으로 구분할 수 있다.

국내 방송법상 방송사는 40%선 이내에서 외주 제작사의 프로그램을 방송할 수 있다. 그리고, 현재 방송사별 외주 제작 비율은 35%선에 달한다. 하지만 유독 외주 제작 비율이 높은 것은 드라마이다. 방송사에서 외주 제작사의 드라마를 많이 편성할 수밖에 없는 구조적인 원인으로는 제작비의 한계와 규제가 외주 제작사에 비해 많다는 점을 들 수 있다.

일반적으로 보도, 교양, 공개 오락 프로그램의 경우는 방송사의 자체 제작이 많으나, 드라마는 점차 외주 제작이 자체 제작의 비율을 능가하고 있다.

3) 프로그램 장르와 창의적인 제작

피스크(J. Fiske)는 장르란 생산자와 수용자의 편의를 위해 우리 문화 속에 유통되는 텍스트와 그 의미들의 폭넓은 범주를 특정한 질서로 구조화하는 문화적 실천으로 정의한다(Fiske, 1987). 쉽게 말해 특정 장르에 속한 프로그램들 사이에 일정한 공통점이 있기 때문에 수용자들은 이를 관습으로 받아들이므로 장르는 생산자와 수용자 사이에 의미를 전달하는 일종의 공식 역할을 한다는 의미이다. 예를 들어 TV 프로그램의 제작자는 '이것은 시츄에이션 코미디이다'라는 장르로 정의하고 그 장르의 분류 내에서 프로그램을 제작하는데, 그 프로그램을 보는 수용자들도 이것을 시츄에이션 코미디 장르로 받아들인다. 그러나 만약 제작자가 쇼 프로그램의 장르적 관습을 가지고 보도 프로그램을 만들었다면, 수용자들은 그 프로그램을 적절한 보도 프로그램으로 받아들이지 못할 것이다.

따라서 TV에서 장르는 시청자들이 프로그램의 내용을 쉽게 이해하도록 돕고 비록 반복 시청이 아니더라도 다음에 다시 그 프로그램을 접했을 때 쉽게 참여하게 만드는 기능을 수행한다. 장르 범주가 가지는 관습적인 표현 양식이 수용자와 제작자 간의 일종의 약속, 또는 문법으로 공유되어 이를 통해 보다 효과적으로 의사소통을 할 수 있기 때문이다.

그러므로 장르에 따라 방송 프로그램의 제작 목적, 기획 의도, 목표 수용자, 제작 방식 등이 달라진다. 이러한 측면에서 방송 제작자는 프로그램을 제작하고자 계획할 때 우선적으로 제작하고자 하는 프로그램의 장르가 어떤 것인지 정확히 파악하고 그 장르의 관습과 문법에 적절하도록 다양한 요소들을 배열해야 한다.

그러나 최근에는 기존의 장르가 상호 융합되면서 새로운 장르가 탄생되는 경우가 빈번히 나타나고 있다. 예를 들어 코미디, 시트콤, 리얼리티 등이 혼재된 '리얼 버라이어티'나 정보(information)와 엔터테인먼트(entertainment)가 혼재된 '인포테이먼트(infotainment)' 등의 새로운 장르가 명명되기도 한다. 따라서 이제 방송 제작자들은 고정된 특정 장르에 집착하기보다는 변화하고 진화하는 장르를 고려해야 한다.

다시 말해 새로운 트렌드에 주목해 그에 맞는 새로운 장르를 개발함으로써 이에 적합한 제작 단계를 계획할 줄 아는 창의적인 능력이 요구된다.

2. 방송 프로그램 제작 과정

방송 프로그램 제작 과정은 기능적으로 프로그램의 장르와 제작 기간 등에 따라 조금씩 달라질 수 있다. 프로그램의 제작 단계는 크게 4단계로 구분할 수 있다. 프로그램을 어떤 형식과 내용으로 만들 것인가를 결정하는 '기획 및 구성 단계(preproduction)', 촬영을 위한 '준비 및 연습 단계', 직접 촬영 및 녹화를 통해 영상물을 만들어내는 '제작 단계(production)', 그리고 촬영된 내용을 편집과 더빙, 화면 작업과 그래픽 등을 통해 보다 완성도를 높이는 '사후 제작 단계(post-production)' 등이다. 제작 과정의 4단계를 보다 세분화해 보면 기획 → 구성 → 자료 조사 및 섭외 → 사전 준비 → 리허설 → 촬영 및 녹화 → 편집 및 완제품 제작의 7단계로 나눌 수 있다.

1) 기획 단계

(1) 기획 단계 시 고려 사항

프로그램의 기획은 막연하고 추상적인 개념을 설정하는 작업이 아니라 실용적이고 과학적인 근거에 의해서 이루어져야 한다. 따라서 프로그램을 기획할 때 제작진들은 나름대로 몇 가지 기준을 염두에 두고 기획을 하게 되는데 그 기준들을 요약해보면 다음과 같다.

① 프로그램의 목표 설정

먼저 기획을 할 때 제작진들은 그 프로그램을 통해 방송사가 추구하는 목표가

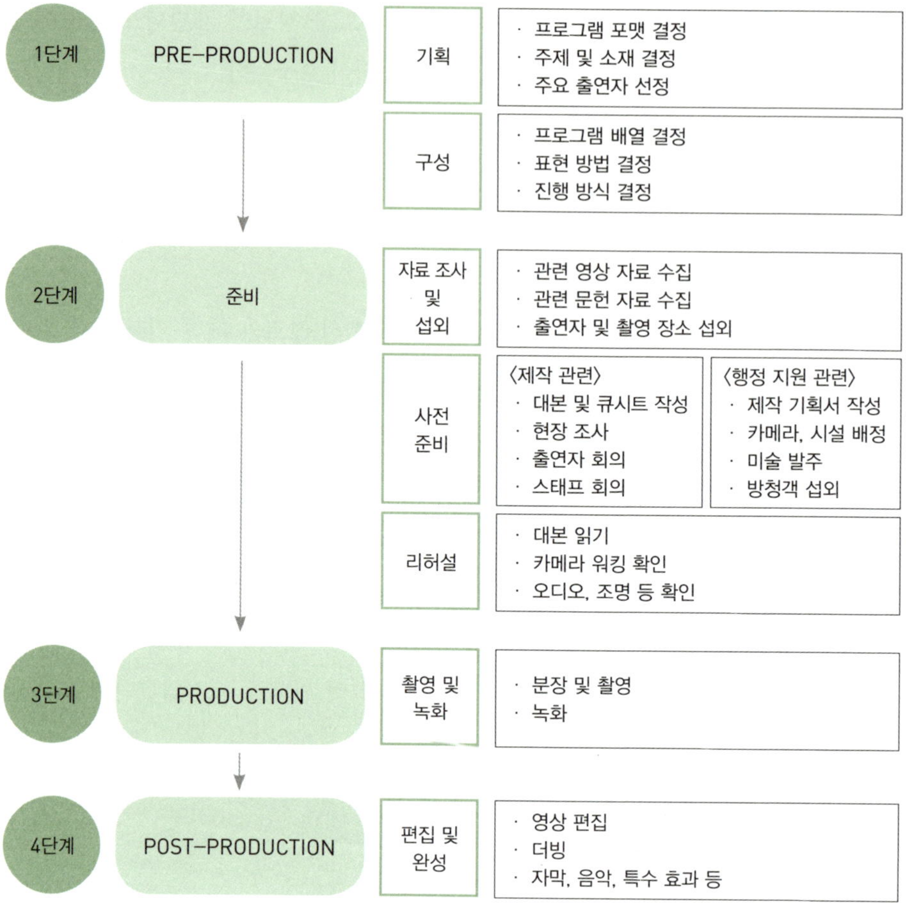

[그림 6-3] 방송 프로그램 제작 과정

무엇인지를 명확히 알아야 한다. 예를 들어 시청률 제고가 목적이라면 드라마나 버라이어티 쇼 등을 기획할 수 있을 것이며, 이미지 제고가 목적이라면 수준 높은 다큐멘터리 등 공익적 프로그램을 기획해야 할 것이다.

② 주 시청층 설정

프로그램 기획 시 중요시되는 사항은 기획하는 프로그램의 주 시청 대상이 누구이냐 하는 것이다. 이에 따라 방송 시간대와 프로그램의 포맷 등이 달라질 수 있다. 주부들이 주 시청층이라면 아침 시간대에 맞는 편성과 기획이 가능하지만 일반 직장 남성을 대상으로 하는 프로그램이라면 당연히 밤 시간대의 시사 프로그램 등을 생각해볼 수 있을 것이다.

③ 대중성과 시청 흡인력 검토

방송 프로그램은 인쇄 매체와는 달리 불특정 다수가 시청을 하게 된다. 따라서 프로그램 기획 시 대중성과 시청 흡인력 등을 고려해 포맷과 주제 등이 설정될 수밖에 없다. 소외 계층을 위한 프로그램 편성이 많아져야 한다는 여론에도 불구하고 노인 대상 프로그램, 국악 프로그램, 또 소수의 마니아를 위한 클래식 음악, 공연 등의 문화 프로그램들이 배제되는 것은 대중성과 시청 흡인력 등에서 한계를 갖기 때문이다.

④ 제작 예산과 시장성 검토

방송사는 공익적 성격을 가지고 있지만 기본적으로 수익을 내야 하는 영리 기업의 속성을 가지고 있다. 따라서 제작 예산과 광고 수입, 사후 프로그램 판매 수입 등을 비교 검토해 프로그램을 기획해야 한다.

⑤ 제작 일정과 가능성 검토

편성 시점이 정해진 프로그램의 기획에 있어서는 제작 일정과 제작 가능성 또한 중요한 고려 사항이 된다. 당장 일주일 후에 방송될 프로그램을 기획하면서 해외 취재물이나 장기 제작을 요하는 다큐멘터리 등을 기획할 수는 없는 일이다.

⑥ 공익적 기능 검토

방송은 공공의 재산인 전파를 사용하는 만큼 사회적으로 공익적 기능을 요구받고 있다. 따라서 프로그램을 기획할 때는 그 프로그램이 사회적 재생산의 기능을 할 수 있을 것인가, 또 우리 사회의 기본 질서를 해치는 내용은 아닌지를 검토해야 한다. IMF 경제 위기 당시 국내 방송사들은 호화 쇼 등을 자제하는 대신 경제 관련 프로그램과 국민 화합을 위한 모금 방송 등을 집중 기획한 바 있다.

⑦ 방송 심의 및 법률적 저촉 문제 검토

헌법상 표현의 자유가 보장되어 있지만 현실적으로 방송 프로그램은 방송통신위원회의 사후 심의와 함께 초상권 침해, 명예 훼손 등으로 인한 민형사상의 법적 책임을 면할 수 없다. 따라서 프로그램의 기획 단계부터 이러한 법적인 문제가 면밀히 검토되어야만 그로 인한 손실을 줄일 수 있다.

(2) 기획 과정

일반적으로 편성팀과 제작팀이 협의해서 연간 프로그램의 기본 방향, 내용 등이 결정된 이후, 제작팀에서 프로그램의 제작 방법을 결정하는데 이러한 제작의 차원에서의 첫 단계가 기획 단계이다. 기획 단계에서는 프로그램의 방송 시간대, 주 시청층(target audience) 등을 고려해 흔히 아이템이라고 불리는 프로그램의 구체적인 포맷과 주제와 소재 등을 결정하는 단계이다.

① 포맷(형식) 결정

프로그램의 기본적인 틀을 의미하는 것으로, 프로그램의 내용에 따라 생방송으로 갈 것인가, 녹화 방송으로 갈 것인가를 우선적으로 결정하며, 다음은 ENG 녹화물로 갈 것인가 아니면 스튜디오와 중계차 연결 등을 병행할 것인가를 결정해야 한다.

예를 들면 성금 모금 방송이나 시상식 등은 그 진행 상황과 극적인 효과를 보여주기 위해 생방송으로 하는 경우가 많으나 야외 녹화와 스튜디오 녹화를 병행해야 하는 버라이어티쇼는 녹화 방송, 장기간의 촬영과 영상미를 요구하는 다큐멘터리 등은 제작 여건상 ENG 녹화물로 제작되는 것이 보통이다.

② 주제 및 소재 선정

대략적인 프로그램의 틀이 구성되면 구체적으로 그 안에 어떤 내용을 담아야 할 것인지를 결정하는 단계로 담당 PD와 작가 등 제작 스태프들이 가장 많은 시간과 노력을 기울이는 단계이다. 이때 가장 중요시되는 것은 프로그램이 목표로 하는 주 시청층이 누구냐 하는 것이다.

예를 들면 같은 가요쇼라도 10대 청소년을 대상으로 한다면 그 내용 역시 10대들이 선호하는 음악이 주류를 이룰 것이며, 40대 이상의 중장년층이 주 시청 대상이라면 트로트 등의 대중가요가 주류를 이룰 것이다.

③ 주요 출연진 선정

MC와 보조 진행자 등 주요 출연진은 프로그램의 성과에 직접적인 영향을 주는 요인으로 프로그램의 포맷과 주제 등을 고려해 제작진들은 제작 초기인 기획 단계부터 출연진 선정에 공을 들이게 된다.

2) 구성 단계

구성 단계는 기획 단계에서 결정된 프로그램의 포맷과 주제를 담당 PD와 작가 등이 아이디어 회의를 통해 제작이 가능한 구체적인 내용으로 숙성시키는 단계라고 할 수 있다. 방송 프로그램에서 구성이란 크게 두 가지로 분류할 수 있는데, 첫째는 프로그램 전체의 순서를 정하는 작업이며, 다음은 각각의 코너에 담길 내용에 따라 구체적인 표현 방법과 진행 방식 등을 결정하는 작업을 의미한다.

(1) 순서의 결정

구성 단계에서 담당 PD와 작가는 프로그램의 시작을 알리는 타이틀부터 종료를 알리는 끝 자막까지 그 안에 담게 될 내용(이는 보통 각각의 코너 형태를 갖는다)의 배열을 결정, 프로그램의 기본적인 골격을 완성한다.

(2) 표현 방법의 결정

전체적인 배열이 결정되면 그에 따라 그 안에 담게 될 구체적인 내용과 표현 방법, 진행 방식 등을 결정하게 되는데 이 단계에서 담당 PD와 작가 등의 아이디어가 가장 많이 요구된다. 특히 최근에는 이 구성의 개념이 보다 광범위해져 진행자의 등장 방식, 동선, 리포터의 활용 유무 등 제작에 필요한 대부분의 요소들을 결정하는 것으로 쓰이고 있다.

3) 자료 조사 및 섭외 단계

주제와 구성, 표현 방법이 결정되면 영상 자료와 문헌 자료 등 프로그램 제작에 필요한 자료 전반에 관한 조사, 수집과 함께 구성 내용에 따라 필요한 출연자, 리포터, 전문가, 장소 섭외 등을 하게 된다.

(1) 자료 조사

기존에 방송되었던 영상 자료, 프로그램 내용과 관련된 문헌 자료 등의 조사와 수집은 작가의 촬영 큐시트와 대본 작업 시 유효하게 활용되며, 드라마의 경우엔 촬영 장소에 대한 자료 조사가 특별히 중요시된다.

(2) 섭외

촬영을 위해서는 구체적으로 출연자와 장소 등의 섭외가 필수적이며, 계획했던 출연자와 장소의 섭외 여부에 따라 제작 일정과 프로그램의 구성과 대본이 수정될 수 있다.

4) 사전 준비 단계

본격적인 촬영을 앞두고 이루어지는 사전 준비 단계는 크게 두 가지로 나뉜다.

하나는 대본 및 큐시트 작성, 현장 조사(촬영 장소 섭외), 출연자 및 스태프 회의 등 제작과 직접 관련된 사전 준비이며, 다른 하나는 제작 기획서 작성, 카메라 배정, 세트 및 소품 의뢰, 차량 배차 등의 행정적 지원 업무 요청 단계이다.

(1) 대본 및 촬영 큐시트의 작성

프로그램의 주제와 표현 방법, 출연진 등이 결정되면 작가는 촬영에 필요한 대본과 촬영 큐시트를 작성하게 되는데, 다큐멘터리 등 ENG물의 경우에는 촬영 큐시트만 먼저 작성하고 전체 내레이션 대본은 편집이 완성된 후 집필하게 된다.

(2) 현장 조사

대본이 완성되면 담당 PD는 촬영 장소 답사(보통 장소 헌팅이라고 부른다)를 하면서 출연자의 동선과 카메라 구도 등을 구상하게 되는데 드라마의 경우엔 별도의 장소 섭외 스태프가 있다.

(3) 출연자 회의

MC와 출연자 등을 모아놓고 담당 PD와 작가가 프로그램의 전체적인 틀과 구성 등을 설명하고 유의할 점을 전달하며, 이때 대본 읽기를 병행하는 경우가 많다.

(4) 스태프 회의

프로그램 제작에는 담당 PD나 작가 이외에도 카메라 맨, 기술 스태프, 음악과 음향 담당 스태프, 세트나 소도구 등을 담당하는 미술 담당 스태프 등 각 분야의 스태프들이 참여한다. 따라서 담당 PD는 녹화 전 스태프 회의를 통해 각 부문의 진행 및 준비 상황을 최종적으로 점검하고, 예상되는 문제 상황을 체크한다. 이 스태프 회의는 준비 상황에 대한 점검이라는 의미도 있지만 팀워크를 다지는 역할을 하며, 특히 생방송의 경우 각 부문 스태프 간의 호흡이 맞아야만 실수 없이 방송을 진행할 수 있다.

(5) 행정 지원 관련 사전 준비

PD는 방송 프로그램이라는 소프트웨어를 제작하는 동시에 프로그램 제작에 필요한 각 부문에 대한 지원을 요청해야 하는 업무도 수행하고 있다.

(6) 제작 기획서 작성

기획 및 구성 단계를 거쳐 프로그램의 포맷과 내용, 출연자 등이 결정되면, 담당 PD는 프로그램 제작에 소요되는 예산 배정을 위해 제작 기획서를 작성하게 된다. 이 제작 기획서가 방송사 내부의 결재 과정을 거쳐 승인되어야만 제작이 본격화되며, 드라마의 경우는 제작 기획서에 시놉시스(synopsis)라고 하는 대본의 줄거리를 첨부하는 것이 보통이다.

(7) 카메라 및 시설 배정

프로그램 제작을 위해 담당 PD는 제작 일정과 촬영 분량을 고려해 카메라 및 스튜디오, 편집실, 더빙실, 효과 작업을 위한 종합 편집실 등의 시설 배정을 의뢰해야 한다.

(8) 미술 발주

프로그램의 녹화를 위해서는 또 스튜디오의 세트와 촬영에 필요한 소도구 등을 의뢰해야 한다. 세트의 경우에는 담당 PD가 세트 디자이너에게 프로그램의 제작 방향과 출연자 규모, 진행 방식 등을 설명하면 세트 디자이너가 이를 참조, 먼저 기본 도면을 완성한 후 다시 협의를 거쳐 완성하게 된다.

(9) 방청객 섭외

프로그램의 형식에 따라 방청객이 있는 경우와 없는 경우로 나뉘나 공개 오락 프로그램이나 토론 프로그램의 경우 방청객도 출연자 못지않게 중요한 역할을 하고 있다. 따라서 담당 PD는 프로그램의 성격과 세트의 규모에 따라 방청객의 성향

[그림 6-4] 방청객
출처: MBC 〈100분 토론〉 홈페이지 (400회 특집).

과 수를 결정하게 되는데 최근엔 별도의 이벤트 회사들이 단체로 방청객을 공급해 주고 있어 방청객 섭외가 한결 수월해졌다.

5) 리허설 단계

실제 녹화 상태대로 세트와 조명, 카메라 등을 설정해놓은 상태에서 출연자와 스태프들이 최종 연습을 하는 단계로 이때 카메라 샷(shot)과 세트, 의상, 조명, 음악, 비디오 인서트 등을 총 점검하게 된다. 리허설은 보통 녹화 1-2시간 전에 이루어지는 것이 보통이며, 시간의 제한을 받기 때문에 담당 PD는 사전에 시간 활용 계획을 치밀하게 세워야 한다.

(1) 드라이 리허설 (Dry Rehearsal)

카메라를 사용하지 않고 출연자도 의상이나 분장을 갖추지 않은 상태에서 출연자의 동선과 카메라 배치를 설명하고 점검하는 단계이다.

(2) 카메라 리허설 (Camera Rehearsal)

카메라, 마이크, 음향 등 스튜디오 설비를 모두 갖춰놓고 본 프로그램의 전체 진행을 해보는 순서이다. 이때 연출자는 부조에서 모니터를 보면서 기술 감독 등 스태프들과 함께 기술적인 문제를 점검해나가는 한편 MC 등 출연자들의 연기도 점검한다.

(3) 드레스 리허설(Dress Rehearsal)

음악과 조명, 인서트플레이 등 모든 제작 요소를 갖춰놓고, 출연자들도 분장과 의상을 모두 갖춘 상태에서 실제 녹화 때와 똑같이 해보는 단계이다.

모든 프로그램에서 3단계의 리허설이 필요한 것은 아니며, 스튜디오 구성 프로그램의 경우, 시작(opening)과 끝(ending), 주요한 중간 부분만을 리허설하기도 하는데 특히 생방송 프로그램과 많은 출연자가 동원되는 드라마의 경우 원활한 진행을 위해서 리허설이 필수적이라고 할 수 있다.

6) 촬영 및 녹화 단계

촬영은 슈팅(shooting)이라고 불리는데 크게 ENG나 중계차를 동원한 야외 촬영과 스튜디오 녹화 단계로 나눌 수 있다. 다큐멘터리나 일부 드라마는 보통 야외 촬영과 편집으로 프로그램 제작이 종료되지만, 스튜디오 녹화가 별도로 필요한 경우 연출자는 스튜디오 녹화 전에 삽입될 야외 촬영분의 편집과 내레이션 녹음을 완성해 준비해야 한다. 구체적인 촬영 방식은 다음과 같다.

(1) live on tape

제작이 멈춤 없이 계속되며 불가피한 경우에만 편집을 하게 되는데 뉴스, 교양, 공개 오락 등의 생방송과 녹화에서 주로 사용된다.

[그림 6-5] 야외 촬영
출처: SBS 〈일지매〉 홈페이지.

(2) taped in segment

프로그램의 여러 장면을 분리 녹화해 사후에 종합 편집을 하는 방식으로 제작상 효율적이어서 가장 많이 쓰이며, 드라마나 다큐멘터리 등이 주로 이 방식으로 촬영된다.

(3) single camera

여러 대의 카메라를 사용하되 각 장면마다 한 대의 카메라로 따로 촬영해 사후 편집 처리한다.

(4) multiple camera with VTR

같은 장면을 각각 위치가 다른 카메라로 수록해 다양한 화면 효과를 연출하는 방식으로 주로 스포츠 중계 방송 등에 쓰인다.

7) 편집 및 완제품 제작 단계

이것은 촬영된 많은 양의 테이프를 담당 PD와 작가가 프리뷰한 다음 보다 극적인 효과를 낼 수 있도록 각 커트와 시퀀스를 적절히 삭제, 축소, 보완하는 편집 단계와 편집된 영상물에 그래픽, 자막, 음악, 음향, 영상 효과 등을 넣고 내레이션을 넣어 시청자가 안방에서 보게 되는 최종 완제품을 제작하는 단계로 이루어진다.

최근에는 촬영 이후의 이 사후 제작 단계가 중요시되는 경향인데, 이는 연출자가 전문적인 시각을 가지고 최상의 영상을 골라 구성함으로써 보다 심미적이고 창조적인 구성을 가능하게 해, 프로그램의 완성도를 높여주는 단계이기 때문이다.

(1) 편집

전체 촬영된 테이프를 일일이 프리뷰해 최상의 영상을 골라 다시 한 번 순서와 논리 등을 재배치하는 단계로, 편집이 완성되면 작가는 내레이션은 대본 작업을 하게 되며, 담당 PD는 완제품 제작에 필요한 자막과 그래픽, 음악과 음향 효과 등을 의뢰하게 된다.

(2) 완제품 제작

최종 편집된 영상물에 극적인 효과를 내기 위해 내레이션과 자막, 음악 등을 삽

[그림 6-6] 종합 편집실

입하고 화면 효과 등을 입히는 작업으로 프로그램의 최종 포장 단계라고 할 수 있다. 이는 첨단 장비와 기술 스태프를 갖춘 종합 편집실에서 이루어진다.

더 생각해볼 문제

1. 미디어 환경이 변화하면서 짧은 동영상을 중심으로 다양한 영상 콘텐츠가 제작되고 있고 프로그램의 개념도 변하고 있다. 새로운 유형의 프로그램과 드라마, 오락, 교양 등 기존 프로그램 유형을 제작 방식의 측면에서 논의해보자.
2. 디지털 미디어 환경의 도래로 인해 다양한 프로그램이 제작되고 시청자의 선택을 받기 위한 경쟁이 심화되고 있다. 다미디어 시대에 시청자들의 선택을 받기 위한 가장 중요한 콘텐츠의 구성 요소는 무엇일지 생각해보자.
3. 새로운 콘텐츠를 포함하는 방송 프로그램의 유형 분류 체계에 대해 논의해보자.

제7장

방송 비평

1. 방송 비평의 중요성

대중 매체 중심의 대중문화가 우리의 주류 문화로 자리 잡은 것은 이미 오래된 일이다. 특히 텔레비전은 우리 일상생활 속에서 가장 친밀한 매체이자 여가 수단이 되었다. 현대인은 텔레비전을 가정의 필수품으로 생각하고 있으며, 하루의 많은 시간을 텔레비전 시청에 소비하고 있다.

그러나 텔레비전이 우리 생활에서 차지하는 위상이 높음에도 불구하고 일반적으로 방송은 진지한 대상으로 생각되지 않았다. 일반 시청자들은 방송을 단순한 오락거리로 여겨왔고, 방송인들도 시청자를 단순히 시청률에 근거해 맹목적으로 오락거리를 좇는 집단으로 평가하는 것이 일반적이었다. 또 기존의 텔레비전 비평은 폭력성, 선정성 등을 모니터하는 것에 기초해 어린이와 청소년에게 악영향을 미친다는 등의 윤리적인 수준에서의 논의에 머물러왔다. 하지만 텔레비전이 우리의 생활에서 차지하는 비중을 생각해본다면 텔레비전이 우리의 삶에서 어떠한 의미가 있는지, 우리는 텔레비전에 대해 어떻게 반응해왔는지, 텔레비전을 어떻게 읽고 수용해야 바람직한지에 관해 진지하게 논의해야 한다(김훈순, 1999). 즉, 방송 프로그램과 시청자에 대한 인식을 좀 더 사회적 · 정치적 · 학문적인 관심의 대상으로 확장해 평가해야 하는 것이다. 이러한 비판적 논의를 위해서는 방송 비평의 역할이 매우 중요하다.

2. 방송 비평의 개념

방송 비평이라는 용어는 일반적으로 텔레비전이라는 매체 내의 프로그램들을 대상으로 하는 비평을 지칭하는 한정적 의미를 가질 뿐 여기서 의미하는 비평은 기존의 문학, 연극, 음악, 미술 등 문예 비평에서 사용되는 개념과 본질적으로 다르지 않다(김훈순, 1999).

비평(criticism)이란 어원으로 보면 분석한다는 것(to analyze)과 판단한다는 것(to judge)을 의미한다. 미학자 비어즐리(Monroe C. Beardsley)는 비평이란 “예술 작품에 대한 비판적 진술”이라고 정의했다(Beardsley, 1981). 비판적 진술이란 작품에 대한 단순한 비판을 의미하는 것이 아니라 작품의 긍정적 · 부정적인 측면에 대한 비판을 포괄하는 ‘창조적인 비평’을 의미한다. 정당한 비평은 작품의 결점을 지적하는데 그치지 않고 왜 그 요소가 결점이 되는지, 왜 수정되어야 하는지까지 제안한다. 이는 민감한 가치가 내재된 메시지를 제공함으로써 새로운 방향을 제안할 수 있고 나아가 광범위한 인식 체계의 변화를 제안할 수 있음을 뜻한다.

미디어 비평은 독자의 이해를 돕고 매체 발전에도 기여할 수 있기 때문에 체계적이고 설득력 있는 비평이 필요하다. 이를 위해 비어즐리(Monroe C. Beardsley)는 다음과 같은 비평의 세 단계를 갖추어야 한다고 지적했다.

첫째, 작품의 특성을 기술하는 비판적 기술(critical description) 단계이다. 방송 비평의 경우 방송 프로그램의 줄거리, 등장 인물의 특성, 시대적 배경 등을 요약적으로 잘 기술하는 것을 의미한다.

둘째, 작품의 의미를 밝히는 비판적 해석(critical interpretation) 단계이다. 비판적 기술을 통해 제시한 외연적 설명들이 작품 내에서 구체적으로 어떤 의미를 가지는지, 다시 말해 텍스트 속에서 의미하는 내연적 의미가 무엇인지 의미 관계를 해석해내는 작업이다.

셋째, 기술과 해석을 바탕으로 작품에 대한 가치 평가를 하는 비판적 평가(critical evaluation) 단계이다. 여기서는 앞서 내린 기술과 해석을 바탕으로 작품에 대한 가치 평가가 이루어진다. 가치 평가란 평가자가 내리는 '좋다/나쁘다', '긍정적이다/부정적이다', '적절하다/부적절하다' 등의 가치 판단을 의미한다. 이러한 가치 평가는 반드시 앞의 비판적 기술과 비판적 해석의 두 가지 단계를 거치면서 타당한 근거를 바탕으로 이루어져야 한다.

예를 들어 김수현 작가의 작품인 〈엄마가 뿔났다〉의 경우 극중 엄마(김혜자 역)가 일시적으로 가출을 하는 장면이 있다. 여기서 '엄마의 가출'이라는 에피소드를 설명하고 이와 관련된 가족 구성원의 관계나 특성, 가족 배경 등 극의 표면에 드러나는 부분을 간추려 언급하는 것은 비판적 기술이 된다. 이러한 기술적 내용을 바탕으로 엄마의 가출을 한국의 가부장적 가정 내에서 억압받아오던 어머니들의 욕구 분출이라는 것과 연결함으로써 내재적 의미를 분석하는 것은 비판적 해석이 된다. 또한 가부장제 어머니들이 관습을 파괴하며 새로운 행동을 시도한 것이 현 사회상을 적절히 반영해 표현한 것인지, 또는 지나치게 파격적인 내용 제시를 통해 오히려 우리 사회에 부정적인 영향을 준 것은 아닌지 등을 다양한 논거를 통해 평가하는 것은 비판적 평가라고 볼 수 있다.

〈방송 비평의 사례〉

[미디어 비평] 가족 드라마 '엄마' 고정관념 바꾸자

윤정주 (한국 여성민우회 미디어운동본부 사무국장)

[그림 7-1] KBS 주말 드라마 〈엄마가 뿔났다〉

출처: KBS2 〈엄마가 뿔났다〉 홈페이지

드라마 속 엄마의 휴가 논쟁
여성의 희생 직시하게 만들어

여성의 희생에 정면으로 반기를 든 드라마가 있다. 바로 '엄마의 휴가'에 대한 논쟁으로 한국 사회를 뜨겁게 달구었던 KBS 2TV 주말 드라마 〈엄마가 뿔났다〉이다.

이 드라마의 주인공인 엄마 김한자(김혜자)는 40년간 묵묵히 가족에게 자신을 희생한 인물. 60세가 넘은 지금까지 80세가 넘은 시아버지를 모시고 남편과 자식 뒷바라지를 해오고 있다. 그러다가 어느 날 자신에게 뭔가 빠져 있다는 것을 깨닫고 가족에게 1년간의 휴가를 선언한다.

그러나 가족 누구도 선뜻 '엄마의 휴가'를 인정하려 하지 않는다. '엄마'는 '엄마'이고 지금까지 엄마가 해온 일들은 가족을 위해 '당연히 해야 할 일'이라는 것이 이들의 생각이다. 이는 아마도 우리 모두의 생각일지도 모른다. 지금까지 엄마인 여성이 해온 일이 그의 '희생'이라는 것을 우리는 알면서도 애써 외면해온 것이 사실이다.

결국 이러한 현실을 뒤집은 시아버지의 결단으로 김한자는 1년간 오피스텔을 얻어 독립에 성공한다. 그곳에서 그는 살면서 정말 하고 싶었던 소설책 읽기, 심야 영화 보기, 컴퓨터 배우기 등을 하며 자유를 만끽한다.

〈엄마가 뿔났다〉는 여성, 특히 '엄마'의 희생을 전면으로 다루며 다른 가족으로 해금 이를 직시하게 만들었다는 점에서 고무적이다. 또한 이러한 것이 그저 드라마에서만 그치는 것이 아니라 사회 전반에 논쟁을 불러일으켜 이 문제를 현실의 가족들이 함께 생각해볼 수 있게 만든 점에서 매우 긍정적인 평가를 내릴 수 있다.

……(중략)……

하지만 이제 바뀌어야 한다. 더 이상 여성의 희생이 가족의 행복에 바탕이 되어서는 안 되기 때문이다. 앞서 언급한 것처럼 여성의 '희생'에 대한 진일보한 시각이 담긴 〈엄마가 뿔났다〉라는 드라마를 계기로 드라마 속 '엄마'의 스테레오 타입화된 모습이 바뀌길 기대해본다.

출처: 『여성신문』, 997호, 2008년 9월 12일 中 '미디어비평'.

3. 방송 비평의 목적과 기능

1) 방송 비평의 목적

좋은 비평은 우리가 생각하고, 느끼고, 반응할 수 있도록 정보를 제공하고 해석하며 사람들이 미처 생각하지 못했던 점들에 대해 의문을 갖게 하는 것이다. 이러한 좋은 비평일수록 이념과 견해를 상호 교환하도록 해 논쟁의 시작점을 제공한다. 따라서 건전한 방송 비평은 다음의 세 가지 목적을 달성하고자 한다(Vande Berg & Wenner, 1991).

첫째, 전문적인 비평을 통해 방송 환경에 대한 비판적 분위기를 조성하고자 한다. 텔레비전이 우리의 일상에서 중요한 위치를 차지함에도 불구하고 진지하게 받아들이지 않는 풍토를 바꾸어 시청자에게 방송을 좀 더 진지하게 받아들일 수 있는 환경을 만들어줌으로써 방송을 주체적으로 받아들이는 분위기를 조성한다.

둘째, 방송 비평을 통해 방송의 중요성을 환기시키고 텔레비전 매체와 텔레비전 비평 자체를 지지하고 정당화시킨다. 방송 비평은 방송의 중요성을 환기시켜주고 방송의 중요성은 또한 방송 비평의 당위성을 제공해주는 상호 호환적인 관계를 구축할 수 있다.

셋째, 다양한 시청자에게 비평의 기준점을 제공해준다. 방송 비평은 시청자에게 비평을 하는 방법과 비평의 목표, 기준을 알게 하는 도구적 역할을 수행한다. 즉, 전문적인 비평을 접함으로써 시청자가 비평의 전반적인 형식, 비판의 근거, 비판의 전개 방식을 습득해 나름대로의 체계적인 시각으로 스스로 비평할 수 있게끔 도와주는 역할을 한다.

2) 방송 비평의 기능

방송 비평은 프로그램 속에 들어 있는 형식과 주장, 역사적 · 심미적 내용 등을 설명해줌으로써 수용자들이 미디어를 소비하는 데 새로운 지평을 열어줄 수 있어야 한다. 오릭(P. Orlick)은 방송 비평의 기능과 과정에 대해 누가 무엇을 어떤 채널을 통해 누구에게 전달해 어떤 효과를 거두는가의 과정으로 설명한다(Orlick, 1994). 즉, 방송 제작자가 만든 프로그램(originator)을 체계적으로 검토하고, 프로그램이 전달하는 메시지(message)를 해석하며, 전달 매체(medium)에 적합하도록 내용과 편집이 되어 있는지 살펴봄으로써, 수용자(receiver)들에게 쟁점이 되는 사안이 무엇인지를 충분히 이해할 수 있도록 올바른 정보를 전달하는 데 기여해야 한다는 것이다.

이러한 방송 비평의 역할을 논의하면서 여러 학자들은 다양한 관점에서 방송 비평의 기능을 제기한다(최창섭, 1986; 강준만, 1989; Orlick, 1994; Vande Berg & Wenner, 1991; 김훈순, 1990: 20). 그러나 대부분의 주요 논의에서 방송 정보의 전달 기능, 시청

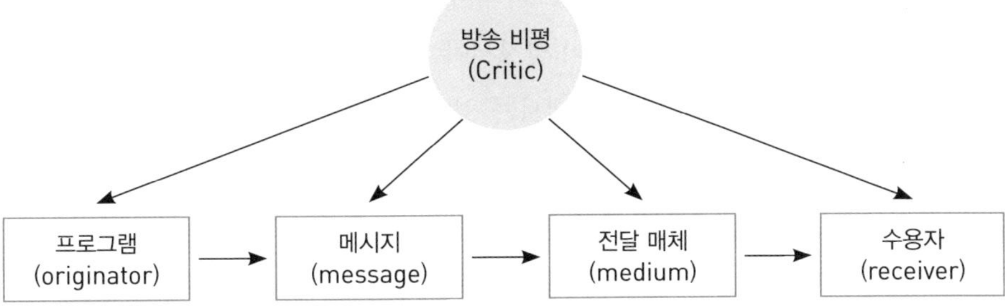

[그림 7-2] 방송 비평 기능과 과정

자 교육 기능, 시청자를 위한 오락 기능, 방송의 감시 기능 등을 방송 비평의 주요 기능으로 요약하고 있다.

첫째, 방송 정보의 전달 기능이란 방송 비평이 가져야 할 최소한의 기능이라 할 수 있다. 시청자에게 프로그램 내용에 대해 상세하게 해석해주거나 방송 정책에 대해 평가해주고 방송의 사회적 역할과 기능에 대해 설명함으로써 방송 내용에 대한 해설자의 역할을 수행해야 한다.

둘째, 시청자 교육 기능은 TAT(Television Awareness Training) 운동과 맥을 같이하는 기능이다. 다양한 비평을 통해 방송에 대한 여러 가지 시각을 제시함으로써 일반 시청자들이 방송 프로그램을 단순히 시청하는 것이 아니라 역사적 · 정치적 · 경제적 · 문화적 맥락을 고려해 비판할 수 있도록 교육하는 역할을 해야 한다.

셋째, 시청자를 위한 오락 기능이란 비평 자체가 수용자에게 재미를 줄 수 있게 만들어야 한다는 것이다. 방송 프로그램은 표면적인 전달 내용만 시청하는 것보다 그 안에 내재되어 있는 내연적 의미를 이해하고 시청하는 것이 더 많은 재미를 느끼게 한다. 따라서 방송 비평은 시청자들이 다양한 시각을 가지고 여러 가지 사고를 할 수 있도록 가이드해 시청자의 보는 즐거움을 풍성하게 해주는 역할을 해야 한다.

넷째, 방송의 감시 기능은 방송 비평이 존재해야 할 목적이기도 하다. '선출되지 않은 권력'이라고 할 만큼 미디어의 사회적 · 정치적 영향력은 막강하다. 지나친 상업주의, 정치적 편향성, 명예 훼손과 프라이버시 침해, 그 밖에 미디어의 비윤리적 측면을 감시하고 고발하는 데 비평이 앞장서야 한다.

이 밖에도 방송 비평은 현실 생활에서는 실제로 행할 수 없는 일을 대리 만족시켜주는 카타르시스 기능, 홍보 기능, 방송 제작진에 대한 압력 기능, 방송계에 대한 의제 설정 기능, 방송 규제 기관에 대한 압력 기능을 수행하기도 한다.

따라서 방송 비평은 궁극적으로 방송에 대한 비판적 · 이론적 · 방법론적 통찰을 자극하고 사회문화적 담론의 변화를 추진할 수 있는 초석이 된다. 이는 방송의 편견과 관습을 비판하고 바람직한 방향으로 이끄는 힘(power)을 증진시키는 일이라 하겠다.

4. 방송 비평의 분류

방송 비평은 누가 무엇을 대상으로 어떤 목적을 가지고 비평을 하는가에 따라 여러 가지로 분류할 수 있다. 원용진(2000)은 방송 비평이 단지 프로그램 만을 비평하는 것이 아니라, 텔레비전 산업, 제도, 방송 조직, 방송 수용자 등 방송과 관계된 여러 대상을 분석 대상으로 비평할 수 있다고 설명했다.

방송 비평은 그 특성에 의해 저널리즘 비평(journalism critic)과 학술 비평(academic critic)으로 구분된다(Newcomb, 1986; Vande Berg & Wenner, 1991; 김훈순, 1999). 이 두 가지 비평의 가장 큰 차이는 그 존재 이유에 있다.

저널리즘 비평은 일간지, 주간지, 월간지와 같은 주로 상업적인 인쇄 매체에 게재되기 때문에 가능한 한 다수의 관심을 끌어 이윤을 내야 하는 목적에 영향을 받을 수 있다. 따라서 비평 기준을 심층적이고 통찰력 있는 비평보다 오락적 가치에 중점을 둔다. 저널리즘 비평은 대중에게 영화나 텔레비전 프로그램을 감상할 것인지 말 것인지 판단할 기준을 제공하기 위해 작품의 질을 논한다. 다시 말하면 그 프로그램이 저급한지, 지루한지, 또는 비윤리적인지를 경고하거나, 오락적 가치를

〈표 7-1〉 방송 비평의 분류

분류 기준	종류
비평 대상	프로그램(텍스트) 비평, 산업 비평, 법제 비평, 정책 비평, 역사 비평, 조직 비평, 수용자 비평
발표 방식	단평, 리뷰, 학술 비평, 전문 비평
비평 방식	이론 비평, 실제 비평, 창조 비평
비평 기준	신화 비평, 페미니즘 비평, 사회 규범 비평
비평 주체	저널리즘 비평, 시청자 비평, 전문가 비평, 모니터링

출처: 원용진(2000), 『텔레비전 비평론』, 60쪽.

가진 작품을 권하고자 하는 의도로 작품의 장점을 확인한다. 따라서 저널리즘 비평은 주로 현재 방영되거나 곧 방영될 텔레비전 프로그램이나 영화를 대상으로 하는 시의성을 갖는다. 비평을 쓰는 스타일에서도 더 많은 사람의 관심을 끄는 주제를 선정해야 하고, 가벼운 스타일의 글쓰기를 사용해야 한다. 또한 비평 용어도 상식 수준의 평이한 단어를 선택해야 한다. 게재되는 지면의 크기도 저널리즘 비평의 경우 일간지의 제한된 지면을 활용해야 하기 때문에 원고지 7~10매 내외에 한정된다.

반면 학술 비평은 비영리적인 전문지, 학술지에 실리는 경우가 많기 때문에, 방송에 대한 비판적 · 이론적 · 방법론적인 통찰을 자극하려는 목적을 가지고 작품의 질을 논함으로써 프로그램의 내용을 미학적 · 사회적 · 문화적 · 역사적 현상으로 규명하고자 한다. 학술 비평은 저널리즘 비평에 비해 시의성이 덜 요구된다. 왜냐하면 학술 비평은 실용적인 시청 안내보다는 텔레비전에 대한 이해와 통찰, 지식을 생산하는 데 관심이 있기 때문에 대중성이 없는 프로그램이나 과거의 프로그램 등도 비평의 대상에 포함시킨다. 또한, 학술 비평은 논리적인 전개를 제공해야 하기 때문에 논문 형식과 문체를 사용하고, 논증과 해설 및 평가까지 제공해야 하므로 지면의 제한을 받지 않고 매우 길어질 수 있다.

그러나 이러한 차이는 학술 비평이 저널리즘 비평보다 우수하거나 또는 그 반대

〈표 7-2〉 저널리즘 비평과 학술 비평의 차이점

	저널리즘 비평	학술 비평
목적	최대 이윤	비영리
초점	작품에 대한 표현적 · 기능적 가치	작품에 대한 이론적 · 방법론적 가치
게재지	일간지, 주간지, 월간지	학술지, 전문지
대상	일반 시청자 대중	학생, 학자, 학계
시의성	시의성 있는 작품	시의성 구애 받지 않음
글쓰기	일반인의 관심을 위한 가벼운 글쓰기 오락적 기능 중시	논문 형식 글쓰기 정보 전달, 분석 중시

의 경우를 의미하지는 않는다. 학술 비평은 밝혀낸 지식과 통찰을 토대로 저널리즘 비평의 전문화에 기여할 수 있고, 저널리즘 비평은 대중의 실제 비평과 더불어 전문 비평에 자극제로 작용할 수 있다는 점에서 의의를 갖기 때문이다. 다만 이러한 차이는 비평의 종류에 따라 글쓰기의 양식과 스타일, 지면의 길이, 그리고 목적이 달라지기 때문에 중요한 사항이다.

〈학술 비평의 사례〉

한국에서 일본 드라마를 보고 즐긴다는 것:
<쇼무니>에서의 판타지와 이질감

이재현 (문화평론가)

……(전략)…… 그런데 일본 드라마(이하 일드)를 보는 것은 이와는 아주 다른 상황이 벌어지게 됨을 뜻한다. 대개 드라마는 공중파를 통해 보는데, 공중파 드라마는 보는 데는 돈이 들지 않고 TV가 있는 곳이면 어디에서든지 볼 수 있으며, 시청률이 아주 높은 경우 처음 만나는 사람과도 잡담의 소재로 삼을 수 있다. 반면에, 아직 일드

[그림 7-3] 일본 드라마 〈쇼무니〉

는 한국의 공중파에서 방영되지 않고 있으므로 사정이 다르다. 일드라는 넷(net)상의 약칭이 함축하고 있듯이, 일드를 본다는 것은 상대적으로 작은 규모의 문화 수용자 집단에 속하게 되는 일이다. 즉, 수용의 문체나 문화적 아비투스라는 점에서는 일상적으로 불법을 자행할 정도로, 더 열렬하고 충성스러운 문화적 실천을 하게 된다는 뜻이다. 문화연구의 관점에서 말한다면, 하위문화라든가 팬덤(fandom)의 개념으로 더 잘 설명할 수 있는 문화적 현상이라고 할 수 있다.

……(중략)…… 드라마 제목 '쇼무니'는 '서무이(庶務二)'를 일본어로 음독한 것인데, 이것을 틀어준 한국의 케이블 TV 채널에서는 〈파워 오피스걸〉이란 제목으로 방영했다. 만화가 원작인 드라마 〈쇼무니〉는 제목 그대로 '서무2과'에 근무하는 OL 6명이 주인공인 코미디 드라마다. 일본 후지TV에서 제작해서 후지TV와 그 계열사에서 방영한 이 드라마는 한국에서는 2004년 무렵에 '스카이라이프'의 '채널M'에서, 그리고 2005년에 케이블 채널인 '시네마TV'에서 방영되었다. ……(중략)…… 〈쇼무니〉의 가장 큰 재미는 등장인물의 전형성에서부터 나온다. 이러한 재미에 관해서는 한국·대만·홍콩·싱가포르의 시청자들이 국경을 넘어 이구동성으로 지적하고 있는데, 이에 관한 더 치밀하고 본격적인 비교 연구는 해당 전문가에게 맡기기로 하자. 다만, 내 자신의 개인적인 느낌에 주로 기대서 말한다면, 〈쇼무니〉가 주는 재미의 상당 부분은 6명의 주인공 가운데 극중 츠보이 치나츠(坪井千夏) 역을 맡은 에스미 마키코(江角マキコ)로부터 나온다. 1966년생인 에스미 마키코는 시마네(島根)현 출신으로 키 170센티미터의 탤런트이자 영화배우다. 고등학교 때 장래 희망이 체육교사였다고 할 정

도로 체격이 좋고 늘씬하다. 본래 담배회사 JT의 배구 선수였지만, 부상으로 곧바로 은퇴해 모델업에 투신했고, 1995년의 영화 〈환상의 빛〉에 주연으로 데뷔한 이래 여배우로서 활동하기 시작해 탤런트, CM 모델로도 활약하고 있으며, 2003년에는 〈쇼무니〉의 연출자 중 한 명과 재혼해 아이를 낳았다. 같은 해에 일본의 사회보험청은 국민연금 보험료의 수납률을 높이기 위해 에스미를 광고 모델로 캐스팅했는데, 정작 본인이 보험료를 납부하지 않은 것으로 밝혀져 파문이 크게 일었고, 이에 2004년에 기자회견을 열어 사과하고 모델 계약료를 반납한 적이 있다. 이 모든 것들이 일본 연예계에서는 큰 뉴스거리였다.……(중략)……

그러니까 지금 일드를 즐기기 위해서는, 혹은 일드를 소비함으로써 바로 그 일드의 허구적이고도 판타스틱한 세계에 몰입하면서 낭만주의적으로 '불신의 의도적 멈춤'을 수행하기 위해서는, 자본주의적 소유권의 일종인 저작권을 일상적으로 침탈해야 한다. 대다수 일드 마니아들은 그 침탈에 대해 어떤 '형사적' 죄책감이나 죄의식도 거의 느끼지 않는다. 일본에서 공중파를 통해 방영되는 드라마를 한국에서 보고 즐길 수 있기 위해서는 이러한 경로를 반드시 통과해야만 하는 것이다. 이것은 참으로 묘한 일이다. 나에게 있어 이러한 사실의 확인은, 영어 자막이 깔린 일드를 보는 사이사이에 일본 TV CF, 그러니까 일본식 용어로는 CM을 본다는 것만큼이나 이질적이고 새로운 경험이었다. 이렇게 잠정적으로 이질적인 방식으로 수행되는 드라마 시청에서의 독특한 문화적 아비투스가 앞으로 어떻게 변화해가는가를 추적하는 것은 매우 흥미로운 일임에 틀림없다. 일본 드라마가 거리낌 없이 한국의 공중파에서 방영되는 날이 오면 우리는 지금과는 다른 전혀 새로운 문화적 체험을 하게 될 것이기 때문이다.

출처: 『프로그램/텍스트』, 2005년, 12호.

5. 방송 비평의 실제

텔레비전 프로그램의 장르는 일정한 방식으로 제작하는 관습이 정형화된 것으로 방송에서는 프로그램 유형으로 분류되기도 한다. 드라마, 뉴스, 오락, 다큐멘터리, 토론/대담 등의 방송 프로그램은 다른 프로그램 유형과는 구별되는 특정의 형식과 내용으로 제작되기 때문에 제작자에게는 제작의 편의성을 제공하고 시청자들에게는 프로그램에 대한 기대치를 갖게 해준다. 그렇기 때문에 프로그램 장르에 따라 프로그램의 제작 목적, 기획 의도, 목표 수용자, 제작 방식도 달라지므로 해당 프로그램에 대한 방송 비평의 기준도 달라져야 한다. 원용진(2000)은 장르 비평이란 특정 장르에서 반복되는 전통, 관습, 요소 등을 분석할 뿐만 아니라 장르의 형성과 프로그램 장르에 따른 기능 등 보다 넓은 컨텍스트에서 비평이 진행되어야 한다고 설명한다. 예를 들어 토론 프로그램에서 유익성은 교육적인 측면과 정보제공 측면에서 평가할 수 있으나, 오락 프로그램의 유익성은 흥미와 오락성 측면으로 평가하게 된다. 즉 프로그램 장르에 따라 평가 개념과 적용 방식이 달라질 수밖에 없다.

다음에서는 각기 다른 유형의 프로그램이 어떤 기준에서 어떻게 비평되고 있는지 방송 비평의 실제를 살펴보도록 하겠다.

1) 보도 프로그램

대부분의 시청자는 보도 프로그램이 사실만을 보여준다고 굳게 믿는다. 또한 극적인 요소나 현실을 재창조하기 위한 연출이 전혀 가해지지 않는 프로그램으로 여긴다. 왜냐하면 현장을 직접 보여주거나 현장을 배경으로 기자가 보도 내용을 직접 전하는 현장성이 강하기 때문이다. 시청자는 텔레비전을 통해 눈과 귀로 현장을 확인하기 때문에 보도 프로그램의 내용은 다른 프로그램과 비교해 절대적인 신뢰를 얻는다. 따라서 보도 프로그램의 비평은 이들 프로그램이 사실을 왜곡하거나

〈보도 프로그램 비평의 사례〉

초접전 선거, 언론은 심판이 아니라 선수로 뛰었다

정상근 (『미디어 오늘』 기자)

13일로 길고 긴 총선 레이스가 막을 내렸다. 박근혜 대통령의 선거 개입 논란, 새누리당 친박계의 공천 학살, 더불어민주당 김종인 비대위원장을 둘러싼 논란, 국민의당의 탄생과 전국적 야권연대 불발 등 어느 때보다 많은 뉴스가 쏟아진 총선이었다.

(중략)

의도된 침묵 그리고 유권자들의 외면

박근혜 대통령은 이번 선거 내내 선거 개입 논란을 일으켰다. 지난해 11월10일부터 "진실한 사람들만이 선택받을 수 있도록 해주시길 부탁드린다"며 이른바 '진박'이란 단어를 만들어내더니, 유승민 무소속 후보 공천 탈락 여부가 주목된 시점엔 대구를 방문했다. 또한 사전투표가 시작된 지난 8일 박 대통령은 아예 빨간 옷을 입고 접전지를 방문했다.

(중략)

한국방송학회가 분석한 '20대 총선 관련 방송 보도 분석과 평가 연구 중간결과 보고서'에 따르면, 지상파 3사 및 종편 4사의 메인 뉴스를 분석한 결과 정당 내부 갈등에 대한 보도가 총 77.9%로 압도적이었다. 반면 후보자들에 대한 보도는 9.1%, 유권자들에 대한 보도는 8%, 판세 보도는 5.4% 순이었다. 전체 보도 중 후보들의 공약과 정책을 비교하거나 분석한 보도는 5.37%에 불과했다.

언론계 시민 · 사회단체들로 구성된 총선보도감시연대에 따르면 3월31일부터 4월 6일까지 공약 관련 보도는 KBS가 6건으로 전체 총선 관련 보도의 12.9%에 머물렀다. 그나마 KBS가 가장 높은 편으로 MBC는 4건(9.8%), SBS는 4건(8.2%), JTBC는 5건(6.7%), TV조선 3건(3.4%), 채널A 3건(3.4%), MBN 1건(1.1%) 뿐이었다.

교묘한 왜곡과 편파

(중략)

4월 1일에도 MBC는 새누리당 선거 유세를 보도한 데 이어 야당의 선거 유세도 보도했다. 그런데, 새누리당의 경우 5대 경기도 공약을 제시했다고 보도한 데 비해 야당에 대해서는 더불어민주당과 국민의당의 선거전 충돌 양상을 보도했다. 여권은 갈등이 봉합된 듯하고 야권은 여전히 다투는 듯 보도했다.

출처: 『미디어 오늘』 2016년 4월 13일자 온라인기사.

허위 보도를 하지 않는지, 시청자에게 잘못된 정보를 제공하고 오도하지 않는지 지속적으로 감시해야 한다.

또한 일반적인 뉴스 선택의 기준, 즉 시의성, 근접성, 저명성, 영향성, 흥미성, 희소성이 시청률을 높이기 위한 선정주의의 도구로 사용되지는 않는지도 감시의 대상이 된다. 여기서 시의성이란 가장 최근에 발생한 사건이, 근접성은 심리적 · 지리적으로 가까운 곳에서 벌어진 사건이, 그리고 저명성은 좀 더 대중에게 잘 알려진 유명인과 관련된 사건이 더 뉴스 가치가 높다는 것을 의미한다. 흥미성은 인간의 흥미를 얼마나 끌 수 있는지의 여부로서, 투쟁이나 갈등, 추문, 모험, 동물, 어린이와 관련된 사건들은 더 높은 뉴스 가치를 가진다. 마지막으로 희소성은 가능한 한 드물게 일어나는 일, 평범하지 않은 사건을 의미한다. 그런데 이러한 일반적인 뉴스 선택의 기준은 종종 시청률을 높이기 위한 선정성과 관련되고는 한다. 이런 기준 자체가 부정적인 것은 아니지만, 선정주의로 치닫게 만드는 요인이 되기도 한다.

선정적인 보도의 경우뿐만 아니라 외부 압력에 의해 특정 이익 집단을 대변하는 편파 보도를 하지 않는지, 의도적으로 축소하거나 과장해서 보도하지 않는지도 점검할 필요가 있다. 또한 보도 프로그램 비평은 방송 프로그램을 제작하는 과정 전반을 감시해야 하므로 제작 구조나 제작 인력의 문제로 부정확한 보도가 이루어지지는 않는지도 점검할 필요도 있다.

2) 드라마

드라마는 여타의 프로그램에 비해 가장 허구적인 세계를 다루는 장르이다. 시청자들도 자신의 현실로부터 벗어나기 위해, 또는 허구의 세계를 즐기기 위해 드라마를 시청한다. 따라서 드라마는 다른 장르보다 시청자가 프로그램에 몰입하도록 요구한다. 드라마는 현실성보다는 허구성을, 신뢰성보다는 흥미성을 중심으로 하는 장르이기 때문에 유익성 개념도 보도 프로그램과는 다를 수밖에 없다.

시청자들이 드라마를 보는 가장 큰 동기는 무엇보다도 흥미를 얻기 위해서이다. 따라서 시청률 지상주의가 팽배한 현실 속에서 드라마는 곧잘 선정적이고 말초적인 감각을 자극하는 내용들을 다루기 쉽다. 또 화려한 화면을 보여주기 위해 소비주의를 조장하고 사회에 해악이 되는 행위를 미화할 수도 있다. 이러한 것들은 시청자의 몰입 시청과 드라마의 허구성 때문에, 시청자에게 더 위험한 영향을 미칠 수 있다.

또한 드라마는 동시대의 문화를 반영하고 이에 대해 많은 시청자들이 토론하고 합의점을 찾아내는 공론장(公論場) 역할을 하기 때문에 바람직한 문화를 형성하고 발전시켜 나가는 데 얼마나 긍정적인 기능을 하는가에도 관심을 가져야 한다. 또한 드라마 장르는 여타의 장르에 비해서 가장 예술적 가치를 중시한다는 점을 인식하고 프로그램의 예술성과 작품성에 대한 평가 기준을 마련해 시청자의 취향을 고급화시키고 제작자의 실험적 의지를 뒷받침해야 할 것이다. 드라마는 매우 다양한 차원에서 비평이 이루어진다. 미학적은 측면, 사회 · 문화적 역할의 측면, 오락

〈드라마 비평의 사례〉

<비밀의 문>은 어떻게 역사 왜곡 논란을 넘을까

박정선 (OSEN 기자)

[그림 7-4] SBS 드라마 〈비밀의 문〉

출처: SBS 〈비밀의 문〉 홈페이지.

[OSEN=박정선의 티키타카] SBS 새 월화드라마 〈비밀의 문〉이 지난 22일 첫 선을 보였다. 온통 배우들에 대한 호평 일색인 이 드라마는 아직 역사 왜곡 논란이라는 묵직한 과제를 풀지 못한 상황이다.

〈비밀의 문〉은 강력한 왕권을 지향하는 영조와 백성들을 위한 공평한 세상을 꿈꾸는 세자 이선의 갈등 이야기에 궁중 미스터리라는 새로운 옷을 입혀 재해석한 작품이다. 제작진이 제시한 이 드라마에 대한 설명에 중요한 단어가 포함돼 있다. 바로 '재해석'이라는 것. 〈비밀의 문〉은 실존 인물과 실제 역사를 바탕으로 한 팩션 사극이다.

그러나 이러한 전제가 깔려 있음에도 〈비밀의 문〉을 둘러싼 우려는 존재한다. 이는 팩션 사극이 과연 역사를 어디까지 재해석할 수 있는가에 대한 대중의 의견 차이이기도 하다.

〈비밀의 문〉을 향해 역사 왜곡이라는 목소리를 높이는 이들은 두 주인공 중 하나인 사도세자가 기록과는 판이하게 다른 인물로 그려진다는 것에 초점을 맞추고 있다. 극중 사도세자는 긍정적인 인물로 등장한다. 첫 회에서 그는 혈기 왕성한 젊은 정치가로, 왕세자보다는 화원의 옷이 자신과 맞다고 할 정도로 소탈한 삶을 꿈꾼다. 그러나 후세에 남겨진 사도세자에 대한 설명은 이와는 다르다. 그는 아버지 영조의 과도한 기대 속에서 불행한 삶을 살다가 광기에 사로잡혀 많은 사람을 살해한 인물이다. 사도세자의 광기가 〈비밀의 문〉 속에서 차차 등장할지도 모를 일이지만, 기록 속 사도세자가 어린 나이 때부터 이러한 증세를 보여왔다는 것을 감안하면 이조차도 우려되는 부분이다.

(중략)

여기서 시청자들의 의견은 두 가지로 갈린다. 팩션 사극의 재해석으로 가능한 범위 내라는 것과 고증이 충실하지 못한 역사 왜곡이라는 것. 〈비밀의 문〉의 역사 왜곡 논란은 팩션 사극이 가진 재해석의 한계가 어느 위치에 있냐에 따라 달라질 것으로 보인다.

(중략)

호연에 대한 호평은 역사 왜곡 논란까지 이겨낼 수 있을까. 〈비밀의 문〉의 행보에 이목이 집중된다.

출처: OSEN 2014년 9월 23일자 온라인 기사.

과 재미의 측면 등 다양한 시각에서 이루어지기 때문에 드라마 비평은 다른 어느 프로그램보다 활발하게 이루어진다.

이때 방송 비평은 프로그램 내용 면에서 시청자가 감동할 수 있는 드라마를 만들도록 감시하고, 시청자들이 보다 주체적으로 해석하고 수용할 수 있도록 자극을 주는 역할을 해야 한다.

3) 다큐멘터리

다큐넨터리는 '허구(虛構, fiction)'가 아닌 '사실(事實, fact)'을 요소로 한 기록적인 제작 기법의 프로그램이다. 이러한 사실에 대해 깊은 통찰력으로 사실 속에서 진실을 찾아내야 한다. 다큐멘터리의 소재는 실재적인 것이며, 내용은 사회 문제나 유익한 정보 혹은 문화적이거나 교육적인 것을 바탕으로 한다. 그리고 이러한 내용을 다룰 때는 작가의 주제 의식을 바탕으로 사실적이고 진지하며 극화되지 않은 방식으로 촬영해야 한다. 즉, 사실주의 기법의 활용을 통해 사실을 있는 그대로 전달하는 촬영 방식이 선호된다. 이와 더불어 이러한 소재와 내용은 인간의 지식과 이해를 넓히고 제시된 문제의 방향과 해결책을 제시하며 궁극에 가서는 인간의 교정적 행동을 유도하기 위한 목적으로 제작되어야 한다.

TV 다큐멘터리는 내용상으로 뉴스, 사회적 이슈, 인간적 흥미, 자연, 문화, 역사로 나눌 수 있다. 뉴스나 사회적 이슈와 같은 내용은 주로 시사 다큐멘터리에서 많이 볼 수 있고, 인간적 흥미는 휴먼 다큐멘터리에서 주로 다룬다. 또한 자연이나 문화, 역사를 다루는 유형으로 각각 자연 다큐멘터리, 문화 다큐멘터리, 역사 다큐멘터리 등이 있다.

〈다큐멘터리 비평의 사례〉

이들의 이름은 외국인 노동자가 아니라 '아빠'입니다

김교석 (엔터미디어 기자)

'글로벌 아빠 찾아 삼만리', 착하면서도 재밌는 모범생이 나타났다.

[엔터미디어=김교석의 어쩌다 네가] 2015년 방송계 화두 중 한 가지가 장르 간 융합이다. 사실, 지난해부터 두드러진 현상이나 올해 들어 이른바 결합 상품들이 방송가의 주력 상품으로 자리를 확실히 잡았다. 드라마의 스토리라인에 예능의 문법이

더 해지기도 하고, 다큐 제작 방식과 결합한 예능에 드라마의 스토리라인이 추가됐다. 지난 대선 이후 시사와 예능 토크쇼의 결합은 이제 특정 채널의 밥줄이 됐다. 그리고 보다 정교하고 다양한 방향으로 더욱 더 활발하게 새로운 결합과 변화가 일어나고 있다.

이런 관점에서 올해 가을 시작된 EBS 다큐멘터리 〈글로벌 아빠 찾아 삼만리〉는 꽤나 신선하게 다가온다. 가정의 소중함과 정이란 휴머니즘과 외국인 근로자 100만 명 시대에 EBS다운 교훈을 바탕으로 한 다큐멘터리를 로드무비 형식과 결합했다.

(중략)

이런 주제를 다루는 기존 다큐의 경우 한국에 '들어온' 며느리 등 한국 사회가 끌어안아야 하는 사람들에 대한 사회적 책무와 인식에 대해서 고민하게 했다. 그런데 이 프로그램은 생김새와 국적이 다를 뿐 외국인 노동자들도 우리와 다른 남이 아니라 우리와 똑같은 상식과 감정과 책임을 가진 '똑같은 사람'이라는 것을 말한다. 외국인 노동자라고 구분지어 바라보는 그들이 공동체의 위협 요소나 이질적인 존재가 아니라 가족이 누구보다 소중하며 그런 가족을 위해 열심히 사는 우리네 아버지와 똑같은 직업인이자 가장이라는 것을 깨닫게 해준다. 매우 당연한 것인데 그렇다.

(중략)

사실, 아빠를 찾아온 가족이 아빠와 만나서 즐거운 한때를 보낸다. 요약하면 이게 끝이다. 스토리라인은 이미 정해져 있다. 그런데 눈물바다가 아닌 잔잔한 웃음이 흐르고 앞으로 전개될 이야기에 관심이 가는 건 가족의 진심과 관찰형 예능에서 빌려 온 요소들이 잘 결합되었기 때문이다. 그래서 여러모로 흥미로운 프로그램이다. 거기다가 유익하고 감동적이니 그 쉽지 않다는 착하면서도 재밌는 유쾌한 모범생 같은 프로그램이다.

출처: 엔터미디어, 2015년 12월 18일자 기사.

〈다큐멘터리 비평의 사례〉

<다큐 3일>의 일상 공간 보듬기

서병기 (대중문화 전문 기자)

[그림 7-5] KBS 〈다큐 3일〉

출처: KBS 〈다큐 3일〉 홈페이지.

KBS 〈다큐멘터리 3일〉은 '특정한 공간'을 '제한된 72시간' 동안 세밀하게 관찰하고 기록해 공간의 의미를 재해석하는 다큐멘터리다.

그 공간이란 우리들 삶 속에서 의식하지 못하고 지나쳤던 특정 장소에서부터 너무나 잘 알려져 전혀 새로울 것이 없을 것 같은 일상적인 공간들을 의미한다. 시골 버스터미널, 기차역, 공항, 시장, 포장마차 같이 너무 일상적이어서 그냥 지나치기 쉬운 공간도 있고 여자교도소, 태백의 광부, 헌혈 버스, 병원 응급실, 고물상, 군산선 마지막 꼬마열차, 통영 언덕마을 동피랑 등 구체적인 장소도 관찰 대상이 된다.

'다큐 3일'은 그곳에서 생활하고, 근무하고, 이동하는 보통 사람들의 일상과 다양한 상황 변화를 찬찬히 응시함으로써 잊혀진 공간의 의미를 복원해낸다. 평소 느낄 틈이 없었던 이런 공간을 보면서 시청자들은 가끔은 눈물도 나고, 웃기도 한다.

다큐멘터리라 해도 주관적 감정에 빠질 수 있다. 휴먼 다큐들이 주인공을 미화하는 건 가끔 나오는 이야기다. 하지만 '다큐 3일'은 찍은 장면 순서를 바꾸는 등 드라마 트루기를 위한 잔재주나 트릭을 구사하지 않고 72시간 동안 찍은 영상 그대로를 순서대로 50분 분량으로 담아낸다. 사변적이고 추상적인 일반 다큐와 달리 철저히 현장 중심이면서 리얼리티가 살아나는 것은 이 때문이다.

(중략)

〈다큐 3일〉은 대작 다큐의 틈바구니에서 간과될 수 있는 미시 다큐로서의 의미를 지니고 있다. 시골 장터 할아버지의 넉넉한 웃음, 반복적인 일상을 사는 아줌마 아저씨들의 애환을 느껴볼 수 있는 〈다큐 3일〉은 사람 냄새 나는 따듯한 프로그램이다.

이웃 없이 살고 있는 현대인에게 사라진 공동체를 복원해 정(情)을 느끼게 해주는 시도로도 볼 수 있다.

출처: 『헤럴드경제』, 2009년 2월 5일 中 '서병기의 대중문화비평'.

4) 오락 프로그램

원래 텔레비전은 오락의 기능이 가장 중시되는 매체이다. 퀴즈 쇼, 스포츠 쇼, 게임 쇼, 심지어 뉴스 쇼까지 대부분의 프로그램이 쇼 프로그램의 요소를 취하고 있고, 텔레비전의 오락적 요소는 정보 제공과 교육이 효과적으로 기능하기 위한 조미료와 같은 특성을 가지고 있기 때문이다. 또한 시청자들은 텔레비전을 보는 가장 큰 이유로 오락을 꼽고 있기도 하다.

쇼 프로그램은 대표적인 텔레비전 오락 장르로서, 현대인에게 휴식할 수 있는 기회를 제공해줄 수 있다. 따라서 쇼에서 부담스러운 이슈를 다룬다면 그 프로그램은 제 기능을 수행한다고 볼 수 없다. 오히려 긴장을 해소시키고 생활에 활력을 주어야 진정한 제 기능을 수행하는 것이다. 더불어 쇼 프로그램은 다양한 지역의 문화, 다양한 수준의 문화를 만나볼 수 있는 기회를 제공한다. 예를 들어 실제로 접하기 어려운 외국의 문화나 고급 문화를 쉽게 접할 수 있도록 도와줄 수 있다. 이러한 의미에서 쇼 프로그램은 휴식과 더불어 문화 전파의 기능을 수행한다고 볼 수 있다.

방송 비평은 쇼 프로그램이 바로 이러한 기능을 제대로 수행할 수 있도록 도와주고 감시하는 역할을 해야 한다. 첫 단계로 자칫 텔레비전 오락이 선정주의에 빠지지는 않는지, 쇼에서 보여주는 의상과 배경이 맹목적인 소비를 자극하지 않는지, 지나친 노출이나 퇴폐적인 장면은 없는지와 같은 내용적 측면의 비판이 필요하다. 다음 단계에서는 시청자들이 말초적인 쾌락을 자극하는 프로그램만을 좇지 않도록 좋은 쇼 프로그램을 선별할 수 있는 기준을 제공해야 한다. 이를 위해 창의성 있고 유익한 문화를 접할 기회를 제공하는 프로그램을 지지할 수 있어야 한다. 마지막으로 방송 제작 과정에서 외국 프로그램을 무분별하게 모방하지는 않는지를 감시하고, 제작자들이 시청률 지상주의에서 벗어나 창의적이고 실험적인 쇼 프로그램을 제작할 수 있도록 도와야 할 것이다.

또한 기존의 장르 유형에서 가장 크게 변화해 새로운 장르 관습을 만들어내고 있는 것이 코믹 버라이어티 프로그램이다. 코믹 버라이어티 프로그램은 크게 쇼 프로그램에 포함되지만 하나의 장르로 차별화하는 것은 기존의 쇼 프로그램의 형식에서 탈피해 새로운 형식을 창조했기 때문이다. 코믹 버라이어티 장르는 1980년대 말부터 주말의 황금 시간대를 대부분 차지하고 있는데, 기존의 다양한 쇼 프로그램은 어떤 포맷이든지 상관없이 오락성을 위해서라면 마구잡이식으로 혼합하는 것이 특징이라고 할 수 있다. 즉, 광고, 뮤직 비디오, 토크 쇼, 가요 쇼, 게임 쇼, 드라마, 다큐멘터리 등의 모든 형식이 인용, 패러디, 모방되고 있는 것이다(김창남, 1999).

코믹 버라이어티 프로그램에서 모든 출연자는 코미디언의 역할을 공유하게 된다. 프로그램 진행자들은 프로그램을 구성하는 각 코너를 소개하는 연결 기능을 할 뿐만 아니라 다른 진행자들과 주고받는 대화에서 웃음을 유도해야 하는 스탠딩 개그를 담당한다. 가수와 탤런트 등의 연예인이 출연한다면 그들의 본업이 노래와 연기라 하더라도 특정 코너에서 코미디 연기를 하게 한다. 그리고 프로그램의 마무리 부분에서 시간이 부족하다면 가수의 노래는 중간에서 끊기는 일이 비일비재하다. 이러한 측면은 코믹 버라이어티 장르가 드라마, 광고, 뮤직 비디오, 토크 쇼 등의 다양한 장르 요소를 글자 그대로 버라이어티하게 동원하지만 기본적으로 코미디를 벗어나지 않는다는 것을 단적으로 보여주며, TV가 전반적으로 오락화되어 간다는 사실을 시사한다.

대부분의 오락 프로그램이 코믹 버라이어티 프로그램으로 변화하고 있는 현실 속에서 방송 비평은 코믹 버라이어티 프로그램이 단순한 오락성, 쾌락주의에 관습화되는 것을 감시해야 한다. 다양한 장르를 혼합해 새로운 장르로 만들어내는 것이 부정적이라는 것이 아니라, 혼합의 경향이 말초적인 오락화를 강화하고 전반적인 사회 분위기를 쾌락주의에 빠지도록 부채질하는 것이 아닌지 주목해야 하는 것이다. 이를 위해 모든 영역을 기민하게 넘나드는 버라이어티 형식의 프로그램이 어떤 장르의 경향성을 내포했고 강조했으며 그에 의한 결과가 어떤 것인지를 평가해야 할 것이다.

〈오락 프로그램 비평 사례〉

음악 경연 이젠 지겹다는데…왜 자꾸 쏟아져 나올까

정덕현 (엔터미디어 기자)

‘나가수’에서 한걸음도 더 나가지 못한 지상파 음악 경연 예능들

[엔터미디어=정덕현의 네모난 세상] 너무 비슷해서 때로는 그게 어떤 프로그램이었는지조차 구분하기가 쉽지 않다. 최근 쏟아져 나오고 있는 음악 경연 예능 프로그

램들 이야기다. MBC가 금요일 늦은 시간에 방영하고 있는 〈듀엣가요제〉, SBS가 수요일 밤과 일요일 저녁에 각각 방영하고 있는 〈신의 목소리〉와 〈판타스틱 듀오〉를 보다보면 어디선가 봤던 가수들이 반복적으로 등장하고 있다는 인상이 짙다. 〈신의 목소리〉에 출연하는 박정현, 거미, 윤도현, 김조한 등은 누가 봐도 과거 MBC에서 했던 〈나는 가수다〉를 떠올리게 하는 가수들이다. 사실상 〈나는 가수다〉가 재발굴했던 가수들이 모두 자리를 차지하고 있다. 〈판타스틱 듀오〉 첫 회에 무대에 오른 임창정, 이선희, 김범수 역시 〈히든싱어〉와 〈나는 가수다〉가 이미 재조명했던 가수들이다. 또 〈듀엣가요제〉에 출연했던 솔지, 민경훈, 루나, 강균성 같은 가수들은 〈복면가왕〉이 주목시켰던 가수들이다.

(중략)

사정은 있으나 보는 시청자들 입장에서는 식상한 느낌을 주는 게 사실이다. 물론 이들 프로그램들은 '일반인과의 콜라보레이션이나 대결'이라는 새로운 콘셉트를 장착하고는 있다. 하지만 〈신의 목소리〉나 〈판타스틱 듀오〉 그리고 〈듀엣가요제〉가 모두 비슷한 콘셉트를 내세우고 있다는 점은 역시 이들 프로그램들을 식상하게 만드는 요인이다.

가창력을 뽐내는 음악 경연 예능 프로그램은 이미 너무 많이 나와서 시청자들에게는 그다지 큰 감흥을 주지 못하는 상황이다. 음악의 묘미가 마치 '가창력' 하나만 있는 것처럼 보여주는 이들 프로그램들은 바로 그 점 때문에 대중들의 공감을 사지 못하고 있다. 음악은 고음만 있는 게 아니라 저음도 있고, 또 가사도 있으며 최근에는 그저 듣는 수동적인 재미가 아닌 '창작'의 재미에 더 대중들은 흥미를 갖게 되었다.

(중략)

시청자들은 식상하다는데 이러한 별다른 새로움을 보여주지 못하는 음악 경연 프로그램들이 속속 편성되는 까닭은 뭘까. 가장 큰 이유로 지목되는 것이 명절의 '파일럿 경쟁'이다. 지금 현재 예능 프로그램들은 대부분 명절에 파일럿으로 들어와 그 시험대에 오르는 수순을 밟고 있다. 그래서 음악 경연 프로그램은 명절 파일럿으로는 힘을 발휘할 수밖에 없다. 온 가족이 다 모여 크게 집중하지 않고 부담 없이 볼 수 있는 프로그램 형식이기 때문이다.

출처: 엔터미디어 2016년 4월 27일자 기사.

〈오락 프로그램 비평사례〉

[김경호의 미디어 비평] JTBC의 <비정상회담>, 심야 토크 쇼 새판을 열었다

김경호 (방송문화 비평가)

참신하고 배울 것도 많았던 토크 프로그램이다. 식상한 주제에다 틀에 박힌 패널, 뻔한 결론으로 일관되던 심야 토크 쇼의 장르는 아니었다. 우연히 채널을 맞췄던 시청자들이라도 금세 몰입케 만드는 인포테인먼트 버라이어티 토크 쇼라 할까.

JTBC의 〈비정상회담〉(연출 임정아 등 5명, 김명정 등 7명). G20 세계 정상회담과 유엔 총회를 본딴 토크 포맷인 이 프로그램은 기존의 토크 쇼에서 볼 수 없는 재미, 정보, 글로벌 감각, 참석자들 간 케미까지 잘 어우러진 버라이어티 예능 프로그램이다.

[그림 7-6] 토크 쇼 〈비정상회담〉

출처: JTBC의 〈국경 없는 청년회, 비정상회담〉 홈페이지.

(중략)

흔히 지상파의 간판 토크 쇼라면 단연 MBC의 〈100분 토론〉과 KBS의 〈심야 토론〉 등을 떠올린다. 사회적 이슈를 갖고 그 분야 전문가로 통하는 명사들이 출연해 설전을 벌이는 토크 쇼는 10년 전이나 지금이나 달라진 게 없다. 극히 제한적인 시청자층을 대상으로 하다보니 주말 황금 같은 시간대를 빼앗긴다는 상대적 박탈감 내지 거부감을 대다수 시청자에게 던져줄 뿐이다. 물론 특정 토론 주제에 이해 관계를 가진 시청자들이야 관심을 갖겠지만 보통 그렇지만은 않기 때문이다. 토론 내용 대부분 언론 보도로 거의 알려진 내용을 갖고 죽기 살기로 자존심 대결을 벌이는 광경은 너무나 지루하지만 익숙한 풍경이다.

심야 토크 쇼 〈비정상회담〉은 그렇지가 않다. 우선 토론 주제가 누구에게나 관심사다. 성교육, 교육, 군대, 대학 진학, 체벌, 프러포즈, 결혼관 등 프로그램 내내 주제가 수시로 바뀐다. 더구나 세계 여러 나라 청년들이 보고 느끼며 고민하는 글로벌 토픽들이 대부분이다. 특정 국가에 대한 기존의 지식과 상식이 깨져버리고 시청자들은 어느새 글로벌 사회의 문화적 상대성을 실감하게 된다.

(중략)

〈비정상회담〉은 한국이라는 틀 안에서 바라보았던 관념들을 여지없이 깨버린다. 그만큼 기성 세대의 멘털을 뒤흔드는 신선한 충격을 시청자들에게 던져준다. 핫 이슈를 세계 11개국 청년들의 관점을 통해 새롭게 재인식하게 만든다. '저 나라는 저렇구나', '두 나라 사이에 저렇게 차이가 있구나' 하는 식으로 문화 다양성을 절감하며 그 나라를 새롭게 이해하는 데 도움을 준다.

(중략)

지상파 방송사의 낡은 관념틀과 갖가지 규제 속에 묶인 PD들이 하고 싶어도 할 수 없는 프로그램 중의 하나가 이런 〈비정상회담〉이 아닌가 싶다. 톡톡 튀는 창의적 프로그램을 열망하는 PD들이 만들어내고 싶은 대표적인 프로그램 중 하나다. 얼마든지 토크 쇼도 이렇게 재미나고 유익하며, 공감을 주는 버라이어티로 만들 수 있다는 가능성을 〈비정상회담〉은 증명해준다.

다만 한 가지 걸림돌은 있다. 그래도 완벽하지 않은 출연진들의 한국어 비어와 속어 구사가 가끔 폭소와 재미를 만들어내지만 지상파에서 어떻게 이를 넘어설 수 있을까 하는 것이다. 케이블 방송은 '출연자들이 마음놓고 실컷 떠들게 만드는' 이른바 '난장'을 쉽게 만들어 어색함과 생뚱맞음이 오히려 큰 웃음을 유발하는 반면 지상파는 과도한 안팎의 규제로 인해 엄숙주의를 극복하기가 쉽지 않기 때문이다.

(중략)

출처: 김경호 블로그(2014. 8. 6: 16:00. kyunho@kmib.co.kr blog.daum.net/alps1959).

5) 토론/대담 프로그램

토론 프로그램의 가장 큰 기능은 교육과 정보 제공이다.

먼저, 좋은 토론 프로그램은 남의 이야기를 진지하게 경청하게 하고 자신의 생각을 논리적으로 표현할 수 있게 하며, 더불어 토론에 참여한 사람들이 합의에 이르는 과정을 보여준다. 즉, 토론 프로그램은 우리의 토론 문화 향상에 크게 기여할 수 있는 교육의 장으로 볼 수 있다.

두 번째로 토론 프로그램은 사회적인 쟁점이 무엇인지, 그 쟁점의 구체적인 내용이 무엇인지를 알려주는 정보 제공의 역할을 한다. 시청자들은 토론 프로그램을 시청하면서 주제와 관련된 다양한 입장과 논리를 접하고 스스로 자신의 입장을 정할 수 있다.

따라서 이 장르에 대한 평가는, 토론 프로그램이 교육과 정보 제공의 기능을 충분히 수행하는지에 초점을 맞추어야 한다. 예를 들어 토론 프로그램에서 제공하는 정보가 정확한지, 다양한 주장이 제기되도록 하는지, 그에 대한 논리적인 근거가 제공되는지 등이 중요한 평가 기준이 될 수 있다. 한편, 프로그램의 제작 차원에서 토론 프로그램은 저렴한 제작비로 방송 시간을 채울 수 있는 전략적인 프로그램으로 인식되기도 하는데, 이러한 과정에서 졸속으로 제작되거나 사회 구조적인 문제를 다루지 못하고 주변적 논의 수준에 머물지는 않는지, 방송 시간에 맞춰 무리한 결론에 도달하게 하지는 않는지, 무리한 주장으로 토론 문화에 대한 잘못된 인식을 심어주지는 않는지 등도 평가 대상에 포함되어야 한다.

〈토론 프로그램 비평의 사례〉

화려한 치장, 밋밋한 토론

백혜영 (PD저널 기자)

"새롭지 않을 거면 시작도 하지 않았다"

지난 달 6일, 케이블 채널 XTM 〈백지연의 끝장토론〉은 다소 도발적인 말로 프로그램을 시작했다. 주제, 형식, 수위 그 어떤 것도 필요없다며 '3무'를 강조했다. 반면 토론의 깊이, 버라이어티쇼의 재미, 진행의 묘미 세 가지는 있다고 했다. 토론 프로그램의 새로운 역사를 쓰겠다는 자신감도 드러냈다.

[그림 7-7] XTM 〈백지연의 끝장토론〉

출처: XTM 〈백지연의 끝장토론〉 홈페이지.

현재 4회까지 방송된 〈끝장토론〉은 제작진의 기획 의도대로 신선하긴 하다. CEO로 불리는 이명박 대통령의 스타일을 분석하는가 하면(1회 MB 스타일! CEO VS 대통령) 노무현 전 대통령과 이명박 대통령을 대놓고 비교하면서(3회 노무현 VS 이명박, 국민이 원하는 대통령은?) 기존의 지상파 TV 토론 프로그램에서 쉽게 보기 어려웠던 주제를 다뤘다.

특히 '형식'은 파격적이다. 〈끝장토론〉에는 무려 100명의 시민 토론단이 함께 한다. 단순히 방청을 하거나 〈100분 토론〉의 시민 논객처럼 전문 패널들의 의견이 한참 전개된 뒤 한 번씩 발언하는 정도를 넘어선다. 〈끝장토론〉에서 제일 먼저 발언권을 얻는 이들은 시민 토론단이고, 가장 활발하게 발언하는 이들 역시 시민 토론단이다.

발언하는 사람의 숫자에도 거의 제한을 두지 않는다. 정해진 질서도 없다. 한 사람이 발언하면 여기저기서 반론이 나오고, 또 다른 의견들이 나오면서 어느새 시민 토론단 사이에서 토론이 이어진다. 이들은 전문 패널이 발언할 때는 환호와 박수는 물론, "맞습니다" "사랑합니다" 등을 외치며 존재를 드러낸다.

(중략)

형식에서 분명 〈끝장토론〉은 새로운 시도를 하고 있다. 또 그렇게 하려고 노력한

흔적이 보인다. '새로운 시도'에 대한 강박관념이 있는 것 아닌가 생각될 정도니 말이다.

그러나 〈끝장토론〉의 이러한 시도들이 아직까지는 신선함을 넘어서 '부담감'으로 다가오는 것도 사실이다. 〈끝장토론〉을 보다보면 시민 토론단의 의견 표현이 때로는 '말싸움'으로 변질되고, "목소리 큰 사람이 이긴다"는 말을 토론 프로그램에서조차 확인하게 되는 씁쓸함을 맛보게 된다.

(중략)

'끝장토론'이라는 제목이 붙었지만, 토론의 '깊이' 역시 아직은 부족하다. 버라이어티적 화려함은 있지만 그 속에 내용의 빈약함이 드러난다. 1회의 경우 이명박 대통령의 스타일과 정책, 교육 문제 등 한 주제만으로도 시간이 부족한 주제들을 묶었다. 전문가와 시민들의 의견이 왔다 갔다 하는 와중에 60분이라는 제한된 시간 동안 깊이 있는 이야기가 나오기는 사실상 어렵다.

(중략)

〈끝장토론〉을 본 시청자들은 "신선하다", "오고가는 대화 속에서 조금은 시원하고 속이 풀리는 느낌이 들었다" 등 긍정적 의견을 내놓기도 하지만, 토론의 '깊이'가 부족하다고 지적하기도 한다. 한 시청자는 "말초신경을 자극하는 언사로는 사람들의 호감을 얻기 힘들다"며 "작은 목소리가 크게 되는, 논리로써 승자가 되는 그런 토론의 모습을 보고 싶다"고 밝혔다.

요즘처럼 국민들이 분노하고, 답답한 마음을 털어놓고 속 시원하게 얘기하는 장을 원하는 때가 또 있을까. "국민 카타르시스의 장이 되길 희망한다"는 〈끝장토론〉. 한 시청자의 말대로 토론의 막장을 보여주는 것이 아니라 토론의 주제와 내용면에서 끝장을 보여주는 〈끝장토론〉을 보고 싶다.

출처: PD저널, 2008년 7월 15일 중 '방송 따져보기'.

더 생각해볼 문제

1. 프로그램 장르에 따라 프로그램의 기능이 다르기 때문에 프로그램 장르별로 다른 비평 기준이 요구된다. 이러한 관점에서 새롭게 등장하는 프로그램 장르의 비평 기준에 대해 생각해보자.
2. 디지털 미디어 환경에서 제작자와 시청자를 연결해주는 미디어 비평가의 역할이 어떻게 변화되어야 할지 논의해보자.
3. 수많은 콘텐츠가 다양한 채널을 통해 서비스되는 다채널 시대에 유용한 콘텐츠를 제안해주는 콘텐츠 큐레이터와 미디어 비평가의 역할이 어떻게 차별화될 수 있는지 논의해보자.

제8장

방송 윤리

1. 방송 윤리의 개요

1) 방송 윤리의 개념

윤리가 무엇인지 구체적인 정의를 내리기는 쉽지 않지만 윤리에 대한 다양한 정의 중 핵심적이고 공통적인 요소는 "윤리란 인간이 사회적인 관계에서 지켜야 할 규범"이라는 사실이다. 여기서 '사회적인 관계'라는 것은 어떤 행위가 사회에 미치는 영향을 고려해야 한다는 것이고, '규범'이라는 것은 무엇이 좋고 나쁜 것인가에 대한 옳고 그름을 판단할 수 있는 기준을 의미한다. 즉, 어떤 행위가 윤리적인가를 평가하는 기준은 그 행위의 결과가 사회에 긍정적인지 부정적인지에 달려 있다는 것이다.

이러한 맥락에서 우리 사회에는 사회적 안녕을 지키기 위해 법적인 강제성은 없어도 인간으로서 지켜야 할 최소한의 도리나 사회적 관습이 존재한다. 마찬가지로 방송에서도 사회적인 영향력을 고려해서 지켜야 할 최소한의 윤리가 존재한다. 이를 바로 방송 윤리라고 한다. 방송 내용이 방송법에 저촉되지는 않는다 하더라도 사회적 상식에서 벗어날 경우 사회를 혼돈에 빠뜨려 사회적 비난을 받게 되므로 방송 제작자들은 우리 사회에 좋은 영향을 줄 수 있는 양질의 콘텐츠를 제작할 의무와 책임이 있다. 이를 위해 방송사마다 자체적으로 자율적인 규제 방식인 방송 윤리 강령을 제정해 준수하도록 하고 이를 위반할 경우 제한을 가하도록 하고 있다.

그러나 방송 윤리에 대한 평가가 항상 쉬운 것은 아니다. 특히 언론 활동은 윤리의 개념적 정의와 실제 사이의 괴리가 더욱 커질 수밖에 없기 때문이다. 예를 들어 언론이 요구하는 독특한 기준에 중점을 둘 것인지, 아니면 일반적인 윤리 규범에 중점을 둘 것인지는 상충되는 문제일 수 있다. 또 언론인으로서의 윤리와 사회가 언론에 요구하는 윤리의 우선순위에 대한 딜레마에 빠지게 될 수도 있다.

방송사가 겪는 가장 큰 윤리적 문제는 시청률 경쟁이라는 상업적 이윤 추구와 보편적인 공중(public)에게 이익이 되는 방송을 제공해야 한다는 공익성 구현 사이의 갈등으로 압축된다. 다매체와 탈규제 방송 환경으로 접어들면서 강제적인 규제보다는 자율적인 규제가 더 크게 작용하고 있는 현 시점에서 방송사의 자체적인 윤리적 판단과 실천은 매우 중요한 이슈가 되고 있다.

2) 방송 윤리 강령

방송 윤리는 직업인으로서의 윤리와 언론으로서의 책임감, 그리고 사회 일반의 윤리가 복합적으로 영향을 미치는 중층적인 성격을 지닌다. 따라서 대부분의 국가는 방송 윤리 강령을 제정하고 있다. 윤리 강령은 사회 기관이나 제도로서 방송 언론이 해야 할 일과 준수해야 할 원칙을 구체적으로 제시한다. 방송 윤리 강령은 방송 전문인으로서 업무를 수행하는 사람들이 행동해야 하는 일반적 원리들을 종합한 것을 의미한다. 방송 윤리 강령에 주로 나타나 있는 내용은 '방송 종사자는 이러

이러해야 한다'라는 규제적 조항들이다. 방송 윤리 강령의 조항은 일반적인 원칙을 밝힌 전문(前文)과 구체적인 행동 사항에 대한 각 부분별 조항(프로그램 조항, 보도 프로그램 조항, 행동 준칙 등)으로 나뉘어 있다(김영임 · 이창현, 2005: 157).

방송은 다른 매체와 달리 즉시성과 현장성의 특성으로 인해 그 파급 효과가 매우 높고 이로 인한 분쟁이 나타나기 쉬운 매체이다. 예를 들어 뉴스 보도 중 배경으로 지나간 사람의 얼굴이 비춰졌을 때, 특히 뉴스 보도 내용이 부작용과 관련된 부정적 내용일 경우에는 초상권 침해를 이유로 법적 분쟁이 제기될 수도 있다. 그리고 인터뷰의 부분 편집으로 인한 사실 왜곡을 이유로 법적 소송으로까지 가게 될 수도 있다. 이러한 문제를 사전에 줄이기 위해 방송 제작자들은 방송 윤리의 지침서인 방송 윤리 강령을 바탕으로 방송 윤리 기준을 교육받게 된다.

방송 윤리에 대한 규정은 미국의 경우, 방송윤리위원회의 윤리 규정이라고 할 수 있는 NAB(National Association of Broadcasters) 강령이 1929년 처음으로 제정되었다. 그러나 1983년 미국방송협회의 윤리 규정은 공식적으로는 폐지되었고, 그 대신 각 부분별 윤리 규정이 방송 활동의 지침 역할을 하고 있다(김영임 · 김우룡, 1997; 김영임 · 이창현, 2005).

한국의 경우에는 한국프로듀서연합회 윤리 강령, 기자협회 윤리 강령 등과 같은 전문인 단체의 윤리 규정과 방송통신심의위원회의 심의 규정 및 각 방송사의 방송 윤리 강령 등이 있다. 윤리 강령은 일정 수준의 윤리 지침이 된다는 점에서는 기본적으로 공통되나, 그 취지와 목적에 따라 각 방송사 및 협회별로 차이가 있다. 지상파 방송 3사인 KBS, MBC, SBS 각 방송사별로 방송 윤리 강령을 비교하면 다음과 같다.

먼저 공영 방송인 KBS는 국가의 발전과 국민 생활의 향상, 공정 방송 등을 가장 중시하며 방송의 수월성을 위해 공정 방송 전문주의와 알 권리 충족 등을 목표로 제시하고 있다. 이에 비해 MBC는 국민 참여 확대, 독립성, 자율성, 책임감, 전문 직업주의 등을 강조하고 있으며 공공의 이익에 우선한다는 입장을 밝히고 있다. 한편 민영 방송인 SBS는 전문에서 자유로운 경쟁과 책임을 중시하는 시장 자본주의 정신을 목표로 하고 있으며 건전한 여가 생활을 만들어가는 역할을 강조하고 있다. 또한 재미와 유익함의 조화, 전문인의 자질 함양 등을 밝히고 있어 공익성보다는 오락, 자본주의 경제 활동의 촉진 등을 강조한다는 것을 알 수 있다.

그런데 윤리 강령이 방송 언론의 윤리 수준을 향상시키는 데에는 한계가 있다. 왜냐하면 윤리 강령이 제시하고 있는 내용은 일반적인 사항일 뿐 제작 현장에서 부딪치는 구체적인 상황을 모두 해결할 수는 없기 때문이다. 또한 모든 조항에 대해 윤리 강령을 제정하는 것은 어려운 일이고, 무엇보다도 언론의 자주성과 자율성을 해칠 수도 있다는 문제점이 존재한다.

따라서 언론인의 윤리성을 유지하기 위해서는 무엇보다도 개별 언론인이 합당한 판단 능력을 갖추는 것에 의존할 수밖에 없다. 박영상(1998)은 언론인의 윤리 판단은 다음과 같은 질문에 답을 하는 것으로부터 시작되어야 한다고 주장한다.

첫째, 언론의 존재 이유와 목적은 무엇인가? 내가 지금 하는 일은 왜 하는 것이고, 과연 의미 있는 정보를 전달하는 것인지를 고려해야 한다.

둘째, 나의 윤리적인 관심사는 무엇인가? 언론인에게 부과된 책무나 책임 그리고 사회적인 역할에 대한 진지한 검토가 필요하다.

셋째, 자신이 속한 회사의 방침이나 전문인으로서 고려해야 할 사항은 어떤 것인가? 구체적인 상황에서 회사가 나에게 요구하는 것과 언론인으로서 고려해야 할 사항을 점검할 필요가 있다.

넷째, 나의 결정으로 이익을 보는 사람은 누구인가? 그리고 이 결정은 정당한가? 이것은 공공재로서 언론의 활동이 공정성이나 효용성을 극대화시키는 것인지를 가늠하는 과정이다.

다섯째, 나의 결정으로 야기되는 단기적인 효과와 장기적인 결과는 어떤 것이고 그것이 사회 전체나 언론 전체를 위한 일인가? 즉, 자신의 결정이 사회가 언론에 기대하는 역할을 수행하는 것인지가 고려되어야 한다.

여섯째, 나의 결정 이외의 대안은 없는가? 이것은 자신이 가능한 대안을 충분히 검토했는지를 확인하는 과정이다.

<NAB: 미국 방송 사업자들의 자율 기구>

NAB(National Association of Broadcasters)는 1922년 미국 방송 사업자들이 설립한 워싱턴 소재 자율 기구이다. 1937년 첫 번째 자체 규제지침을 채택했으며, 1945년 이후 정기적으로 부분 개정을 했다. FCC(Fedral Communication Commission: 연방통신위원회)에 대한 방송인들의 자유를 옹호하고 시청각 방송과 예술의 발달을 지원하며, 회원사의 법적 권익 보호와 방송 산업이 일반 대중에게 최선의 봉사를 할 수 있도록 방송 기술의 교류 및 연구 강화를 목적으로 설립했다.

방송 산업에서 노사 관계 정상화에 노력하고, 라디오 및 TV 방송에 대한 정부의 부당한 간섭을 배제하고, 방송 기술의 상호 교류 및 연구, 보도 및 교육 프로그램에 대한 지도와 조언을 하며 해마다 NAB 대회를 개최한다.

규약은 윤리위원회가 협회의 승인을 거쳐 자체 관리 · 집행한다. 지나치게 자기 방어적이라는 비판을 받고 있는 규약은 강제성은 없으나, 규약을 준수하지 않을 경우 방송국만이 사용하는 코드 실스(code seals)의 사용권이 박탈된다. AM 라디오 방송국 약 4,200개, FM 라디오 방송국 약 2,000개, 텔레비전 방송국 약 650여 개가 넘는 다수의 상업 방송국이 회원사로 있다.

출처: PD연합회 홈페이지(http://www.pdjournal.com).

윤리적인 딜레마 앞에 서 있는 언론인이 이 여섯 가지 질문에 모두 답할 수 있다면 사회적 해악을 줄이고 선(善)의 비중을 높일 수 있는 결론, 또 최대 다수에게 최대의 이익을 제공할 수 있는 선택에 도달할 것이다.

◘ 윤리강령

제정 : 2003년 9월 1일

KBS는 한국을 대표하는 공영방송으로서 사회 환경에 대한 비판과 감시 기능을 충실히 수행해야 한다.
이 기능을 올곧게 수행하기 위해서 KBS인은 무엇보다 방송인으로서의 윤리적 품격과 도덕적 소양을 갖추어야 한다. 또한 KBS인은 공영방송에 종사하는 사람으로서 취재·보도·제작의 전 과정에서 여타 언론인보다 더욱 엄격한 직업 윤리와 도덕적 청렴이 요구된다.
이에 KBS 윤리강령을 제정하여 이를 KBS인의 행동지침으로 삼고 국민에 대한 공개적인 선언과 약속으로 세우고자 한다.
KBS인은 KBS 윤리강령을 준수함으로써 국민이 맡긴 사회적 책무를 더욱 충실히 수행할 것을 다짐한다.

▪ **제1조 윤리강령**

① KBS인은 편성·보도·제작 등 방송의 자율성을 확보하기 위해 최선을 다하며 업무 수행 시 내?외부로부터의 부당한 요구나 청탁을 거절한다.

② KBS인은 본인 또는 취재원·출연자의 개인적인 목적에 영합하는 취재·제작 활동을 하지 않으며, 취재·제작 중에 취득한 정보는 프로그램 을 위해서만 사용한다.

③ KBS인 중 TV 및 라디오의 시사프로그램 진행자, 그리고 정치관련 취재 및 제작담당자는 공영방송 KBS 이미지의 사적 활용을 막기 위해 해당 직무가 끝난 후 6개월 이내에는 정치활동을 하지 않는다.

윤리강령 시행기준

MBC 감사실 : **02-789-0062**

제 1장 총칙

제1조 (목적)

MBC 윤리강령 시행기준(이하 시행기준)은 윤리강령을 구체적으로 적용하기 위한 행동지침을 규정하는 것을 목적으로 한다.

제2조 (정의)

"직무관련자"는 MBC 임직원의 소관업무와 관련 있는 자로 다음 각 호의 1에 해당하는 개인이나 단체를 말한다.
1. 가. MBC 프로그램 및 소관업무와 관련해 민원을 신청 중에 있거나 신청하려는 것이 분명한 자.
   나. MBC와 계약을 체결하거나 체결하려는 것이 명백한 자.
   다. 감사, 감독, 검사 등의 대상인 자.
2. "직무관련 직원"은 지휘계통상의 상하급자 및 직무수행과 관련성이 있는 다른 직원, 본.관계회사간 업무관련성 이 있는 직원을 말한다.
3. "금전"은 정당한 사유없이 제공되는 현금이나 이에 준하는 유가증권, 부동산 등을 말한다.
4. "선물"은 사회적 상규에 어긋나는 물품 또는 유가증권, 숙박권, 회원권, 입장권 그밖에 이에 준하는 것을 말한다.
5. "향응"은 음식물, 골프 등의 접대 혹은 교통, 숙박 등의 편의를 제공하는 것을 말한 다.

SBS 윤리강령

홈 > SBS사이버신고 > **SBS윤리강령**

SBS 윤리강령 전문

SBS 임직원은 공공의 재산인 전파를 허가받아 사용하는 방송사의 종사자로서 국민에 대한 봉사와 언론문화 창달이라는 공적 의무를 가진다. 또한 언론인의 기본 사명인 사회 환경에 대한 감시자 로서의 역할을 보다 충실히 수행하기 위해서는 스스로에게 엄격한 직업윤리 의식을 가져야 한다. 이에 SBS 전 구성원의 뜻을 모아 SBS 윤리강령을 개정, 발표하고 이를 방송 직업윤리의 초석으로 삼고자 한다.

SBS 윤리강령

[방송가치]

1. 진실추구와 정확성
SBS는 방송 저널리즘의 구현과정에서 무엇보다 진실추구와 정확성을 우선 가치로 둔다. 이를 위해 SBS 보도, 제작 종사자는 방송 내용의 진실성을 높이기 위해 가능한 모든 노력을 기울인다. 진실성의 핵심요소인 정확한 사실 확인을 위해서도 최선을 다한다. 확인이 어려울 경우, 최대한 다양한 관련 취재원과 자료를 제시해 시청자가 취재 과정을 투명하게 이해할 수 있도록 노력한다.

2. 독립성
SBS 보도, 제작 종사자들은 모든 방송 내용이 외부의 간섭으로부터 영향을 받지 않으며, 독립적 판단을 바탕으로 충분한 사실 확인을 거쳐 시청자들에게 전달되도록 최선을 다한다.

[그림 8-1] KBS · MBC · SBS 방송 윤리 강령

출처: 각 방송사 홈페이지 참조.

2. 방송 윤리의 영역

1) 진실성의 영역

보도 프로그램은 사실을 전달하는 메시지로 사실성, 객관성, 정확성, 공정성 등이 가장 중요하다. 그러나 다양한 요인에 의해 사실성, 객관성, 공정성 등이 훼손되는 경우가 있다. 특히 사실과 진실이 구분되기 힘든 경우가 많이 있는데, 정치적 · 사회적 이해 관계 등에 의해서 뉴스가 다르게 보도되는 경우가 그 하나의 예이다. 또한 방송사가 취재원이 발표한 내용의 사실 여부를 제대로 확인하지 않고 그대로 방송하거나, 제작자의 편견이 개입되어 균형성을 상실한 프로그램을 방영하는 경우도 종종 나타난다. 이러한 경우 방송사는 시청자에게 객관적이고 진실된 보도를 제공해야 할 '진실 보도의 원칙'을 지키지 못하게 된다. 이것이 무너지게 되면 방송사의 신뢰도에 치명적인 타격을 주게 되는 것이다. 지상파 방송 3사가 진실성 보도의 의무를 이행하지 못해 방송사의 신뢰도에 치명적인 타격을 입게 된 경우가 있는데 그 대표적인 예가 2004년 '수경사 보도'이다. 수경사의 스님들이 갈 곳 없는 아이들을 데려다 키운 미담 사연이 2004년 방송 3사를 통해 방송되자 많은 사람들이 두 스님의 행동에 감동받아 후원금을 지원하거나 자원 봉사를 하며 이들을 도왔다. 그러나 천사의 모습을 보였던 스님들이 아이들을 학대하고 심지어 아이들을 돈을 받고 팔았던 사실이 드러나자 많은 시청자가 경악했고 진실을 제대로 밝히지 못한 방송사들에 대해 비난이 빗발쳤다. 수경사의 미담을 전했던 KBS 〈VJ특공대〉, MBC 〈우리 시대〉와 〈생방송 화제 집중〉, SBS 〈모닝 와이드〉는 2005년 6월 여러 차례에 걸쳐 수경사 진실을 제대로 보도하지 못한 점을 반성하고 재발 방지에 노력하겠다고 밝혔다. 거짓이나 왜곡을 통한 보도가 시청자들을 단기적으로는 끌어모을 수 있을지 몰라도 장기적으로는 회복할 수 없는 타격을 줄 수 있다는 사실을 인지해야 할 것이다.

[그림 8-2] 진실 보도에 실패한 '수경사' 미담 사건

2) 개인의 존엄성과 사생활 보호의 영역

사생활 침해는 방송 윤리와 관련되어 현장에서 가장 많이 접할 수 있는 문제이다. 몰래 카메라(candid camera)나 은닉 취재 등의 방법을 통해 오늘날의 현대인들은 누구나 자신의 의도와 상관없이 사생활이나 초상권이 침해될 가능성이 높아졌다. 몰래 카메라를 설치하고 이를 프로그램으로 방영하는 방식은 오락적 요소의 극대화를 꾀할 수 있을지 모르나 분명한 사생활 침해 행위이다. 또한 보도 프로그램에서 필요 이상으로 배경 화면을 자세히 내보내거나 목소리를 변조 없이 방송하는 경우 역시 개인의 존엄성과 사생활이 침해되는 문제로 나타날 수 있다.

개인의 존엄성 및 인권 침해와 관련된 이슈 가운데 가장 큰 사회적 파장을 가져온 것 중의 하나는 2005년도 연예인 X파일 유출 사건이다. 당시 한 광고기획사와 여론 조사 회사가 125명의 연예인에 대한 평가와 소문을 정리해 작성한 '광고 모델 DB 구축을 위한 사외 전문가 심층 인터뷰 결과 보고서'가 유출된 사건은 연예인들에 대한 인격권 침해로 설명할 수 있다. 더욱이 사이버 공간은 불특정 다수의 사람에게 순식간에 정보를 유포할 수 있는 특성이 있기 때문에 미디어 기술이 발달할수록 개인의 존엄성과 사생활 보호 문제는 더욱 중요한 문제로 부각될 것으로 보인다. 2008년에 발생했던 일련의 연예인 악성 댓글과 이로 인한 관련 연예인의 자살 또한 인터넷이라는 사이버 공간에서의 인권 침해가 얼마나 중요한 문제인가를 깨닫게 해주는 대표적인 사례라고 할 수 있다.

또한 일반인을 장시간 방송에 노출시키는 것은 인권 침해로 사생활 및 인권을 침해당한 개인이 방송사 또는 대기업이라는 거대 조직을 상대로 싸운다는 것이 매우 힘든 일이기 때문에 방송사는 자체적으로 이에 대해 철저한 윤리 의식을 가져야 한다. 예를 들면 지난 2008년 10월 21일에 방영된 SBS 〈인터뷰 게임〉의 '우리 아이가 귀신을 봐요'라는 에피소드에서는 사실 관계의 확인이 미흡한 미신적인 내용을 장시간 방송했으며, 이 과정에서 어린이의 얼굴 및 거주지 등 신변이 적나라하게 노출되어 방송통신심의위원회로부터 인권 침해의 제한 규정을 어겼다는 '주의' 조치를 받은 바 있다. 2012년도에는 채널A 〈김성주의 모닝카페〉에서 '지하철 담배녀'로 알려진 당사자를 취재하고 얼굴을 그대로 공개했다. 또한, 채널A는 '지하철 담배녀, 그녀는 왜?'라는 제목과 '최초 심경고백'이라는 말로 프로그램을 자극적으로 홍보해 인권 침해 논란이 일었다. 따라서 방송통신위원회는 제재의 전 단계인 '의견 진술' 조치를 받은 바가 있다. 이처럼 방송은 국민의 알 권리를 충족하는 데 국한해야지 결코 시청자의 호기심만을 자극하거나 오락적 목적만을 추구하는 데 이용되지 않도록 해야 한다.

개인의 존엄성과 관련된 주요 사항을 정리하면 다음과 같다(한진만 · 박천일 외, 2000).

첫째, 인권 침해의 문제이다. 프로그램을 제작하거나 뉴스를 취재하는 과정에서 표현의 자유와 인권 침해의 문제가 부딪쳐 갈등하게 되는 경우가 있다. 이러한 경우 표현의 자유가 우선인지 개인의 인권이 우선인지 판단하기는 매우 어려운 문제이다. 그러므로 프로그램 제작자들이나 기자들은 표현의 자유와 인권 침해의 문제에서 갈등이 일어날 수 있다는 사실을 유념해야 한다. 또한 표현의 자유 못지않게 한 개인의 인권도 보호되어야 한다는 점을 명심하고 보다 신중하게 프로그램을 제작해야 한다.

둘째, 취재원 보호의 문제이다. 프로그램을 제작하거나 뉴스를 보도할 때 취재원의 도움이 필요하고 또 이들을 보호해야 할 의무가 있다. 프로그램을 제작하면서 취재원과의 비밀 유지 약속을 깨고 취재원의 신분이 드러나 한 개인에게 심각한 신체적·정신적 피해를 초래해서는 안 되기 때문이다. 이러한 경우는 기자나 제작자가 의도적으로 취재원을 밝히는 경우가 아니더라도 제작상의 실수로 밝혀지는 경우가 있다. 모 방송사의 사회 고발 프로그램에서 성폭행을 당한 소녀를 인터뷰하면서 얼굴을 모자이크 처리하고 목소리를 변조해서 방송을 했으나, 소녀가 입은 특이한 티셔츠와 그녀의 집 주변이 그대로 방송되면서 피해자의 신분이 노출돼 큰 곤욕을 치른 경우가 있었다. 그렇기 때문에 제작자들과 기자들은 취재원 보호에 더욱 각별히 신경을 써야 한다.

셋째, 개인의 명예 훼손 혹은 프라이버시 침해의 문제이다. 개인의 명예 훼손이나 프라이버시 침해는 매우 다양하게 발생할 수 있다. 보도 프로그램뿐만 아니라 연예오락 프로그램에서도 개인의 명예 훼손이 발생할 수 있다. 특히 보도 프로그램의 경우 특종을 위해 경쟁하다 보면 미확인 사실을 미리 보도해 개인에게 피해를 주고 명예를 훼손하는 경우가 있다. 또한 수년 전 모 방송사의 연예오락 프로그램에서 '몰래 카메라' 형식으로 특정 상황을 만들어놓고 길을 가던 일반인들이 어떠한 반응을 보이는지를 방송한 적이 있었다. 그런데 이때 촬영된 일반인들에게

[그림 8-3] 인권 침해로 '주의' 조치를 받았던 SBS의 〈인터뷰 게임〉

출처: SBS 〈인터뷰 게임〉 홈페이지.

방송에 대한 사전 동의를 받지 않고 방송을 해서 개인의 명예를 훼손하고 프라이버시를 침해했다는 비난을 받았다.

3) 사적 이익과 공적 이익의 영역

방송에 종사하는 사람들은 하나의 사기업에서 일하는 단순한 고용인이 아니라 공인(公人)으로서의 자세를 요구받는다. 그러나 방송사 역시 광고주의 입김에서 무한정 자유로울 수 없다는 문제를 동시에 가지고 있다. 가장 쉽게 찾아볼 수 있는 예는 드라마 속의 간접 광고이다. 최근 드라마에서는 특정 제품을 간접 광고(PPL: Products Placement)하는 경우가 늘어나고 있다. 대부분 브랜드가 여과 없이 표현되는 것이 문제가 된다. 예를 들어 2016년도 인기리에 종영한 KBS 2TV의 드라마 〈태양의 후예〉에서는 주인공이 타고 있던 현대 자동차의 전면과 후면을 적나라하게 보여준 장면, 특정 아몬드 제품, 샌드위치 매장의 간판, 홍삼 제품 등을 그대로 노출해 행정지도 상 '권고'가 내려진 바가 있다. 일부 시청자들은 이처럼 PPL이 난무하는 〈태양의 후예〉를 "PPL의 후예"라고 희화화하기도 했다. 이 외에도 MBC에서 방영된 드라마 〈내 여자〉는 SPP조선의 간접 광고가 문제가 되었다. 과거에도 SBS의 〈파리의 연인〉에서 'GM'을 연상시키는 'GD' 로고나, MBC의 〈황태자의 첫사랑〉에서 '엘레쎄(ellesse)'를 'ellesso'로 표현하면서 브랜드 이름을 약간 바꾸기는 했으나 누구나 어떤 브랜드인지 알 수 있도록 함으로써 노골적인 간접 광고를 했다. 브랜드를 약간 수정해 간접 광고하는 경우뿐만 아니라 드라마 〈태양의 후예〉 예시에서처럼 상품 자체를 노출시켜서 좀 더 직접적인 광고 효과를 가져올 수도 있다. KBS2의 〈겨울연가〉에서 포드 자동차는 배용준 배역에게 포드 자동차를 제공했는데, 아시아권에서의 배용준과 드라마 〈겨울연가〉 인기에 힘입어 매우 높은 매출 상승 효과를 가져왔다. 또한 쉐라톤 워커힐 호텔을 배경으로 제작된 MBC 드라마 〈호텔리어〉는 워커힐 호텔 유니폼과 로고 및 내부 등을 그대로 방영함으로써 20억 원 이상의 호텔 홍보 효과를 가져왔다.

[그림 8-4] 드라마 속 간접 광고의 예
출처: 2016년 KBS 드라마 〈태양의 후예〉의 간접 광고.

이처럼 간접 광고는 시청자들에게 많은 영향을 주는데 보도와 같은 논픽션의 경우 특정 시각을 가진 사람들에 대한 지지를 은근히 표출하거나 특정 집단에 우호적인 표현을 할 경우, 그리고 어떤 광고주의 입김이 작용할 경우 사회에 미치는 영향력은 픽션 프로그램보다 더욱 클 것으로 예상할 수 있다. 따라서 방송인들은 공인으로서 책임감을 가지고 최대한 공정한 프로그램을 만들도록 노력해야 할 것이다.

4) 프로그램의 선정성과 폭력성의 영역

제작자는 어린이나 청소년과 관련된 프로그램을 자신의 가족에게 보여주는 것이라고 생각하고 항상 그 내용의 영향이나 역기능에 대해 고려해야 한다. 특히 문제가 되는 것은 외부적 자극에 민감한 연령층인 어린이나 청소년들이 텔레비전 프로그램에서 시청한 것을 그대로 모방하는 경향이 많다는 데 있다. 그러므로 청소년층에 인기가 높은 연예인이 폭력을 정당화하거나 폭력에 대한 보상을 받는 역할 혹은 불륜을 행하는 역할을 맡을 때 그러한 모델을 모방할 가능성이 많아진다는 것을 고려해야만 한다. 이러한 주제는 크게 선정적인 프로그램과 폭력적인 프로그램으로 분류할 수 있다(한진만 · 박천일 외, 2000).

먼저 선정적인 프로그램의 경우를 살펴보겠다. 선정성이란 신체적 · 언어적 성행위와 더불어 신체 노출, 그리고 노출이 심한 의상이나 장식 등을 포함한다. 좀 더 구체적으로 방송위원회의 방송 문화 지표 연구에 따르면 프로그램 내 선정적 행위는 언어적 성행위와 신체적 성행위, 신체 노출을 가리킨다.

특히 텔레비전 드라마에서는 불건전하고 부도덕한 남녀 관계를 다룬 내용이 사회적 윤리 의식과 가족의 가치를 저해한다는 지적이 제기되고 있다. 2009년 높은 시청률을 기록하며 방영된 바 있는 SBS의 〈아내의 유혹〉과 KBS2의 〈미워도 다시 한 번〉 등은 불륜을 소재로 해 비상식적인 가족 관계를 다루었다는 점에서 많은 논란을 일으켰다. 특히 〈아내의 유혹〉은 유부남의 외도 등 건전하지 못한 남녀 관계가 주된 내용으로 묘사되었는데, 청소년 보호 시간대에 지나치게 선정적인 장면이 방송되었다는 지적을 받으며 방송통신심의위원회로부터 '권고' 조치를 받은 바 있다. 또한 코미디, 쇼 프로그램에서는 비속한 소재로 성을 상품화하거나 선정적인 의상과 춤동작 등으로 자극적인 장면을 노출하는 경우가 적지 않다. KBS1의 〈개그 콘서트〉나 SBS의 〈웃음을 찾는 사람들〉은 가족 시청 시간대에 방송됨에도 불구하고 선정적인 의상과 언어로 시청자들의 눈살을 찌푸리게 한다는 비판을 받아왔다. 이와 같이 사회의 통념상 맞지 않는 내용의 프로그램은 방송사에서 자체 검열을 거쳐 내보내지 않는 것이 원칙이지만 표현의 자유라는 명목하에 방송을 한다는 데 문제의 심각성이 있다. 청소년들의 많은 사랑을 받고 있는 오디션 프로그램인 Mnet의 〈SHOW ME THE MONEY〉는 선정적인 랩 가사로 수차례 과징금이 부과되기도 했다. 해당 프로그램 출연자들은 과도한 욕설 및 비속어 사용, 성행위를 적나라하게 묘사하는 언어, 바지를 내리고 속옷을 노출하는 장면 등을 여과 없이 방송했다.

다른 하나로 폭력적 프로그램의 경우를 살펴보겠다. 텔레비전 오락의 폭력성에 대한 논의는 그것이 가져다 줄 수 있는 실제적 효과와 관련되어 전개된다. 특히 오락 프로그램이 정서적으로 민감한 어린이, 청소년에게 미칠 폭력적 모방의 효과에 주목할 필요가 있다. 이에 대한 양극단적인 이론으로는 텔레비전 폭력을 시청함으로써 마치 배설하듯이 폭력성이 정화된다는 순화 이론과 이와 반대로 폭력성이 강

[그림 8-5] 과도한 욕설과 선정적인 가사로 문제가 되었던 프로그램 예
출처: 2015년 Mnet 〈SHOW ME THE MONEY〉.

화된다는 보강 이론이 있다.

실제로 한국의 텔레비전에서 방영되는 프로그램에서 어린이들이 즐겨 보는 만화 영화의 폭력성이 드라마에 비해 훨씬 심하다는 조사 결과도 있다. 또한 코미디 프로그램에서도 물리적 표현은 많지 않지만 언어적 폭력이 난무하는 것이 사실이다.

이를 방지하기 위해 방송통신심의위원회에서는 어린이, 청소년 시청자를 윤리적으로 보호하고자 과도한 폭력물의 방송을 규제하고 있다. 그리고 실제로 과도한 싸움 장면이나 흉기 사용 장면이 나온 프로그램에 대해서는 제재를 가하기도 한다. 특히 과거 SBS 〈모래시계〉와 조폭 영화가 성공을 거두면서 조직 폭력배를 매우 매력적인 인물로 묘사하거나 영웅 또는 해결사로 묘사하는 경우가 늘어났다. 이로 인해 아이들이 조직 폭력배를 선망의 대상으로 생각하는 현상까지 빚어졌다. 그런데 이러한 인물이 등장하는 드라마에서는 칼과 쇠파이프 등을 이용해 폭력을 휘두르는 장면이 수위 높게 연출되어 시청자들의 우려의 목소리가 높다. 예를 들어 SBS 드라마 〈타짜〉는 도박과 관련된 장면을 장시간 상세히 묘사해 청소년들의 모방 심리를 자극하고, 주인공이 시체 옆에서 피 묻은 손으로 날카로운 칼을 들고 있는 장면을 방송함으로써 방송통신심의위원회로부터 주의 조치를 받은 바 있다. MBC 〈무신〉 역시 등장 인물이 고문을 당하는 장면을 여과 없이 내보내 '주의' 조치를 받았다.

[그림 8-6] 폭력성이 문제가 되었던 드라마 예
출처: 2012년 MBC 드라마 〈무신〉.

방송은 파급 효과가 매우 크다. 드라마나 범죄 뉴스 등을 보고 모방 범죄를 저지르거나 그 행위를 모방하는 것은 방송의 대표적인 역기능이다. 좀 더 자극적인 장면이나 내용을 방송해 윤리관의 형성이 아직 미숙한 청소년들이 범죄를 저지르는 원인을 제공한다면 방송의 도덕성은 심각한 손상을 입게 된다. 따라서 방송되는 내용이 어떤 결과를 가져올 것인가에 대해 충분히 숙고하는 자세가 필요하다(김영임 · 김우룡, 1997).

5) 국민의 정서와 사회적 가치 존중의 영역

방송은 단순한 생산품이 아니라 사회문화적 정서와 가치를 담고 있는 문화적 상품이다. 즉, 방송은 대다수 국민의 가치관을 함양하고 있는 공적인 상품이므로 대중문화와 미디어를 분리해서 생각하기는 어려운 일이다. 특히 문화적 사안이 정치적 · 경제적 사안에 직접적으로 맞닿았을 때, 미디어는 단순히 전달 매체에 그치는 것이 아니라 해당 사안들과 접목되어 사회 곳곳에 새로운 논쟁거리를 가져올 수 있는 기폭제로 작용할 수 있다. 따라서 방송은 큰 사회적 파급 효과를 가져올 수 있는 만큼, 방송 내용이 만화나 잡지 등 다른 매체에서 전달된 것보다 사회적 가치관이나 정서에 위배될 경우 더욱 강도 높은 비판을 받게 된다.

예를 들어 우리의 일상생활의 바탕에는 유교적 사상이 깔려 있어서 서구보다 가족에 대한 의미라든지 삼강오륜적인 예(禮)에 대해 매우 민감하게 받아들인다. 그렇기 때문에 유교적 가치관을 중심으로 하는 이야깃거리는 방송 소재로 끊이지 않고 등장한다. 그런데 지난 2005년 7월 27일 방영된 KBS2 일일 시트콤 〈올드미스 다이어리〉는 방송 중 며느리가 시어머니의 뺨을 때리는 장면을 방영해 방송위원회로부터 '시청자에 대한 사과', '해당 방송 프로그램의 중지(사고 방송분)', '해당 방송 프로그램의 관계자에 대한 징계' 등 중징계 제재 조치를 받았다. 방송위원회의 공식적인 제재 조치 이외에도 많은 시청자들은 도저히 용납할 수 없는 소재라고 하면서 프로그램 연출자 및 작가에 대해 강도 높은 비난을 했다.

물론 해당 내용이 방영된 초기에는 부정적인 비판이 주를 이루었으나, 시간이 조금씩 흐르면서 드라마의 경우는 전체 맥락과 그동안 그 드라마가 지향해온 관점에 대한 이해가 함께 고려되어야 한다는 반론의 목소리도 나타났다. 드라마에 대한 전체적인 이해 없이 며느리가 시어머니를 때린 장면만으로만 징계가 내려지고 국민적인 비판을 받는 것은 무리가 있다는 주장이었다. 그러나 이러한 주장에도 불구하고 〈올드미스 다이어리〉는 합의된 국민 정서를 고려하지 않고 상황을 지나치게 묘사했다는 인식을 뒤로 한 채 2005년 10월 28일 종영을 해야 했다.

[그림 8-7] 국민적 정서에 위배되는 소재를 다루어 중징계를 받았던 드라마 예
출처: 2005년 KBS2 일일시트콤 〈올드미스 다이어리〉.

[그림 8-8] 동성애를 다뤄 문제가 된 드라마 예

출처: SBS 〈인생은 아름다워〉.

또한 2010년 김수현 작가가 쓴 〈인생은 아름다워〉라는 드라마에서는 동성애를 다루었는데 동성애자들의 언약식을 방송할 예정이었으나 사회적 정서를 반영해 최종 방송분에서는 방송되지 않았다. 아무리 좋은 연출자와 연기자, 작가가 만드는 프로그램이라 하더라도 국민의 정서와 사회적 가치에 위배될 경우에는 전체적인 스토리상 반드시 필요한 에피소드라 할지라도 대다수 국민에게 쉽게 받아들여지지 않는다는 것을 보여주는 단적인 예이다. 방송 심의나 국민의 비판이 너무 성급하게 나오는 것도 문제이지만, 그 이전에 방송 제작자들은 방송의 특성을 이해하고 방송의 사회적 파급 효과를 고려해 사회적 가치를 존중할 수 있는 프로그램을 만들도록 노력해야 할 것이다.

3. 방송 윤리를 준수하기 위한 방안

윤리적인 갈등 앞에서 선택을 내리는 것은 개별 언론인이지만, 윤리적인 갈등이 발생할 수 있는 상황을 만드는 것은 방송사의 구조적 문제에서 비롯되기도 한다. 예를 들어 방송의 성과를 시청률로만 측정하는 상황 속에서 언론인은 윤리적인 문제를 충분히 검토할 수 있는 여유가 없다. 프로듀서들을 대상으로 한 설문 조사에서, 프로듀서들은 방송 제작 시 가장 민감한 사안은 무엇보다도 시청률이라고 답했다. '솔직히 시청률을 의식해 선정적인 소재인지 알면서도 일부러 택한 적이 있다'라는 응답은 시청률에 대한 부담감을 단적으로 보여준다. 시청률만을 중시하는 방송사의 풍토는 방송 제작인으로 해금 방송 윤리의 중요성을 간과하게 만들고 있다.

또한 프로듀서들이 당면한 문제로는 프로그램 제작비와 제작 기간의 문제를 들 수 있다. 일반적으로 방송사의 제작 예산은 사전 기획이나 검토를 거친 합리적인 기획에 근거하지 않는 경우가 많다. 적은 제작비를 가지고 짧은 제작 기간 동안에 일정 시간의 프로그램을 만들어야 한다. 또한 그나마 시청률이 보장되는 일부 오락 프로그램이나 드라마에 제작비가 집중되고 다른 장르의 프로그램, 즉 교양이나 다큐멘터리 프로그램 등에는 제작비가 적게 배정되어 자칫 졸속으로 제작될 우려가 있다. 방송 프로그램의 제작 기간 배분도 불균형적이다. 전체적인 제작 기간이 짧게 배정되는 일이 많고, 특히 프로그램의 제작 단계 중 기획 단계가 거의 없는 경우도 있다. 프로그램 제작 단계는 보통 기획 단계, 준비 단계, 제작 단계, 편집 단계의 4단계로 이루어지는데, 충분한 자료를 찾고 정보를 입수하는 기획 기간이 너무 짧아 프로그램의 질이 떨어지는 경우가 많다.

이러한 방송 제작 환경의 구조적인 문제는 방송 PD나 언론인으로 해금 윤리적 문제에 대한 중요성을 간과하게 만든다. 따라서 언론인의 윤리 의식을 고양하는 교육, 토론 문화의 조성과 더불어 구조적 차원에서의 방송 제작 환경이 개선되어야 한다. 구체적으로는, 기획 단계의 중요성을 인식해 기획 기간을 늘리고, 오락 및 드라마 장르에 편중된 제작비 시스템의 개선을 통해 상대적으로 열악한 다른 장르 프로그램의 제작비 책정을 현실화하는 작업이 필요하다. 그리고 근본적으로 시청률이라는 단기적 목표만을 좇지 말고, 프로그램의 질을 높일 수 있는 장기적 목표를 세워야 한다.

더 생각해볼 문제

1. '표현의 자유'와 '프로그램 윤리' 라는 개념이 충돌하는 경우가 있다. 예를 들어 유명 래퍼들이 사회를 풍자하기 위해 사용하는 비속어나 비난의 대상이 방송사가 제정한 프로그램 윤리에 어긋날 경우 방송사는 유명 래퍼의 출연이나 공연 방송 여부에 대해 어떠한 결정을 해야 하는지 생각해보자.
2. 개인의 선택으로 인한 능동적 시청이 강화되고 있는 디지털 미디어 시대에 프로그램 윤리의 기준과 적용 범위가 어떻게 변화될 수 있는지 논의해보자.
3. 다채널 시대에 방송 윤리를 준수하기 위한 효율적인 방안에 대해 생각해보자.

제9장

방송 심의

1. 방송 심의의 개요

1) 방송 심의의 개념

방송 윤리가 보다 자율적이며 비법률적인 영역에 해당하는 영역이라면, 방송 심의는 자율적인 성격을 가지고 있으나 방송법에 의해 규정되고 있어 법적인 장치를 통해 규제하는 방식이다.

구체적으로 심의란 논란의 소지가 있는 사안을 자세히 조사, 검토하고 협의한다는 의미를 갖고 있다. 그러나 심의는 검열과는 구분되는 개념이라고 할 수 있다. 검열이란 행정 기관이나 그 뜻에 따라 움직이는 기구에 의해서 강제적으로 표현물의 유통이나 배포의 금지, 또는 일정한 제한을 가하는 것이라고 보고 있으며, 심의는 자율적인 민간 기구를 구성하고 그 기구에 의한 심사와 그 결과를 표현물의 제작자가 자발적으로 수용함으로써 스스로 표현의 자유를 제한하는 것을 말한다. 따라서 방송 심의란 방송이라는 매체를 통해서 표현되는 표현물에 대한 조사와 평가를 의미하며, 타율적인 의미보다 자율적인 의미가 강하다고 할 수 있다. 정치학자 마냉(Bernard Manin)이 주장했듯이 심의가 다수의 선호(preference)를 이끌어내기 위해서는 참여자의 정보가 확대되고 이들의 의견이 자유롭게 개진되어야 한다. 결국 방송 심의에서 가장 중요한 문제는 "누가 어떤 기준으로 누구를 위해 평가하는가" 하는 것이며, 이러한 문제가 합의에 의해 도출되었는가 하는 것이다.

2) 방송 심의의 중요성

방송 심의란 방송의 윤리를 준수하기 위해 심의권을 가진 기관이나 집단 또는 개인이 프로그램 내용을 심사해 어떤 내용이 전달되고, 어떤 내용이 전달되지 말아야 하는지를 정리해주는 일종의 심사 작업이다. 이는 좋은 방송을 만들기 위해 방송의 책임을 제고하고 부적격한 내용의 방송을 통제해 저질 방송으로부터 시청자를 보호하는, 공익성 보호 차원의 제도적 장치로서 중요성을 가진다고 할 수 있다.

특히 방송 프로그램은 사상과 가치를 담은 표현물이며 그만큼 시청자와 사회에 미치는 영향력이 매우 크기 때문에 방송의 내용 규제를 절차화한 방송 심의는 매우 중요하다. 즉 방송 심의는 방송 전파가 갖는 공공성 및 유한성(scarcity)과 함께 방송매체의 사회적 파급력(pervasive)이 통신은 물론이고 신문 등과 같은 인쇄 매체와는 비교할 수 없을 정도로 강력하다는 점에서 타당성을 갖고 있다고 할 수 있다(강남준, 2006).

가령 불량 식품을 먹었을 경우는 그 식품을 사먹은 사람만 아프고 또 약을 먹고 쉽게 치유될 수 있으나, 해악적인 프로그램이 방송되었을 경우에는 자신의 의지와는 상관없이 방송에 노출된 사람들 모두 폐해를 입게 되며 이러한 폐해는 결국 정신적, 문화적 폐해이기 때문에 쉽게 치유되지 않는다. 따라서 방송은 특정 집단의 이익이나 가치를 위해 사용되거나 사회 · 문화적 가치에 해악을 미치는 내용이 방송되어서는 안된다. 그런 프로그램에 노출된 시청자들이 겪게 되는 폐해는 일반상품이 가져오는 폐해와는 비교할 수 없을 만큼 큰 것이기 때문이다. 그렇기 때문에 방송이 공익성을 실현하기 위해서는 방송 심의를 통해 방송의 내용을 감시하고 질적 향상을 돕는 것이 중요하다.

그러나 방송 심의가 궁극적으로 방송의 공익성을 실현하는 데 목적을 두고 있지만 현실적으로 방송의 활동이나 내용을 규제하게 된다는 점에서 '방송 표현의 자유'와 마찰을 빚는 경우가 종종 일어난다. 사실 방송 표현의 자유 없이는 방송을 통한 공익의 실현이란 불가능하다. 따라서 방송 심의와 방송 표현의 자유는 상호 보완적인 측면에서의 이해를 필요로 한다.

2. 방송 심의 제도

1) 방송 심의의 주체

방송 심의의 주체란 누가 방송을 평가하는가의 문제이다. 심의의 주체가 누가 되느냐 하는 문제는 심의 방법, 기준에까지 영향을 미치기 때문에 매우 중요하다. 방송 심의는 방송의 공익성을 실현하기 위한 규제이자 평가 장치이기 때문에 특정인이나 집단, 혹은 정부에 의해서 일방적으로 이루어지기보다는 합리적이고 민주적인 절차와 방법이 요구된다. 따라서 과거 통제적 심의처럼 정부나 공공 기관에 의해서 일방적으로 방송에 대한 평가가 이루어져서는 안되고, 보다 다양한 계층이 참여해 의견 교환과 공개된 기준과 방법으로 심의가 이루어질 수 있는 체계가 필요하다.

그러기 위해서는 첫째, 시청자 단체와 방송사, 공공 기관을 제도적으로 연결하는 체제가 필요하다. 시청자 단체의 방송 내용에 대한 심의 활동의 결과가 방송 제작에 효율적으로 반영되고, 다양한 계층이 의견의 합의를 이루어 방송 심의를 할 수 있게 하기 위해서는 시청자, 공공 기관, 방송사가 제도적으로 연결되어 있어야

〈표 9-1〉 방송통신심의위원회 소위원회의 주요 직무

구분	주요 직무
방송심의 소위원회	– 방송 · 중계유선방송 · 전광판 방송의 내용 및 다른 법령에 따라 방송법 제32조에 따른 위원회의 심의 대상이 되는 사항의 내용에 대한 심의결과, 같은 법 제100조제1항에 따른 해당 사업자 또는 해당 방송 프로그램의 책임자나 관계자에 대한 권고 또는 의견제시 결정에 관한 사항 – 방송법 시행령 제21조제1항에 따른 정보의 내용에 대한 심의 결과, 같은 조 제2항에 따른 그 정보의 제공자에 대한 시정 권고 – 청소년 보호법령에 의한 청소년 유해 매체물 확인 및 결정, 결정 취소 – 그 밖에 위원회가 그 직무를 위임하거나 처리를 요청한 사항
통신심의 소위원회	– 방송통신위원회의 설치 및 운영에 관한 법률 제21조 제4호에 따른 시정 요구 결정 – 청소년 보호법령에 의한 청소년 유해 매체물의 확인 및 결정, 결정 취소 – 그 밖에 위원회가 그 직무를 위임하거나 처리를 요청한 사항

출처: www.kocsc.or.kr

한다. 예를 들어 방송사 내에 심의 기구, 심의 위원회 등을 두어 시청자 단체의 방송 심의 활동을 방송사 내에서 할 수 있도록 해야 한다. 또한 정부나 공공 기관 역시 시청자 단체와 긴밀한 관계를 통해 방송 심의 결과를 정책에 반영할 수 있어야 한다.

우리나라는 방송통신위원회로 방송과 통신 분야가 통합되면서 방송통신위원회로부터 분리된 민간 독립기구인 '방송통신심의위원회'를 설치해 방송과 통신의 콘텐츠 규제를 담당하도록 하고 있다. 방송과 통신이라는 상이한 매체의 분야별 소관직무를 효율적으로 수행하기 위해 방송통신심의위원회는 〈표 9-1〉과 같이 소위원회를 두고 있다. 방송 심의 소위원회는 방송 프로그램을, 통신 심의 소위원회는 통신 분야의 콘텐츠 규제 업무를 이행하고 있다.

둘째, 시청자 단체들은 방송 심의 활동을 체계적으로 추진함으로서 상호 보완적인 관계를 유지해야 한다. 예를 들어 미국의 National PTA(National Parent-Teachers Association)는 청소년과 어린이를 텔레비전으로부터 보호하기 위한 단체로 시청자 교육, 비평 등을 하고 있으며, "TV 모니터 감시위원회"는 TV의 등급을 감시하고, "Paper tiger TV"에서는 방송 비평 프로그램을 직접 제작하는 등 서로 상호 보완적인 관계를 유지해나가고 있다.

셋째, 시청자 단체들은 방송 내용 심의뿐만 아니라 시청자 교육을 병행해야 한다. 방송의 공익성을 실현하기 위해서는 그에 대한 직접적인 수혜 대상자인 시청자들이 변모해야 하기 때문에, 이들이 방송을 제대로 이해하고 비평할 수 있도록 교육시키는 것이 중요하다. 특히 융합 서비스의 출현으로 방송 프로그램의 수용자상이 능동적으로 변화하면서 소위 디지털 리터러시(digital literacy)의 개념이 더욱 중요하게 되었다.

2) 방송 심의의 기준과 내용

심의 내용이란 무엇을 평가하느냐의 문제로 방송의 공익성을 구성하는 개념들로 대체될 수 있다. 방송 심의의 기준은 방송의 공익성을 실현하기 위한 것이므로 프로그램의 내용이 공익성 개념에 위배되지 않는가를 평가하는 것이라고 할 수 있다. 그런데 공익성 개념은 다양한 측면에서 파악될 수 있는 것이기 때문에, 어떠한 방향으로 기준을 정하는가의 문제는 중요한 논의 대상이 될 수 있다. 기준의 방향성에는 크게 부정적 기준과 긍정적 기준이 있는데, 부정적 기준은 “어떠한 것은 방송을 해서는 안 된다”라는 것이고, 긍정적 기준은 “어떠한 것은 고취시키도록 노력해야 한다”는 것이다. 현재 심의 기준을 살펴보면, 일반적이고 개론적인 기준은 긍정적 기준을 많이 사용하는 반면, 구체적이고 프로그램 제작의 지침이 되는 가이드라인은 부정적인 기준이 많다. 그러나 심의의 기준은 그것이 개론이냐, 구체적인 가이드라인이냐라는 심의 기준의 성격에 의해 결정되는 것이 아니라, 평가 내용에 의해 결정되어야 하는 것인 만큼 보다 탄력적인 적용이 필요하다.

예를 들어서 시청자 서비스 측면과 문화적 측면에서 방송의 공익성 준수 여부를 평가하기 위해서는 긍정적 심의 기준의 적용이 필요한 반면, 사회 정의나 가치 실현의 측면에서 방송의 공익성 준수 여부를 평가하기 위해서는 부정적 심의 기준의 적용이 보다 효율적이다.

우리나라에서 방송 심의의 기본 원칙들은 방송법에 명시되어 있으며, 규제 기준이 되는 구체적인 규정들은 방송통신위원회에서 제정한 「방송 심의에 관한 규정」에서 살펴볼 수 있다. 방송 심의의 기준이 되는 기본 원칙들로는 방송은 진실을 왜곡하지 않고 공정하게 다루어야 하는 '공정성', 방송은 정확한 사실을 객관적으로 다루어야 한다는 '객관성', 방송은 개인의 사생활의 자유를 침해해서는 안 된다는 '권리 침해 금지', 방송은 국민의 가치관과 규범에 위반되어서는 안 된다는 '윤리적 수준', 방송은 성이나 폭력 등 부도덕한 내용을 다루어서는 안 되고 불가피할 경우에는 신중을 기해야 한다는 '소재 및 표현 기법', 방송은 어린이와 청소년들의 인격 형성에 힘써야 한다는 '어린이 청소년 보호', 방송은 특정 사람이나 집단에게 직·간접적으로 필요한 광고 효과를 주지 않아야 한다는 '간접 광고', 방송은 바른말 사용으로 국민 언어 생활에 이바지해야 한다는 '방송 언어' 등 여덟 개이다. 이를 바탕으로 방송 프로그램 전반을 심의하고 있으며, 이를 위반할 경우 주의나 경고 조치를 내리게 되고,[1] 이에 대한 방송의 심의 기준은 각국마다 다르게 나타난다.

3) 방송 심의의 방법

심의 방법은 프로그램을 평가하는 절차를 의미하는 것으로 프로그램 방송 전에 심의하는 사전 심의와 프로그램이 방송된 후에 하는 사후 심의가 있다.

현재 국내에서는 방송 프로그램에 대해서는 방송사의 사전 등급 자율 심의와 연계해 심의위원회가 사후에 직접 심의를 하고 있다.[2] 방송 광고의 경우는 기존에

---

1 2004년도 개정된 '방송심의 기준' 전문에서 발췌함. 방송통신위원회 홈페이지(www.kocsc.or.kr) 참고.

2 〈방송법〉 제33조 (심의규정)

③ 방송 사업자는 아동과 청소년을 보호하기 위해 방송 프로그램의 폭력성 및 음란성 등의 유해 정도, 시청자의 연령 등을 감안해 방송 프로그램의 등급을 분류하고 이를 방송 중에 표시해야 한다.

④ 위원회는 제3항의 방송 프로그램 등급 분류와 관련해 분류 기준 등 필요한 사항을 위원회 규칙으로 정해 공표해야 한다. 이 경우 분류 기준은 방송 매체와 방송 분야별 특성 등을 고려해 차등을 둘 수 있다.

⑤ 위원회는 제3항의 규정에 의해 방송 사업자가 자율적으로 부여한 방송 프로그램의 동급에 대하여 적절하지 아니하다고 판단되는 경우 해당 방송 사업자에게 당해 방송 프로그램의 등급분류를 조정하도록 요구할 수 있다. [신설 2006.10.27]

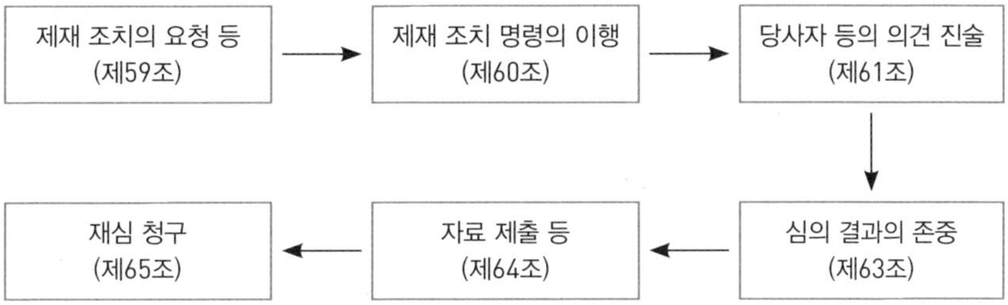

[그림 9-1] 방송 분야의 심의 절차

광고 자율 심의 기구에 사전심의를 위탁해 행해졌다가 2008년 8월에 헌법재판소의 위헌결정(2005헌마506, 2008. 6. 26)으로 그 효력을 상실함에 따라, 방송 광고의 사후 심의 체계에 맞게 「방송 심의에 관한 규정」을 개정해 현재는 사후 심의의 형태를 취하고 있다. 이후 케이블TV방송협회는 2009년 2월 19일 방송 광고심의위원회 설립을 통해 자율적인 사전 심의를 진행하고 방송통신심의위원회를 중심으로 사후 심의를 진행하고 있다.

이때 방송 콘텐츠의 규제는 방송법 제32조[3]에서 밝힌 바와 같이 매체별 · 채널별 특성을 고려해 지상파와 케이블에 차별적 기준을 적용해 심의 · 의결을 진행하도록 해 방송 사업자 내에서도 사업자의 성격과 서비스 내용에 따라 차별적 규제를 받도록 하고 있다. 이는 방송 심의에 관한 규정 제5조에 나타난 '심의를 할 때는 방송 매체와 방송 채널별 전문성과 다양성의 차이를 고려해야 한다'에서도 추가적으로 확인할 수 있다. 이처럼 방송의 심의는 지상파, 케이블, 위성 사업자별로 구분해 매체별 특성에 따라 이루어지고 있다.

프로그램 사전 심의의 대표적인 형태는 프로그램 등급제라고 할 수 있는데, 등급제란 방송사가 프로그램 방송 전에 프로그램의 선정성, 폭력성 정도를 평가해 시

---

3 〈방송법〉 제32조 (방송의 공정성 및 공공성 심의) ①방송통신심의위원회는 방송 · 중계유선방송 및 전광판방송의 내용과 기타 전기통신회선을 통해 공개를 목적으로 유통되는 정보중 방송과 유사한 것으로서 대통령령이 정하는 정보의 내용이 공정성과 공공성을 유지하고 있는지의 여부와 공적 책임을 준수하고 있는지의 여부를 방송 또는 유통된 후 심의 · 의결한다. 이 경우 매체별 · 채널별 특성을 고려해야 한다.

청 대상별로 프로그램을 분류하는 것을 말한다. 프로그램 등급제는 표현의 자유를 최대한 보장하면서 자율적 심의를 권장한다는 점에서 장점을 가진다. 그러나 등급의 객관성 문제와 방송사가 얼마나 자발적으로 충실히 이행할 것인가 등이 보완되어야 할 문제로 남는다.

<방송 프로그램의 등급 분류 및 표시 등에 관한 규칙>

제정 2008. 6. 18. 방송통신심의위원회 규칙 제22호

제 1 장 총 칙

제1조(목적) 이 규칙은 「방송법」(이하 "법"이라 한다) 제33조제3항 내지 제5항의 규정에 의한 방송 프로그램의 등급분류와 관련해 분류 기준 등 필요한 사항을 정함을 목적으로 한다.

제2조(기본 원칙) ① 방송 사업자는 어린이와 청소년을 보호하기 위해 방송 프로그램의 폭력성 및 선정성, 언어 사용 등의 유해정도, 시청자의 연령 등을 감안해 방송 프로그램의 등급을 분류하고 이를 방송 중에 표시해야 한다.

② 방송 사업자는 제1항의 규정에 의한 등급분류 및 표시를 할 경우 이 규칙이 정하는 기준과 표시 방법을 준수해야 한다.

제 2 장 등급 분류 및 표시

제3조(등급 분류) 방송 사업자는 방송 프로그램의 등급을 다음 각호와 같이 분류해야 한다.

1. "모든 연령 시청가"라 함은 모든 연령의 시청자가 시청하기에 부적절한 내용이 없는 등급을 말한다.
2. "7세 이상 시청가"라 함은 7세 미만의 어린이가 시청하기에 부적절한 내용이 포함되어 있어 보호자의 시청 지도가 필요한 등급을 말한다.
3. "12세 이상 시청가"라 함은 12세 미만의 어린이가 시청하기에 부적절한 내용이 포함되어 있어 보호자의 시청 지도가 필요한 등급을 말한다.
4. "15세 이상 시청가"라 함은 15세 미만의 청소년이 시청하기에 부적절한 내용이 포함되어 있어 보호자의 시청 지도가 필요한 등급을 말한다.
5. "19세 이상 시청가"라 함은 19세 미만의 청소년이 시청하기에 부적절한 내용이 포함되어 있어 청소년이 시청할 수 없는 등급을 말한다.

(중략)

② 방송 사업자는 등급 결정을 함에 있어 폭력성, 선정성, 언어 사용 정도 등의 내용 기준이 일치하지 않을 경우 가장 유해한 표현의 등급으로 분류해야 한다.

(후략)

반면 사후 심의인 프로그램 평가제는 프로그램이 방송된 이후에 평가하는 것으로, 현재 우리나라를 비롯한 각국에서 가장 많이 사용하고 있는 심의 형태이다. 평가제의 대표적 유형은 방송 모니터, 비평, 시청률 등이라 할 수 있는데, 시청률은 사후 평가의 대표적인 형태로 시청자의 선호도, 반응을 계량적인 수치로 나타낼 수 있다는 점에서 장점이 있으나, 프로그램을 다양한 측면에서 평가하기 힘들며, 특히 사회 정의, 문화적 측면에서의 공익성 개념의 준수 여부 평가는 매우 힘들다. 따라서 평가제가 방송 내용 심의 방법으로서 정착하기 위해서는 평가에서 방송사, 전문가, 시청자 등 다양한 계층의 참여가 필요하고, 평가 항목도 평가 내용에 따라 탄력적으로 적용되어야 할 것이다.

4) 방송 심의의 결과

방송통신위원회는 기본적으로 방송 분야에 대해서는 방송을 통해 전달되는 모든 프로그램들의 내용을 심의의 대상으로 삼는다. 그러나 방송 심의의 대상은 프로그램의 성격이나 종류, 해당 프로그램이 방영되는 매체의 특성에 따라 심의 방식이 조금 달라질 수 있다.

그 밖의 모든 프로그램들에 대해서는 방송통신위원회가 사후 심의를 통해 방송 심의 규정을 위반하는 내용이 있을 경우에는 해당 방송사에 대해서는 법정 제재 조치를 취한다. 제재 조치로는 '시청자에 대한 사과', '해당 방송 프로그램의 정정, 수정 또는 중지', '방송 편성 책임자 · 해당 방송 프로그램의 관계자에 대한 징계' 등

〈표 9-2〉 2017년도 지상파 방송 심의 의결 사례

결정 사항 (의결일)	방송사/ 프로그램	방송 일시	적용 조항	심의 · 의결 세부 내용
권고 (2017.4.12)	MBC-TV 〈MBC 뉴스데스크〉	2017.2.14. 19:55-20:55 등	「방송 심의에 관한 규정」 제9조(공정성)제4항	〈"언론 장악하려는 치밀한 '대선 전략'"〉, 〈언론관계법 잇단 발의……민주당 의도는?〉, 〈"공영 방송 재갈 물리기……탄압 중단하라"〉, 〈허위 주장에 거짓 폭로…… '길들이기' 시도〉, 〈언론노조와 손잡고 공영 방송 흔들기〉, 〈방송협회 "MBC 청문회는 언론 독립성 훼손"〉, 〈전방위 밀어붙이기……공영 방송 장악 의도〉, 〈방송법 개정 추진……민주당의 의도는?〉 등 자사와 관련된 현안을 방송하면서 자사의 입장을 주로 방송함.
의견 제시 (2017.1.18)	SBS-TV 〈미운 우리 새끼〉	2016. 12.23., 23:20-00:50	「방송 심의에 관한 규정」 제28조(건전성), 제44조(수용수준) 제2항	가수 김건모가 출연해, 빈 소주병 300개를 이용해 크리스마스 트리를 만들며 집안 곳곳 방에서 수차례 음주를 하는 장면을 방송하고, 전주의 한 식당을 방문해 해당 지역의 소주를 주문한 뒤, 소주를 마시며 맛을 평가하는 내용 등 음주 장면을 반복적으로 장시간 보여주는 내용을 방송하고, 이를 청소년 시청 보호 시간대에 재방송함.
주의 (2017.4.6)	SBS-TV 〈모닝와이드 (3부)〉	2017.2.22., 07:30-08:30 등	「방송 심의에 관한 규정」제46조(광고효과)제1항 제2호, 제2항 제3호,	비염의 치료와 관리에 대한 정보를 전달하면서, 한겨울에 바람을 막는 비장의 무기로 ○○전자의 스탠드형 에어컨과 벽걸이형 에어컨을 집에 설치하는 모습을 보여주고, 무풍 냉방 기능을 시현하면서 그 원리와 특장점을 소개하는 내용, 아토피의 치료와 관리에 대한 정보를 전달하며, ○○전자의 스탠드형 에어컨의 공기청정 기능 및 무풍 기능을 시현하며 해당 제품의 원리와 특장점을 언급하는 내용을 방송함.
경고 (2017.2.9)	SBS-TV 〈2016 SAF 연기대상〉	2016. 12.31., 21:00-01:40 등	「방송 심의에 관한 규정」 제47조(간접 광고)제1항 제2호.제3호 및 제2항 제3호, 제48조(가상광고)제1항 제2호	연기대상 시상식을 진행하면서, 〈10대 스타상〉, 〈특별연기상〉 등을 시상하며 해당 시상의 송 후보를 소개하는 장면에서 '◇◇ ☆☆ TV', '○○○○○ 안마의자', '△△△△(햄버거회사)' 등의 동영상형 가상광고를 노출하고, 〈축하공연 2016 뉴스타 BGM 핫 스테이지〉를 소개하는 장면에서 '○○○○○ 안마의자' 가상 광고를 노출하는 내용과 간접 광고 상품인 '○○○○○ 안마의자'를 부상으로 주는 '짠한 인물상'을 아이유에게 시상하는 과정에서, 사회자가 직접 앉아야 줄 수 있다는 요구에 아이유가 안마의자에 앉은 후 인터뷰를 진행하며 "지금부터 무중력 상태로 만들어드리도록 하겠습니다.", "수면모드로 만들어 드리겠습니다." 등의 멘트와 함께 '○○○○○ 안마의자'를 노출하는 내용을 방송함.

출처: 방송통신심의위원회(2018), 『2017년 방송 심의 사례집』.

〈표 9-3〉 2017년도 유료 방송 심의 의결 사례

결정 사항 (의결일)	방송사/ 프로그램	방송 일시	적용 조항	심의 · 의결 세부 내용
의견 제시 (2017. 3.15)	채널 A 〈뉴스특급〉	2017. 1.19, 13:20–14:50)	「방송 심의에 관한 규정」 제13조(대담 · 토론 프로그램 등)제5항	문화 · 예술계 블랙리스트 파문 등을 주제로 대담하면서, 출연자가 "모든 좌파는 전부 다 양털처럼 구름처럼 하얗고 백옥같이 흰데", "우파들이 저렇게 나쁜 짓을 해왔다 이렇게 또다른 완장을 차고 몰아가고 있는 것"이라고 언급하는 등 특정 정치 세력에 대해 조롱 또는 희화화하는 내용을 방송함.
경고 (2017. 4.6.)	가요TV 〈해피 라이프〉	2017. 2.18., 15:00–16:00	「방송 심의에 관한 규정」 제42조(의료행위 등) 제 1항제2호,제3항제3호, 제 46조(광고효과)제2항 제2호	의료 정보 프로그램에서, 두통, 어지럼증, 건망증, 치매, 우울증 등 각종 질병의 원인이 모두 난치성 위장병인 '담적병'이라고 주장하며 담적병을 치료하면 해당 질환이 모두 한꺼번에 치료된다고 단정적으로 말하거나 프로그램 전반에 걸쳐 반복적으로 문의 전화번호를 자막고지하는 장면 등을 방송함.
해당 방송 프로그램의 중지 및 해당 방송 프로그램의 관계자에 대한 징계 (2017.2.23)	서울경제 TV 〈수익을 말하다–황금 연못의 선물보따리〉	2017. 1.4, 21:00–22:00	「방송 심의에 관한 규정」 제42조의2(금융, 부동산 등에 대한 투자문행위)제1항,제4항, 제46조(광고효과)제2항 제1호,제2호	해외 선물 관련 정보를 강의하는 프로그램에서, 진행자의 카피 트레이딩을 통해 수익을 얻을 수 있다고 언급하고, 단기간에 고수익을 거둔 진행자의 일부 계좌를 공개하는 내용, 진행자가 개발한 거래 프로그램을 통한 매매 시 수익을 얻을 수 있다고 언급하거나 해당 시스템이 탑재되어 있는 특정 업체를 노출하는 장면 등을 방송함.
권고 및 등급 조정 요구 (2017. 1.18)	tvN 〈인생술집〉	2016. 12.22, 23:00–00:25 등	「방송 심의에 관한 규정」 제28조(건전성), 제43조(어린이 및 청소년의 정서 함양)제2항,「방송법」제33조(심의규정)제6항,「방송 프로그램의 등급분류 및 표시 등에 관한 규칙」제4조(등급분류 기준)제1항	선술집을 배경으로 술과 음주를 프로그램의 주된 소재로 삼아 이야기하는 프로그램에서 출연자들이 술잔을 부딪치고 술을 마시거나 돌아가며 소주와 맥주를 이용해 폭탄주를 만들어 마시는 장면 등 출연자들의 과도한 음주 모습 및 술과 관련한 에피소드 등이 반복적으로 노출되는 내용을 방송함.
해당 방송 프로그램의 관계자에 대한 징계 및 경고 (2017. 1.19)	가요TV 〈가요레이싱〉	2013. 6.27, 20:10–21:00	「방송 심의에 관한 규정」 제27조(품위유지) 제4호,제5호, 제35조(성표현)제2항,	토크 프로그램에서, 성과 관련된 속설에 대한 이야기를 나누는 도중 '성관계를 참을수록 정력이 좋아진다.', '자위를 많이 할수록 건강에 해롭다.', '섹스를 하면 살이 빠지고 피부가 좋아진다.' 등의 이야기를 나누면서 프로그램 전반에 걸쳐 출연자의 신체 특정 부위를 근접 촬영해 반복적으로 노출하고, 외설적 내용을 과도하게 언급하거나 선정적으로 묘사하는 내용을 방송함.
권고 (2017.5.24)	tvN 〈코미디 빅리그〉	2017. 5.7, 19:45–21:36)	「방송 심의에 관한 규정」 제51조(방송 언어)제3항, 제27조(품위유지)제5호	코미디 프로그램에서, 출연자들이 서로의 외모에 대해 "미쳤냐구, 꽃'게'같은 자식아.", "미'역'같은 자식아", "너 얼굴지'옥'같이 생겼어"라고 발언하는 장면 등을 방송함.

출처: 방송통신심의위원회(2018), 『2017년 방송심의 사례집』.

이 있다. 그리고 규정을 위반한 정도가 경미하다고 판단될 경우에는 방송국 또는 해당 프로그램의 책임자나 관계자에게 '주의' 또는 '경고' 조치를 결정해 통보한다. 위반의 정도가 중대하다고 인정되는 경우에는 방송통신위원회는 1억 원 이하의 과징금을 부과할 수 있다(방송법 제100조). 그러나 2012년 8월 방송통신위원회가 방송사에게 '시청자 사과'를 명령할 수 있는 방송법 조항에 대해 위헌 결정이 내려졌다. 23일 헌법재판소는 방송법 100조 1항 1호 중 '방송 사업자가 33조의 심의 규정을 위반한 경우'에 내리는 '시청자 사과' 명령이 "방송 사업자의 의사에 반해 시청자에 사과하도록 강요함으로써 사업자의 인격권을 제한한다"며 "주의, 경고 등의 조치로도 그 목적을 달성할 수 있는데 사과를 명령한 것은 과잉 금지 원칙에도 반한다"고 결정했다. 헌법재판소 결정 이후 방송통신심의위원회는 사안에 따라, 권고, 주의, 경고, 과징금 부과의 결정을 내리고 있다.

3. 해외의 심의 현황

1) 미국의 심의 현황

상업 방송 중심의 방송 제도가 정착되어 있는 미국에서도 전파의 희소성, 기술적 특성, 광범위하고 신속한 사회적 영향력이라는 방송의 특성으로 인해 방송은 여러 가지 규제를 받고 있다. 미국의 심의 제도는 크게 법적 심의, 윤리적 심의, 공중에 의한 심의로 나눌 수 있다. 규제 심의의 주체를 중심으로 볼 때 허가/재허가와 관련되는 법적 심의는 FCC를 중심으로 이루어지고, 윤리적 심의는 NAB(National Association of Broadcasters)와 각 네트워크 방송사나 독립 방송사에 의해 이루어지며, 수용자에 의한 심의는 NABB(National Association of Better Broadcasting), NCBB (National Citizen's Committee for Broadcasting) 등과 같은 전국 규모의 수용자 단체에서 이루어진다.

전반적으로 미국에서는 96년 텔레커뮤니케이션 법 통과로 방송, 통신 간의 진입 규제가 대폭 완화한 데 대한 반작용으로 음란물 폭력 규제, 어린이 보호, 등급제, V-Chip 제도 등 내용 규제가 강화되고 있는 경향이 짙다.

2) 영국의 심의 현황

영국의 방송 심의 기구는 공영 방송과 상업 방송에 차별적으로 적용된다. 국왕의 칙허장과 협정서에 의해 규정되는 BBC와 Welsh 방송의 경우에는 방송기준위원회(BSC: Broadcasting Standard Council)가, 상업 방송의 경우에는 Ofcom이 심의를 담당하고 있다. 영국 문화부는 방송 정책을 총괄하고, BBC에 대한 칙허장을 갱신하는 업무를 관할하고 있으며, 이의 실질적 집행은 산하기관이라 할 수 있는 Ofcom을 통해 이루어지는 체계를 갖추고 있다.

한편 영국의 자율 심의는 미국과 같이 방송사의 자체 기준에 의해 이루어지고 있으며, 다양한 시청자 단체에 의한 심의도 활발히 이루어지고 있다. 공영 방송인 BBC는 법적 기구의 심의 이외에 자체적으로 심의 기준을 마련해 자율 심의를 실시하고 있다.

방송의 공공성과 문화 창달에 대한 신념이 유달리 강한 영국에서는 시청자 운동을 통한 심의 또한 다양하게 이루어지고 있다. 방송의 도덕적 기준 회복을 위한 프로그램 모니터 활동 및 미디어에 대한 로비 활동을 전개하는 National Viewers' And Listeners' Association(NVALA), 여성의 권익 옹호를 위해 운동하는 Reel Women, 비판적 시청기능 배양 교육하는 Viewpoint 2, 미디어 제작 교육하는 Building Sights, 현행 법규와 그 집행 기관에 대해 문제를 제기함으로써 새로운 법규의 제정을 목표로 활동하는 Campaign for Press and Broadcasting Freedom (CPBF) 등이 대표적인 시청자 단체이다(박명진 · 손병우, 1994).

3) 일본의 심의 현황

일본에는 방송 프로그램을 심의하는 법적인 공공 기관이 존재하지 않는다. 과거 군국주의 시절에 방송 내용에 대한 통제와 간섭의 경험이 있기 때문에 법률이 정하는 바가 아니고는 방송 프로그램에 대한 규제를 할 수 없도록 확고히 하고 있기 때문이다.[4] 이같이 직접적인 법적 심의 기관이 없는 대신에 우정성은 방송 정책이나 허가 등을 통해 내용에 대한 간접 심의를 하고 있으며, 방송사 내부에 심의 기관을 설치해 자율 규제를 하도록 방송법에 강제되고 있다.

NHK의 경우, '일본방송협회 프로그램 기준'을, 민영 및 케이블의 경우는 '민간방송연맹의 프로그램 기준'을 자체적으로 마련해 프로그램 제작과 편성이 이루어지고 있다.

일본의 수용자 운동은 1950년대 들어 민간 방송이 시작된 후 본격화되었으며, 영국의 시청자 운동으로부터 많은 영향을 받아 민주적 시민의 권리 의식을 바탕으로 TV에 대해 시민들이 요구할 수 있는 권리의 영역을 제시해주고 동시에 시민들에게 전반적인 행동을 제시해주는 방향으로 비교적 활발히 펼쳐졌다. 그러나 이러한 수용자에 의한 규제 심의 활동은 1970년대를 분수령으로 점차 쇠퇴하는 경향이 있다. 최근 방송 민주화와 시민 참여를 위한 제도 개선과 미디어 감시와 같은 적극적인 활동을 벌이는 단체들은 거의 퇴조했고, 의식화 교육에 중점을 두는 미디어 교육 운동 단체 일부와 방송국에 의존적이고 협조적이며 동호인적인 색체가 짙은 단체들만 남았다는 지적이 있다(최영묵, 1997).

4 방송법 제3조는 '방송 프로그램은 법률이 정하는 권한에 의하지 아니하고는 누구로부터도 간섭받거나 규율되지 않는다'고 규정하고 있다.

4) 프랑스의 심의 현황

프랑스의 CSA(시청각 최고위원회)는 1989년 '커뮤니케이션 자유법'에 의해 새로이 탄생한 법적 심의 기구이다. CSA는 프랑스 방송 정책을 관할하는 문화성에 속하는 기관이지만 독립된 행정위원회로 방송 부문에서의 집중 배제, 독점 배제, 다원성의 유지 등에 주된 관심을 두고 방송국의 허가, 감독 업무를 관장하고 있다. CSA는 유럽 각 나라의 대등한 기관들과 비교해보면 아주 특별한 행정적 제재권을 지닌다. CAS의 제재권은 민영 및 공영 방송에 대해서도 동일하게 행사되는데, 방송법 24조에 의해 방송사 허가 소지자에게 제반 의무 사항들을 준수하도록 강제할 수 있다. 이를 위반 시 방송 중지나 벌금 부과가 가능하다. CSA위원들의 절대 다수가 동의한 경우 공영 방송사 사장을 해임할 수도 있다. 또한 CSA는 공영 방송 프로그램 제작사의 장을 임명하도록 되어 있고, 프로그램의 구체적 내용에 대해서도 검토와 평가를 할 권한이 있다. 의견의 다양성을 보장하기 위해 CSA는 공영 방송사의 장에게 심각한 위반에 대해서는 일정 기간 내에 시정하도록 요구할 수 있다. 단, 뉴스와 시사문제에 관한 한 방송사들에게 구속력 있는 지침을 제시할 수는 없다. 이와 같이 CSA의 준입법권은 모든 프로그램에 미치지 않고 제한적으로만 존재하며, 준입법권을 행사하기 이전에 반드시 정부 기관과 협의를 하게끔 함으로써 CSA의 전신인 CNCL에 비해 권한이 축소되었다.

프랑스의 심의는 방송법과 각 방송사의 백서에 근거하며, 별도의 자율 심의 기구는 존재하지 않는다. 다만 전국 언론조사협의회의 단체 협약과 기자의 양심 약관에 따라 방송의 윤리를 제고하고 있다.

4. 다채널화 다미디어 시대의 방송 심의 방향

방송 통신 융합에 따른 디지털 방송의 활성화로 미디어에서 제공하는 콘텐츠나 서비스를 일방적이고 획일적으로 수용했던 수용자들이 자신의 요구와 선호에 따라 콘텐츠나 서비스의 종류를 선택할 수 있는 능동적 수용자로 변모하고 있다. 기존에 획일화된 서비스에서 정보나 게임, 상거래 등 다양한 서비스를 제공하는 것이 가능하게 된 것이다. 이는 방송에서도 예외는 아니다. 과거 지상파 방송 위주로 콘텐츠를 제공했던 미디어 환경은 방송 통신 융합 환경 하에서 수용자들이 보다 다양한 수신 환경을 갖추고 다양한 서비스를 선택할 수 있도록 했다. 그렇기 때문에 동일한 콘텐츠라도 수용자들의 편의에 따라 다른 매체를 통해 다양한 방식으로 수용된다. 이에 따라 단순히 매체별 특성을 고려해 차별화된 방식으로 진행되었던 기존의 심의 방식에도 변화가 필요하다는 인식이 생기게 되었다.

방송 심의는 매체별로 그 기준과 내용이 다르며 규제가 구분되어 있었다. 과거 지상파, 케이블, 위성 등 방송 매체의 심의를 담당했던 (구)방송위원회는 전파의 공공성과 매체의 영향력, 매체 간의 균형적 발전 등을 심의의 중심 고려 사항으로 했다. 그러나 융합 서비스의 등장으로 채널이 늘고 매체가 다양화되면서 동일 콘텐츠가 다양한 매체를 통해 중복 소비되는 현상이 일반화되었다. 이에 따라 동일 콘텐츠가 다른 매체에 전송될 경우 이에 대한 심의를 어떤 방식으로 할 것인지의 문제가 새롭게 대두되었다. 즉 지상파 방송에서 방영된 특정 프로그램이 케이블, 위성과 같은 유료 방송 매체에 전송될 경우 또 다시 심의를 받기 때문에 중복 심의의 문제가 제기되며, 이와 관련해 규제의 형평성이라는 문제가 새롭게 발생할 여지가 있다. 이는 향후 매체가 더욱 다양화되고, 방송 콘텐츠 역시 다양화되면 더욱 문제가 될 것으로 여겨진다. 즉, 방송과 통신 기술의 융합으로 인해 방송과 통신 서비스가 융합되어가는 현실에서 방송 콘텐츠 서비스와 통신 콘텐츠 서비스를 어떻게 구별해내며 혹은 동일한 콘텐츠가 방송 혹은 통신 미디어로 구분된 상이한 매체에 실려 전송될 경우 어떠한 방식으로 내용 규제를 하느냐가 문제가 될 수 있다.

[그림 9-2] 방송통신심의위원회 방송 심의에 관한 규정

출처: 방송통신심의위원회 홈페이지(http:// www.kocsc.or.kr).

지금처럼 매체 간 혹은 서비스 간 분명한 차이를 전제로 하고 있는 수직적 규제 체계를 근간으로 한 방송 심의는 IPTV와 같이 전통적인 방송 서비스가 가지고 있는 전파성과 통신 미디어가 가지고 있는 쌍방향성의 특성이 복합적으로 섞여 있는 융합형 미디어의 서비스가 활성화되고 매체 간 서비스 영역의 교차가 활발해지면서 문제점을 야기할 수 있을 것이다.

방송과 통신이 융합되고 모든 서비스가 매체와 채널의 구분 없이 전달되는 방송 환경의 변화에 따라 심의 체계의 변화가 불가피해졌다. 전 세계적으로는 프로그램에 대한 심의의 규제 정도가 약화되고 있는 것이 특징이다. 지상파 방송에서 제공한 콘텐츠가 인터넷과 같은 통신 매체를 통해 전달되기도 하고 반대로 통신 매체에서 제공되었던 콘텐츠가 케이블 TV와 같은 방송 매체를 통해 전달되기도 한다.

그러나 방송 통신 융합 매체에서도 여전히 지상파와 같은 매체의 사회적 영향력은 지속될 것으로 보인다. 실제로 방통 융합 환경을 먼저 접한 해외의 경우를 보면 각국은 규제 기관의 역할을 축소해 사업자나 시청자 단체 등 민간의 역할을 강화하고 있으나, 방송은 여전히 사회적 영향력을 고려해 공공성과 공익성 개념이 기본이 되는 엄격한 규제 기준을 적용하고 있다. 예를 들어 일본의 경우도 심의 체계를 전송 매체와 콘텐츠로 이원화시켜 수평적 규제 체제를 적용하고자 하나, 지상파 방송사에 대해서는 개별적 규제를 실시하도록 하고 있다.

더 생각해볼 문제

1. 방송과 통신이 융합되면서 하나의 콘텐츠를 TV, PC, 스마트폰, 태블릿 PC 등의 다양한 기기와 채널을 통해 시청이 가능해지면서 같은 콘텐츠라도 어떤 채널을 통해 송신되느냐에 따라 규제가 달라질 수 있다. 이는 규제의 형평성과 중복 심의의 문제와 연결될 수 있다. 방송 통신 융합의 시대에서 효율적인 콘텐츠 규제에 대해 생각해보자.
2. 디지털 방송에서 방송 콘텐츠와 연계된 다양한 부가 서비스, 데이터 정보, 온라인 쇼핑 등이 제공되고 있다. 부가 서비스도 심의의 대상이 될 수 있는가에 대해 생각해보자.

제10장

디지털 미디어 시대의 시청자 운동

1. 시청자 운동의 개념

'시청자 운동'의 개념을 정의하기 위해서는 먼저 '시청자'라는 의미에 대해 살펴볼 필요가 있다. 매스 미디어, 특히 텔레비전 방송 초기 '시청자'란 텔레비전에 의해 일방적으로 영향을 받는 몰개성적이고 획일화된 수신자라는 의미가 강했다. 다시 말해서 이 시기 시청자란 단순히 주어지는 프로그램 또는 메시지를 수동적으로 수용하는 존재를 의미할 뿐이었다. 따라서 방송이 생산하는 메시지, 프로그램, 시청자 간의 교류는 단절될 수밖에 없으며, 이들의 관계 역시 폐쇄적이고 일방적인 관계였다.

그러나 방송 기술이 발달하고 시청자들의 매스 미디어, 특히 방송에 대한 의식과 권리 의식이 성장하면서 시청자와 방송 간의 관계에 대한 재검토가 필요하게 되었다. 방송이 사용하는 주요한 재화인 전파가 공공재라는 사실을 감안하면 그 주인은 당연히 시청자이며, 따라서 방송과 시청자의 관계 역시 일방적인 관계에서 쌍방향적인 관계로 나가는 것은 당연한 것이라고 할 수 있다. 이러한 맥락에서 시청자란 단순히 방송을 수용하는 수동적인 존재가 아니라 방송의 주인으로서 좋은 방송, 자신의 권익을 보호하는 방송을 요구할 수 있고 이러한 방송을 위해 방송 프로그램 생산 과정에까지 참여하고 영향을 미칠 수 있는 적극적이고 능동적인 존재로 정의될 수 있다.

이렇게 변화된 '시청자'의 의미에 따라 시청자들이 방송에 자신들의 요구를 전달하고 공공재를 사용하기 때문에 수행해야 하는 공공성 실천을 감시하는 통제 방법이 필요하게 되었다. 방송이 공공성을 실천하도록 하고, 바람직한 미디어 행위를 유도하는 시청자들의 사회적 통제와 참여 활동이 바로 '시청자 운동'이라고 할 수 있다. 다시 말해 시청자 운동이란 대중 매체 및 대중 매체의 영향을 올바르게 이해

[그림 10-1] 좋은 미디어 만들기

출처: 한국청소년연맹 좋은 미디어 만들기 홈페이지(http:// www.tveye.or.kr).

하고, 이를 통해 대중 매체 및 그 메시지를 능동적이고 주체적으로 수용하며, 더 나아가 대중 매체의 구조는 물론 그것이 생산하는 내용 자체를 시청자의 권익에 부합하도록 바꾸려는 집단적이고 지속적인 참여 활동으로 정의할 수 있다.

이러한 정의에서 볼 때 시청자 운동은 시청자 단체를 중심으로 한 미디어 교육 운동, 모니터 운동 및 수신료 거부 운동 등과 같은 사회 운동이 포함된다. 한편 항의 서한 발송이나 게시판에 의견을 올리는 등의 개인적인 행위의 경우 비록 집단화된 조직적 활동은 아니지만 대중 매체에 대한 감시 및 통제라는 시청자 운동의 기본 목적에 비추어서 포괄적인 시청자 운동의 범주에 넣을 수 있다.

1) 시청자 운동 접근 방법

김기태(1989)에 의하면 시청자 운동은 기본적으로 상이한 두 가지 접근 방법을 가지고 있다고 했다. 이는 방송 시청자 문제를 보는 시각의 차이에서 비롯된 것인데, 현실에 대한 상황 정의와 시청자 운동의 목적과 방법까지 다르게 된다. 따라서 방송 시청자 문제를 어느 시각에서 접근하느냐 하는 것은 시청자 운동의 방법의 중요한 기준이 된다.

시청자 문제를 보는 시각은 기능적 접근 방법과 갈등적 접근 방법이 있다. 먼저 기능적 접근 방법은 시청자 문제의 발생 원인은 시청자 개인의 매체 수용에 대한 정보나 지식의 부족에서 비롯된다고 본다. 즉, 시청자들은 언론에서 제공하는 프로그램이나 메시지를 제대로 해석하지 못하고 그 뒤에 숨어 있는 의도도 파악할 수 없기 때문에 시청자 문제가 발생한다는 것이다. 따라서 시청자 운동의 목적도 언론의 각종 역기능에 의한 피해 정도를 극소화시키는 것이다. 결과적으로 시청자 문제는 시청자 스스로 미디어의 폐해로부터 벗어날 수 있도록, 시청자 의식화 교육과 미디어 내용 식별 능력을 배양하는 데에 중점을 두게 된다.

반면, 갈등적 접근 방법은 문제의 발생 원인을 언론을 둘러싼 정치, 경제의 구조적 갈등이라고 보기 때문에, 시청자 운동의 목표를 언론 환경의 구조적 문제 해결에 두고 있다. 이 관점에서 해결 방법은 교육보다는 구조적인 문제를 탐색, 제기하고 구조 자체의 변혁을 꾀함으로써 가능하다. 또한 목표 달성을 위해 개별 시청자보다 시청자 집단 차원의 행동이 있어야 한다고 본다.

이 두 가지 접근 방법은 비록 상이한 관점과 해결 방안을 제시하고 있지만 시청자 운동에서는 상호 보완적인 관계에 있어야 한다. 실재 갈등적 접근 방법은 기능적 접근 방법이 언론의 폐해를 개인적 책임으로만 돌린다는 한계를 보완해줄 수 있고, 기능적 접근 방법은 실질적인 미디어 이용은 개인적 차원에서 이루어진다는 점에서 중요한 해결 방안을 제시해줄 수 있기 때문이다. 따라서 언론의 문제를 정확히 파악하고 해결하기 위해서는 개인적 차원부터 그 사회의 정치, 경제적 제도에 이르기까지 포괄적인 시청자 운동이 이루어져야 한다.

2. 시청자 운동의 현황

1) 시청자 운동의 중요성 변화

1990년대에 들어서면서 문화는 어떤 영역보다 강력한 힘을 나타내고 있다. 단선적인 정치 이데올로기나 경제 논리에 의해 사회가 규정되기보다는 문화라는 개념이 모든 것을 포괄하는 것이다. 이것은 1980년대부터 진행된 정보화 흐름 속에서 일부 전문인에 의해 조정되었던 문화 영역에 일반 대중이 쉽게 접근할 수 있게 되면서 대중이 문화의 적극적인 주체로 등장했기 때문이다. 특히 2000년 통합방송법은 1990년대 10년 동안 발전해온 시청자 주권 개념을 가장 중요한 정책 이념의 하나로 채택하고, 시청자 권익 강화를 법률화하는 데 성공했다는 점에서 높은 평가를 받고 있다(김학천, 2000; 박은희, 2000; 이창현, 2001; 최영묵, 2000). 통합방송법은 퍼블릭 액세스 등 시청자 관련 조항을 다수 포함시키면서 시청자 권익 보호와 관련된 법이 정착되기 시작했고 시청자의 위상이 공고해지는 틀을 마련했다.

방송 통신 융합의 미디어 환경 속에서 제4의 권력으로 불리는 방송과 언론 속의 시청자는 정보를 수신할 뿐만 아니라 정보를 만들고 송신할 수 있는 프로슈머(prosumer: producer와 consumer의 합성어)가 되었다. 최근 시청자가 방송에 적극적으로 참여할 수 있는 통로가 마련되면서 체계적이고 합리적인 논지를 실은 시청자 목소리가 보다 강화되었고 이는 방송을 비판하는 데 중요한 위치를 차지하게 되었다.

방송의 다채널화가 진행될수록 시청자의 요구와 권리가 신장되고 있다. 이는 시청자들의 책임과 적극성이 보다 강조되고 있다는 것을 시사하며 조직적이고 집단적인 시청자 운동의 필요성을 제기한다. 시청자 운동은 국가마다 활동 범위에 차이가 있지만, 시청자 운동의 중요성이 계속 부각되고 있는 것은 동일하다.

2) 외국 시민 단체의 시청자 운동 현황[1]

(1) 미국

미국은 시민 단체의 심의 활동이 가장 발달되어 있는 국가이며 실제적으로 큰 힘을 발휘하고 있다. 특히 어린이, 청소년을 보호하기 위한 시민 단체의 방송 심의 활동은 매우 다양하고 체계적으로 전개되고 있다.

① 전국사친회(National PTA: National Parent-Teacher Association)

PTA는 어린이와 청소년을 위해 조직된 미국에서 가장 크고 역사가 깊은 단체이다. 1896년 설립된 이후 PTA는 지속적으로 가정, 학교, 사회 내 어린이와 청소년의 복지 향상, 어린이와 청소년을 위한 법제도 개선, 부모와 교사의 연계를 통한 교육의 질 향상 등을 위해 노력하고 있다. 특별히 설립 초기부터 어린이 복지 향상을 위한 법 개정을 목표로 활동하고 있으며, 이를 위해 1977년 워싱턴에 지사를 설립

---

1 유세경(1999), 「방송심의체계연구」, 정보통신부 연구보고서에서 재인용했음을 밝힌다.

하게 되었다. 이곳에서는 연방 법이나 규제와 관련된 문제를 분석하고, 정책 입안자들을 대상으로 PTA의 입장을 알리는 등 로비 활동을 벌이고 있다.

PTA의 활동 분야는 크게 교육 프로그램, 예술 교육 프로그램, 건강 및 안전 프로그램, 지도자 및 회원 교육 프로그램, 수상 프로그램으로 나누어진다. 미디어 교육 및 비판적 텔레비전 시청과 관련된 활동은 건강 및 안전 프로그램 내에서 이루어지고 있다. 특히 PTA에서는 '미디어 교육 및 비판적 텔레비전 시청 도서관(Media Literacy and Critical Television Viewing Library)'을 개설해 미디어 교육에 관한 일체의 자료를 제공하는 데 많은 노력을 투자하고 있다.

'미디어 교육 및 비판적 텔레비전 시청' 프로그램의 일환으로 1994년에는 NCTA(National Cable Television Association)와 공동으로 학부모와 교사를 대상으로 비판적인 텔레비전 시청 기술을 가르치는 'Family and Community Critical Viewing Project'를 시작했다. 이 사업은 케이블 TV, PTA 지도자, 지역사회 지도자들에게 텔레비전을 올바르게 시청하는 방법, 텔레비전의 폭력성에 대해 어린이에게 설명하는 방법, 텔레비전의 수용자 조작 방법에 대한 이해, 시청 결과에 대한 교육적인 가족 토론 방법들에 대해 교육하고, 이를 교육받은 지도자들이 다시 학부모, 교사 및 지역 단체를 대상으로 워크숍을 운영하는 방식으로 진행되고 있다.

이 밖에도 PTA는 미디어 기업과 어린이 프로그램에 대해 새로운 방식의 내용 등급제를 타협하는 데 주도적인 역할을 담당한다. 또한 마이크로 네트워크에 관한 포럼인 'Children First'를 개최하고, 뉴미디어와 관련된 윤리적인 문제나 텔레비전 프로그램 등급 평가 방법과 폭력 평가 방법에 관한 학부모 교육, 텔레비전 폭력의 효과에 관한 연구 결과 제공 등 다양한 운동을 벌이고 있다.

② 어린이를 위한 미디어 질 유지를 위한 동맹(CQCM: Coalition for Quality Children's Media)

1991년 설립된 비영리 집단으로 미디어 기업, 교육자, 어린이 옹호 단체들이 자발적으로 협력해 만든 단체이다. CQCM 설립의 주된 목적은 질 높은 어린이 프로그램이 보다 잘 알려지고, 손쉽게 선별 가능하도록 함으로써 어린이의 시청 경험을 향상시키는 데에 있다. CQCM에 참여하고 있는 주요 단체들은 20th Century Fox Home Entertainment, Bell Atlantic Video Services, MCA Home Video, MGM/UA Home Entertainment, Sony Wonder, Turner Home Entertainment, Warnervsion, National Association of Recording Merchandisers, Time Life Video & Television 등 다수의 영상 기업들과, Children's Television Workshop, National Geographic Society, National PTA 등의 어린이 옹호 단체들이 있다.

이들이 주력하고 있는 'KID FIRST' 프로그램은 부모와 교육자로부터 상당한 신뢰를 얻고 있다. 'KID FIRST'는 유아부터 18세에 이르는 청소년을 대상으로 하는 텔레비전, 비디오, CO-ROM 등의 프로그램을 평가하고 등급을 결정해 타이틀에 표기하도록 하는 것이다. 등급을 결정하는 심사위원들은 미국 전역의 다양한 지역과, 민족, 경제 계층을 대표하는 성인 300명, 어린이 3,000명으로 이루어져 있으며, 모두 자발적으로 참여하고 있다. 참가 자격은 교육학이나 어린이 발달, 문헌정보학, 이와 유사한 분야의 학위를 지닌 자로서, 프로그램을 보고 평가할 수 있는 5명 내지 30명의 어린이 심사원들을 동원할 수 있는 능력을 갖추면 누구나 심사위원으로 참여할 수 있다.

프로그램 등급 평가는 전문적으로 고안된 기준과 평가 도구를 이용해 이루어진다. 'KID FIRST'로 승인을 받기 위해서는 우선 다섯 가지 평가 기준을 통과해야 한다. 먼저, 불필요한 폭력이나 성행위의 묘사가 없어야 한다. 둘째, 신체적 또는 언어적인 남용이 없어야 하며, 셋째, 인종, 성별, 문화, 종교적인 편견이 없어야 한다. 넷째, 어린이에 대한 우월감, 다섯째, 위험한 행위의 내용을 담고 있지 않아야 한다. 모든 프로그램은 소구 대상, 내용, 제작의 질, 어린이 발전에 대한 도움 여부의 개별 항목에 대해 평가된다. 성인 심사위원들의 평가 후 어린이 심사원들의 테스트를 통과해야만 'KID FIRST' 로고가 부여된다. 'KID FIRST'의 기준을 만족시킨 프로그램은 평가 기준을 만족시킨 정도에 따라 'All Star', 'Endorsed Title', 'Qualified Endorsement' 세 가지의 등급으로 나뉜다.

<KID FIRST의 세 가지 등급>

- All Star : 등급은 심사 결과 가장 높은 점수를 받은 프로그램에 부여된다.
- Endorsed Title : 위의 각 항목의 기준을 통과 또는 간신히 통과한 프로그램에 부여된다.
- Qualified Endorsement : 위의 기준은 통과했으나 부모나 보호자가 좀 더 신경을 기울여야 할 필요가 있는 프로그램은 등급을 받게 된다.

CQCM은 이 밖에도 저소득 계층 어린이와 가족을 위해 질 높은 프로그램을 제공하고 있다.

③ 미디어교육센터(CME: Center for Media Education)

CME는 Action for Children's Television(ACT)의 성격을 이어받아 1991년 설립된 비영리 단체이다. ACT는 미국의 '어린이 텔레비전법(Children's Television Act)'[2] 개정에 결정적인 역할을 한 것으로 인정되고 있는 단체이다. 어린이 프로그램에 상업 광고를 줄여나가고 궁극적으로 폐지시킬 것과, 프로그램 내용도 교육적인 것으로 개선시켜야 한다는 주장을 지속적으로 펴온 ACT는 1990년 「어린이 텔레비전 법」이 개정되자 이들의 활동 목표가 달성되었다고 판단해 발전적으로 해산했다. 현재 CME는 ACT 작업의 연장선에서 수용자 교육, 언론 활동, 연구 활동 등을 통해 전자 미디어 프로그램의 질 향상 및 공익적인 텔레커뮤니케이션 정책 개정을

2 Children's Television Act는 텔레비전 폭력에서 어린이들을 지키려는 보다 직접적인 시도의 결과로 내용에 대한 직접 규제라는 관점에서 기존의 방송규제법과 다른 이색적인 법안이다. 이 법의 근간은 어린이 프로그램에 대한 광고 허용 시간의 제한과 어린이를 대상으로 특별히 제작된 교육 프로그램의 일정량 의무 방영에 대한 규정이다. 네트워크에 의해 유명무실한 상태로 준수되어오던 이 법안은 1996년 텔리커뮤니케이션 법의 통과와 더불어 1996년 8월 FCC가 어린이 프로그램에 대해 구제적인 시간대와 양을 규정함으로 모든 방송사들이 필히 지켜야 하는 의무사항이 되었다. FCC의 새로운 규정에 의하면 모든 방송사는 적어도 일주일에 3시간 이상의 어린이용 프로그램을 방송해야 하며, 이 프로그램은 오전 7시부터 오후 10시 사이에 방영해야 하고, 일회 프로그램의 길이는 30분 이상이어야 한다. 또한 각 방송사는 매 분기별로 어린이 프로그램 방송실적에 대한 보고서(FCC Reporting Form 398)를 제출해 그 결과를 재허가 과정에서 평가받도록 되어있다.

위해 노력하고 있다.

CME 활동의 가장 두드러진 결실은 어린이 텔레비전 법 준수에 대한 방송사의 평가를 통해 FCC가 구체적 정책 집행을 이끌도록 했다는 것이다. 어린이 텔레비전법이 통과된 지 1년 후인 1991년 CME가 방송사의 동법 준수를 평가한 바에 따르면, 어린이 프로그램 광고 시간 제한은 비교적 잘 준수되고 있으나, 어린이 대상 프로그램 제작 방영 규정은 잘 지켜지지 않은 것으로 나타났다. 특히 많은 방송국들이 울며 겨자먹기 식으로 방영한 어린이 프로그램은 〈어린이 뉴스 쇼〉와 같은 프로그램이었고, 이것도 조사 대상 방송국의 60%가 오전 5시 30분에서 7시 사이에 방송하고 있었다. 또한 〈G. I. Joe〉와 같은 폭력 만화를 어린이 프로그램 장르로 분류하고 있는 것으로 나타났다.

이러한 결과에 충격을 받은 FCC는 어린이 텔레비전 법에 규정된 사항에 대한 네트워크, 케이블 텔레비전 방송사들의 준수 여부를 자율에 맡기지 않고 직접 챙겨 1993년, 1994년 FCC 청문회를 개최한 후 구체적 정책 집행을 제안했다. 우선 어린이 프로그램의 질적 평가는 시청자들이 가장 현명하게 할 수 있다는 판단하에 프로그램의 성격, 형태, 내용에 대한 적절한 정보를 시청자에게 제공해 스스로 판단할 수 있게 했다. 또한 1990년 법에서 모호하게 규정된, '어린이를 위해 특별히 기획된 프로그램'의 범위를 명확히 해 〈G. I. Joe〉 같은 폭력 만화 프로그램이 교육용 프로그램으로 분류되는 일이 없도록 했다. 마지막으로 어린이 프로그램을 광고에 의해서가 아니라 자체 예산으로 제작 방송하는 것을 권장했다.

또한 CME는 지속적으로 'Kid TV' 캠페인을 통해 어린이 프로그램의 질적 향상을 꾀하고 있다. 1992년의 경우 80여 개 어린이 단체 및 교육계, 학부모 단체가 연합해 'Kid TV' 캠페인을 벌인 바 있다. 1996년 FCC가 TV 방송사로 해금 주 3시간 이상의 어린이 교육 프로그램을 편성하도록 한 규정은 이러한 운동의 결과에 힘입은 것이라 할 수 있다.

또한 새로운 디지털 시대는 어린이의 필요에 부응해야 한다는 믿음에 따라 CME는 최근 'Action for Children in Cyberspace' 프로젝트에 운동의 초점을 맞추고 있다. 이 프로젝트는 네 가지 주요 사업을 포함한다. 첫째, 정책 전문가가 활동하는 주요 대학을 연결한 '정책 연구 네크워크'를 구성해 정책 결정에 실질적인 지적 기초를 마련한다. 둘째, 주요 어린이 옹호 단체, 교육계, 소비자, 시민 운동 단체를 연결한 '어린이 미디어 정책 네트워크'를 구성한다. 셋째, 계간지 *InfoActive Kids*를 발행, 최신 보고서, 최신 기술 경향에 대한 시의 적절한 정보를 제공한다. 넷째, 미디어 시스템과 그 시스템이 어린이에게 미치는 영향에 관한 공공 토론을 구성하고 기자에게 정보를 제공하기 위한 전략적인 캠페인을 마련한다는 것이다.

이렇게 최근의 CME 활동은 뉴미디어와 관련 정책 개선에 집중되고 있다. 미국에서는 1998년 11월부터 이미 주요 시장에서 HDTV가 방송되고 있으며, 이와 함께 디지털 텔레비전(DTV)의 시대가 개막되었다고 판단하기 때문이다. CME의 '공익적인 Digital TV' 연구는 이러한 맥락에서 이루어지고 있는 매체 산업 및 수용자 변화에 관한 연구이다.

이와 더불어 CME는 비판적인 텔레커뮤니케이션 이슈들을 다루기 위해 비영리 조직을 구성하는 데 선두적인 역할을 하고 있다. 'Telecommunication Policy Roundtable'의 공동 구성자로서 CME는 200여 개 단체들이 정보화 고속도로 논의에 참여하도록 이끈 바 있다. 또한 CME는 교육계, 도서관, 어린이 옹호 단체들과 전국적으로 또는 주 단위로 협력해 저소득 계층의 어린이와 소수 민족 어린이들이 학교나 가정에서 뉴미디어 교육의 기회를 보장받을 수 있도록 노력하고 있다.

④ 미국가정연합(AFA: American Family Association)

1988년 National Federation for Decency가 명칭이 바뀌면서 탄생된 단체이다. 목사인 와일드만(Donald E. Wildman)이 설립자로 기본적으로 성서적 윤리와 도덕 회복에 초점을 맞추고 있으며, 사회와 가정을 건강하게 유지시키기 위해 노력하는 기독교 단체이다. 거대한 오락 산업이 불러온 전통적인 가치 하락에 위기 의식을 느끼고, 이러한 가족의 가치를 파괴하는 프로그램의 광고주인 기업들에게 그 책임을 물어야 한다고 주장하고 있다.

전국적으로 총 500개 이상의 지역 AFA를 산하에 두고 있으며 20개 주에 전문가를 파견해 활동을 전개하고 있다. 또한 기독교인들의 시민권을 보호하기 위한 비영리 법률조직인 'AFA Law Center'를 1990년에 설립해 운영하고 있다. AFA Law Center에는 4명의 변호사가 상근하고 있으며, 400명 이상의 변호사들이 전문 분야에서 지원하고 있다.

'Match Box Toys' 회사에 요구해 영화 〈나이트메어〉의 프레디 인형 16만 개의 생산을 중단시킨 일은 잘 알려진 AFA의 성과이다. 펩시콜라에 압력을 넣어 마돈나의 광고와 연주 여행의 스폰서 역할을 취소시킨 것도 AFA의 활동 결과이다. 이밖에도 포르노 잡지 제거를 위해 불매 운동을 벌인 결과 3만 개에 달하는 편의점 가판대로부터 포르노 잡지를 제거하는 데 공헌했고, 〈그리스도의 마지막 유혹〉이라는 신성 모독적 영화 반대 운동으로 미국 내 극장 가운데 1%만이 이 영화를 상영한 데 그치게 했다.

AFA 발행물인 *AFA Journal*은 이 단체의 활동을 위한 정보 및 TV가 섹스와 폭력, 신성 모독에 미치는 영향에 대한 학술 논문, 포르노와 성적 공격 범죄와의 상관관계에 대한 연구들을 싣고 있다.

(2) 영국

① 전국시청취자연합(National VALA: National Viewers' and Listeners' Association)

시청자나 청취자들이 프로그램 내용에 보다 효율적으로 반응하도록 돕는 것을 목적으로 1966년 발족했다. 또한 방송의 결과나 기타 대중 매체와 관련된 시민 토론의 결과를 의회에서 논의하도록 자극하는 것을 목적으로 한다. 궁극적으로는 영국뿐만 아니라 해외에서 매체에서의 음란과 포르노를 통제해 안전하고 효율적인 입법을 마련하는 것을 목적으로 하고 있다. 사회에 만연한 포르노물과 미디어 음란물을 제거할 수 있는 법 개혁, 국내외의 관련 단체와의 정보 교환 및 연대 활동 발전, 방송기준위원회(Broadcasting Standards Council)를 설립하기 위한 캠페인, DBS

시대를 준비하기 위한 범유럽 프로그램 기준을 마련하기 위해 노력하고 있다.

구체적으로 프로그램 내용을 모니터하고 정기적인 보고서를 작성해 시민과 의회의 관심을 환기시키는 데 노력하고 있다. 특히 폭력적인 오락물의 장기적이고 축적된 효과에 대해 관심을 기울이고 있다. 한편으로는 국무총리를 비롯한 관련 장관들에게 시의 적절한 정보를 제공하고, 어린이 포르노와 음란물 방송 등에 대항할 수 있는 효율적인 법적 장치를 확보하기 위해 의회의 의원에 대한 로비활동도 벌이고 있다. 또한 이러한 이슈와 관련된 시민 토론을 자극할 수 있는 다양한 텔레비전, 라디오 프로그램을 마련하기도 한다.

② 신문방송자유협회(CPBF: Campaign for Press and Broadcasting Freedom)

다양하면서도 민주적인 대표성을 지닌 미디어를 위해 1979년 설립된 단체이다. 각종 캠페인을 통해 미디어의 책임과 접근성을 높이기 위한 활동을 벌이고 있다. 각 캠페인들은 노동조합과 노동당, 개별 회원들에 의해 지원되고 있다. 전문가 집단은 특히 여성 문제 및 매체 연구를 담당한다. 필요에 따라 Campaign Against Racism in the Media, The Television Users Group과 같은 단체와 공동 작업을 펼치기도 한다.

방송과 관련된 주요 활동은 첫째, 방송의 불편부당성을 알리고 균형을 촉구하는 캠페인 활동 전개, 둘째, 하층 계급도 다양하게 참여할 수 있는 기회의 평등성 추구, 셋째, 현재의 소유 형태와 규제 방식이 방송의 편집 독립성과 민주적 책임성 또는 높은 프로그램 수준을 보장하고 있다는 믿음에 대한 도전 등으로 나뉜다.

③ 시청취자의 목소리(VLV: Voice of the Listener and Viewer)

1983년 '청취자의 목소리(Voice of the Listener)'라는 이름으로 결성되었다가 1991년 시청자(Viewer)가 덧붙여진 현재의 이름으로 변경되었다. 1983년 설립 당시 BBC 보고서인 'Broadcasting in the Nineties'에 대한 반대의 입장을 표명한 것이 이 단체 결성의 동인이 되었다.

설립 동기에 따라 VLV는 BBC 라디오와 텔레비전의 독립성 및 공공 봉사를 위한 캠페인을 주로 전개하고 있다. 이를 위해 각종 회의와 회합을 조직하고, 의회와 방송사에 로비를 행하고 있다. 아울러 방송에서의 음향과 출연자들이 사용하는 언어의 수준을 유지해야 한다는 주장을 펴고 있기도 하다. 출판물로 계간인 'Voice of the Listener and Viewer'가 있다.

(3) 일본

일본은 1952년 시청자 운동 조직인 일본방송시청자연맹이 출범해 방송사에 시청자의 요구를 전달하기 시작했다. 특히 공영 방송인 NHK와 더불어 민영 방송과 경쟁 체제가 형성되면서 주 시청 시간대를 오락 프로그램이 차지하고, 교육과 교양 프로그램이 점차 주변 시간대로 옮겨가는 문제를 제기했다. 이후 1970년대에는 일본 방송사의 조직 운영과 프로그램 형평성 등에 대해 문제를 제기하기 위해 수신료 거부 운동의 형태로 시청자 운동이 전개되는 특징을 보인다(한진만, 박천일 외, 2000; 한진만 외, 2008).

① 시민의 TV 모임(FCT: Forum for Children's Television)

1977년 10월 시민의 입장에서 TV의 문제에 접근하는 시민의 광장이 되고자 결성되었다. 텔레비전과 관련된 각종 조사와 연구를 중심으로 전개되고 있으며, 일찍부터 미디어 교육의 필요성을 주장해왔다. FCT는 어린이와 관련된 분야에서 주로 활동하고 있는 것으로 알려져 있으나, 사실상 이들의 활동은 텔레비전과 관련해 제기할 수 있는 모든 영역의 문제들을 포괄하고 있다. 창립 15주년을 계기로 'TV 시청자 권리헌장'을 발표했는데, 7조로 이루어진 이 헌장의 내용 가운데 특히 새로운 미디어 법규의 제정 필요성을 강력히 제기한 내용들이 다수 포함된 것은 이들의 활동 방향을 잘 대변해준다.

주요 활동 중의 하나는 1주일분의 전체 방송 프로그램과 광고를 분석하는 'TV 진단 분석 조사'라 할 수 있다. 이 분석 결과를 통해 FCT는 단체의 입장을 종합하

<TV 시청자 권리 헌장>

창립 15주년을 계기로 FCT는 공공의 전파인 TV에 대한 우리 시민의 권리와 책임을 확인하고 모든 시청자가 전파를 공유할 것을 제기한다. – 1992년 11월 7일

제1조 (시청자의 권리) 언론 표현의 자유는 TV 사업자, 제작자뿐만 아니라 시청자에게도 균등하게 보장될 권리이다.

제2조 (차별받지 않을 권리) 시청자는 인종, 국가, 연령, 성별, 종교, 직업, 사회적 지위 등과 관련해 TV로부터 차별받지 않을 권리를 갖는다(시민 참여에 의한 방송 기준을 작성하고 이것을 준수할 것을 요청한다).

제3조 (알 권리) 시청자는 TV방송사의 프로그램, 광고 및 편성에 관해서 설명을 받고 TV의 바람직한 방향에 관해 정보 공개를 요구할 권리를 갖는다(TV 각 방송사는 이에 대응하는 부서를 마련할 필요가 있다).

제4조 (반론권) TV로 말미암은 인권 침해나 프라이버시의 침해 및 공격적 태도에 대해서 시청자는 반론할 권리가 보장된다(방송 제도의 일환으로서 심의 위원 제도의 창설이 필요하다).

제5조 (선택할 권리) 시청자는 TV의 다양한 정보 가운데에서 선택할 권리를 갖는다(TV 사업자는 프로그램과 CM의 양식 및 내용 편성 등에서 가능한 한 다양한 정보를 제공할 의무가 있다).

제6조 (미디어 교육의 의무) 시청자는 TV에 대한 자율성을 확립할 필요가 있다. 그를 위한 비판적인 미디어 교육을 조직해서 수용할 권리를 갖는다(학교 교육, 사회 교육의 체계 안에 가능한 한 미디어 교육의 교과 과정을 수용할 것을 추천한다. TV 방송사도 이것을 수용할 책임이 있다).

제7조 (파트너로서의 권리와 책임) NHK, 민방을 막론하고 TV 전파의 운영에 있어서 시청자도 파트너로서 참여할 권리와 책임을 갖는다(전파의 관할을 우정성에서 전파관리위원회와 같은 제3의 기관에 옮기는 것이 필요하다. 또 NHK 회장이나 경영위원회 위원의 선출에 시민 참여를 실현시켜 시민이 참여한 프로그램 심의회를 창설해 운영한다).

고 시청자의 권리를 위한 활동 목표를 정립한다. 축적된 데이터를 통해 일본 텔레비전의 문제점을 통찰할 수 있는 자료를 제공하고 있다.

② TAT 일본위원회

1970년대 미국의 기독교계 시민 활동인 'Television Awardness Training(TAT)'을 1980년 일본이 도입한 것이다. TAT의 커리큘럼을 사용해 일본 및 아시아 각국에서 TAT워크숍을 개최해오고 있다.

③ TV 환경연구회

FCT의 미디어 교육 프로젝트 스태프와 TAT 일본위원회 구성원들이 1985년 결성한 단체이다. 이들은 공통된 관심사인 미디어 워크숍을 빠른 시일 안에 실현시킨다는 취지로 함께 커리큘럼을 개발하기 위해 협력한 결과 서로의 경험을 바탕으로 워크숍 교재를 완성, 교재를 사용한 미디어 워크숍 개최에도 협력하고 있다.

비판적인 시청 기능의 습득을 목표로 하고 있는 워크숍 운영이 TV 환경연구회의 주요 활동이다. 워크숍은 각급 학교 학생들과 학부모 등을 대상으로 개최되는데, 참가자들은 강좌마다 먼저 함께 VTR을 보거나 집에서 지정된 프로그램을 본 뒤, 각자의 기록지를 완성하고 소집단별 토론과 결과 발표, 전체 토론의 형식으로 진행된다. 워크숍의 강사는 TV 환경연구회에서 실시하는 강사 양성 프로그램을 이수한 자가 담당한다.

<TV 환경연구회 워크숍 내용>

첫째, TV에 지나치게 밀착된 일상생활에서 그것과 거리를 두고, 자신의 시청 습관을 스스로 점검해 통제하는 기능
둘째, TV의 내용을 객관적으로 수용해 현실과의 차이를 식별하는 기능
셋째, TV 광고나 프로그램에 사용되는 설득 기법과 묘사된 가치관, 사고방식을 객관화하고 그것들을 비판적으로 받아들여 반론을 펴는 기능
넷째, 화면에는 나타나지 않는 제작 메커니즘이나 내부 조직에 대한 이해를 통해 화면 위의 프로그램과 광고가 어떤 정치적 압력에 민감하게 반응하는가를 판단하는 기능
다섯째, TV에서 필요한 정보와 불필요한 정보를 구별해 필요한 정보를 적절하게 선택하는 기능

3) 국내 시민 단체의 시청자 운동 현황[3]

우리나라 시청자 운동은 1960년대 매체 교육을 실시한 천주교중앙협의회 산하

3 유세경(1999), 「방송심의체계연구」, 정보통신부 연구보고서에서 재인용했음을 밝힌다.

단체인 가톨릭 매스컴위원회의 활동으로부터 시작되었다. 주로 방송 내용을 모니터하고 올바른 수용 방안과 개선 방안을 찾는 일에 중점을 두었다. 1984년 결성된 한국여성단체협의회의 매스컴모니터회 역시 텔레비전 프로그램의 모니터 활동을 중심으로 전개되었다(이명신, 1993; 김기태, 2004; 한진만 외, 2008).

이후 1986년 벌어진 시청료 거부 운동은 보다 적극적인 시청자 운동으로 발돋움하는 계기가 되었다. 당시 공영 방송인 KBS TV는 대통령과 정부 활동을 미화하는 왜곡, 편파 보도를 지속했고 이에 대해 범국민적 차원의 저항에 직면하게 되었다. 1993년에는 방송에 대한 모니터 활동을 통해 지속적으로 문제점을 제기하면서 국민들의 '텔레비전을 끕시다'[4] 운동이 전개되었고 이에 방송사들은 옴부즈맨 제도를 도입하면서 시청자 의식을 높이게 되었다(이명신, 1993; 김기태, 2004; 한진만 외, 2008).

전체적으로 1990년대 시청자 운동은 프로그램 감시 활동과 더불어 미디어 리터러시, 방송 읽기 등 미디어 교육으로 확대되었고, 또한 수용자의 직접 제작을 통한 대안 매체의 활성화와 더불어 수용자 액세스권의 확보가 주요 특징으로 나타난다. 이후 2000년 방송개정법은 시청자 주권 조항과 방송 발전 기금의 지원, 퍼블릭 액세스 프로그램 제작 활동 지원 등의 법적 근거를 마련하면서 적극적으로 시청자 운동을 가속화시키는 근거가 되었다(강에스더 외, 2005; 한진만 외, 2008).

2011년 11월 종편 채널이 개국하면서 조선, 중앙, 동아, 매일경제 등의 거대 신문사의 방송 장악을 우려하는 시청자들은 일명 '종편 채널 삭제 운동'이라는 시청자 운동을 전개하기도 했다. 앞선 시청자 운동과의 차이점은 SNS를 시청자 운동에 이용했다는 점이다. 트위터를 중심으로 #종편채널삭제 라는 해시태그를 사용했고 이를 보다 빠르게 확산시켰다는 점에 주목할 만하다. 이처럼 모바일 소셜네트워크 사용의 확대는 시청자 운동을 포함한 사회 운동에 큰 변화를 일으키고 있다.

---

4 1993년 서울 YMCA 시청자 운동 본부가 MBC-TV가 매일 오전 방송했던 유아 프로그램 '뽀뽀뽀'를 시청률 문제로 폐지하자 '뽀뽀뽀' 평일 재편성을 요구하는 운동으로 시작되었다. 이후 방송의 상업성, 질, 공정성 문제로 확대되면서 'TV 끄기 운동'은 시청자 주권을 요구하는 대표적인 사례로 기록되고 있다.

(1) YMCA 시청자시민운동본부

방송 모니터의 선두주자인 YMCA는 초기의 모니터 중심 활동으로부터 최근 선진국 시민 단체의 움직임과 같이 수용자 교육 쪽으로 운동 목표를 전환하고 있다. 1991년 1월 TV모니터클럽을 대대적으로 조직 개편을 해 '시청자시민운동본부'를 출범시키고 TV모니터클럽을 '좋은 방송을 위한 시청자 모임'으로 개칭해 보다 전문적인 방송 모니터를 실시하는 한편, 미디어 교육 활동으로 'TV 모니터 훈련 과정', 'TV 제작 교실', '영상 언어 지도를 위한 교사 워크숍', '텔레비전 바로 보기 시민 강좌', '미디어 출장 교육' 등 다양한 프로그램을 개발하고 실시 중에 있다. 자발적으로 모니터에 참여하고 있는 회원도 가장 많은 단체이며, 1995년부터 케이블 모니터도 실시하고 있다.

YMCA 회원들은 주1회 모임에서 모니터 과제를 선정하고 그룹 토론 등을 거쳐 보고서를 작성하고 있다. 이슈가 되는 프로그램을 중심으로 모니터를 하되, 어린

[그림 10-2] YWCA 시청자시민운동본부

출처: YWCA 시청자시민운동본부 홈페이지(http:// www.watch.or.kr).

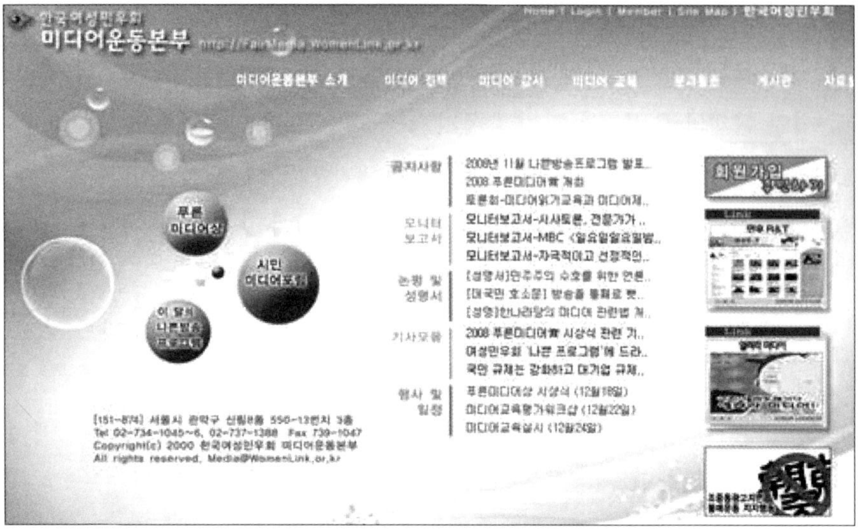

[그림 10-3] 한국여성민우회 미디어운동본부

출처: 한국여성민우회 미디어운동본부 홈페이지(http:/ /fairmedia.womenlink.or.kr).

이/청소년에 초점을 맞춰 활동하고 있다.

(2) 한국여성민우회 미디어운동본부

한국여성민우회는 주로 여성 고용 문제, 가부장적 내용, 가족 내 여성 위치 등 여성의 지위와 관련된 문제에 대한 과제를 선정해 공중파의 주요 프로그램을 모니터하고 있다. 민우회는 모니터에 운동의 초점을 맞추고 있는 단체가 아니므로 모든 프로그램을 모니터하지는 못하지만 주 시청 시간대(저녁 7시-10시)의 주요 프로그램을 중심으로 과제를 선정하고 있으며, 필요할 경우 어린이 시간대도 분석에 포함시키고 있다. 분석 기준은 회원 간의 합의로 과제마다 별도로 정하고 있다.

(3) 민주언론시민연합(민언연)

민주언론시민연합(이하 민언연)은 보도 프로그램에 역점을 두고 활동해왔으나, 최근 보도의 편파성 등이 현저하게 줄어들어 모니터 프로그램을 청소년 대상 등으로 다양화하고 있다. 민언연의 정기 모니터는 월1회 3사 메인 뉴스에 대해 실시하고 있으며, 한 달에 한 번 '이달의 최고/최악' 프로그램을 선정하는 기획도 마련하고 있다. 이와는 별도로 1998년 가을부터는 장르, 계층별로 프로그램을 선정해 모니터하는 기획 모니터도 실행하고 있다.

이 외에도 미디어 관련 내용을 전반적으로 모니터하는 YWCA, 방송의 여성상을 모니터하는 한국여성단체협의회, 보도 프로그램에 역점을 두고 정기 모니터하는 민주언론운동협의회, 어린이와 청소년 프로그램 및 입시 보도를 중심으로 모니터하는 참교육학부모회, 방송의 선정성, 음란성 프로그램을 중심으로 모니터 하는 기독교윤리실천운동 등 다양한 시민 단체의 시청자 운동이 전개되고 있다.

시민 단체의 모니터는 유관 단체의 심의가 간과할 수 있는 편성 등을 고려한 종합적인 분석이 가능하며, 기계적인 공정성이 놓치기 쉬운 주관적인 가치가 개입된 질적인 내용을 모니터함으로써 시청자의 입장을 좀 더 옹호할 수 있다는 점에서 차별화되어 있다고 평가된다.

[그림 10-4] 민주언론시민연합

출처: 민주언론시민연합 홈페이지(http://www.ccdm.or.kr).

3. 시청자 운동의 미래

1) 시청자 운동의 문제점

우리나라에서 시청자 운동의 모습은 크게 미디어 감시 및 비평 운동, 미디어 교육운동, 미디어 제작 운동, 미디어 정책 및 법률 운동으로 정리해볼 수 있다. 그러나 시청자 운동의 역사가 짧고, 운동 대상이 되는 미디어의 환경이 급변하는 만큼 시청자 운동의 여러 가지 문제점들이 노출되고 있다.

첫째, 미디어 감시 및 비평 운동이라는 측면에서 보면 모니터링 운동이 주요한 내용이 되는데, 이 부분의 운동은 시청자 운동을 확산시키고 이에 대한 인식을 일깨우는 데 결정적인 공헌을 해왔다. 그러나 활동을 하는 주체들이 주로 20~30대의 중산층 여성에만 국한되어왔으며 이에 따라 모니터 내용 및 주제 역시 한정적일 수밖에 없었다는 한계가 있다. 또한 지속적이고 전문적인 모니터 회원 확보가 어려우며 이에 따라 모니터 내용의 전문성 및 깊이가 부족한 문제점이 있다. 한편 모조직도는 중앙 조직 및 다른 운동 단체들과의 연계가 부족하며 이러한 연계 부족으로 말미암아 보다 광범위한 활동 및 새로운 미디어 운동 기획에 어려움이 있다는 점 역시 문제점으로 지적할 수 있다.

둘째, 미디어 교육 운동의 측면에서 보면 시청자들의 주권 의식을 일깨우고 시청자 운동이 뿌리내릴 수 있는 의식 있는 수용자층 저변을 확대하는 데 크게 기여했다. 하지만 이 운동의 경우 자발적인 의지를 갖고 찾아오는 사람들을 대상으로 교육이 이루어짐으로써 교육 대상층이 한정적이며 대중적인 확산이 어렵다는 한계가 있다. 또한 빠르게 변화하는 미디어 환경 및 내용을 충분히 교육할 수 있는 교육 내용 및 전문적인 강사가 부족하다. 이와 함께 교육 프로그램에 대한 지원이 부족하고 이로 인해 지속적인 교육이 이뤄지지 못하는 점 역시 문제점으로 들 수 있다.

셋째, 미디어 제작 운동의 측면에서 보면 시청자의 입장에서 새로운 대안적 미디어 내용을 제작함으로써 기존의 방송 체제의 시청자 소외를 지적하고, 방송을 공론장으로 만드는 계기를 제공했다는 데 의의가 있다. 그렇지만 제작 시설 및 이를 지도할 인력의 부족으로 이러한 운동이 활발하게 이루어질 수 없는 한계가 있다. 또한 이렇게 새로운 시각과 방식으로 제작된 프로그램이 다른 시청자들에게도 전달될 수 있는 송출 통로가 확보되지 못해 프로그램 제작의 의미가 퇴색되는 문제점이 있다.

넷째, 미디어 관련 정책 및 법률 운동의 측면의 경우 언론 노조 등과의 연계를 통해 상당히 많은 활동을 보여주고 있는 분야이다. 그러나 이 분야의 운동들이 그때 그때의 이슈나 현실적인 문제들을 중심으로 이루어져 조직적이고 지속적인 활동이 되지 못했다는 한계가 있으며 이에 따라 연구나 역량이 축적되지 못한 점 역시 문제점으로 지적될 수 있다.

2) 시청자 운동의 나아갈 방향

앞서 지적한 이런 문제점들은 현재 우리의 시청자 운동이 시작 단계인 만큼 충분히 해결할 수 있는 여지가 있는데 앞으로 시청자 운동이 나아갈 방향을 정리하면 다음과 같이 제시할 수 있다.

첫째, 미디어 감시 및 비평 운동의 경우 한정된 운동 주체를 보다 다변화해야 하며, 회원들이 지속적으로 그리고 전문적으로 활동할 수 있는 프로그램 및 여건을 조성해야 한다. 또한 다른 단체 및 조직과 연계할 수 있는 연계 통로를 구상하고 확보하려는 노력 역시 필요하겠다.

둘째, 미디어 교육 운동의 경우 현재 원하는 사람에 대해서만 실시하는 한정된 교육 방식에서 벗어나 직접 학교, 공공 단체 등에 찾아가 교육을 실시하는 적극적인 운동 방식으로 나가야 한다. 그리고 각 교육 기관 및 대상에 맞는 전문적인 교육 강사를 확보하고 이들을 통해 교육 프로그램을 개발하도록 함으로써 그 효과를 높이도록 해야 한다.

셋째, 미디어 제작 운동의 경우 관심 있는 사람들은 누구나 활용할 수 있는 제작 시설 및 설비를 확보하고 이들을 도와줄 수 있는 인력들이 확보되어야 한다. 또한 이렇게 제작된 프로그램이 실제로 방송되어 다른 시청자들에게도 알려질 수 있는 송출 통로가 확보되어야 한다.

넷째, 미디어 정책 및 법률 운동의 경우 일단 제도 및 정책에 대한 꾸준한 연구와 분석이 이뤄져야 하며, 또한 단순히 일시적이고 즉흥적인 이슈에 따라 공청회 개최 등과 같은 소극적인 운동을 하는 데서 벗어나 재판 운동, 입법 운동 등 적극적인 운동으로 운동 영역을 확장해야 할 필요가 있다.

다섯째, 디지털 미디어 시대에 맞추어 유튜브, 인터넷 TV 등 인터넷 매체와 트위터, 페이스북 등 소셜 미디어 등을 적극적으로 활용해 시청자의 권리를 찾는 운동을 전개시켜야 한다. 실제로 유명 인사들이 자신들의 트위터나 페이스북에 쓴 방송평, 보도 비평 등은 급속히 번져나가면서 큰 반향을 불러일으키고 여론을 주도하는 경우가 많다. 시청자들의 주권을 찾기 위한 운동을 효율적으로 진행하기 위해서는 디지털 미디어를 적극적으로 활용해야 한다.

여섯째, 사안에 따라, 단체들 간의 연대 활동이 필요하다. 앞으로는 더욱 많은 수의 프로그램이 폭발적으로 증가하게 됨으로써, 시청자 스스로의 비판적인 수용과 시민 단체의 모니터에 심의의 많은 부분을 의존하지 않을 수 없게 된다. 막강한 영향력을 발휘하고 있는 선진국의 시민 단체들도 하나의 운동 목표를 위해서는 연대 활동을 하고 있음을 살펴보았다. 따라서 영향력이 있는 시민 단체와 자생력이 부족한 시민 단체와의 프로그램 교환이나 연합 활동을 통해 전반적인 시민 단체의 영향력을 키워나가는 것이 필요할 것이고, 다양한 분야에서의 시청자 운동의 전개가 필요할 것으로 보인다.

더 생각해볼 문제

1. 다채널 다미디어 시대에 시청자 운동의 필요성과 시청자 운동의 방향은 어떻게 정립해야 하는지 논의해보자.
2. 시청자 운동으로서 미디어 교육의 중요성, 미디어 교육의 구체적인 내용, 방식 등에 대해 생각해보자.
3. 소셜 미디어를 활용한 시청자 운동의 방법, 사례에 대한 자료를 모으고, 자료 분석을 통해 시청자 운동의 목표를 달성하기 위한 효율적인 소셜 미디어 활용 방안에 대해 논의해보자.

참고문헌

국내 문헌

강남준(2006). 「미국방송협회(NAB) 자율심의 제도의 변천과정」. 『방송통신연구』. pp.179-207.

강대인 · 김우룡 · 홍기선 외(1983).『방송제작론』. 나남.

강에스더(2004). 「미디어 내가 주인입니다: 매비우스 미디어교육 사례」. 한국미디어교육학회. 문화방송 · 한국언론재단 주최 제8회 미디어교육 전국대회 자료집. 2004년 12월 11일.

강익희(2003). 「국내 지상파 방송사 인적자원관리의 현황과 전망」. 『한국방송영상산업진흥원 보고서』.

강준만(1989). 「시청자운동 측면에서의 방송비평의 기능」. 『방송담당기자 세미나 종합보고서』. 방송위원회. pp.29-60.

강형철(2000). 「방송규제」. 홍기선 외. 『현대방송의 이해』. 나남. pp.93-142.

곽동균 · 박민성 · 이주영(2013). 「미래전략연구: 주요국 사례분석을 중심으로」. 정보통신정책연구원 보고서.

권만우(2000), 「방송기술의 현재와 미래」. 홍기선 외. 『현대방송의 이해』. 나남. pp.41-92.

권지연(2008). 「미디어비평－KBS 드라마 '너는 내 운명'」. 『여성신문』 999호(2009.9.26).

김경호(2014). 「김경호의 미디어비평: JTBC의 '비정상회담', 심야토크쇼 새판을 열었다」. 김경호 블로그(2014.08.06.16:10), http://blog.daum.net/alps1959/.

김교석(2015). 「이들의 이름은 외국인 노동자가 아니라 '아빠'입니다」. 『엔터미디어』 2015년 12월 18일자 온라인 기사.

김규(1993). 『방송매체론』. 법문사.

_______(1998). 『방송 미디어』. 나남.

김기태(1983). 「우리나라 시청자 운동의 현황과 성격에 관한 연구」. 『방송연구』 여름호. pp.99-100.

_______(2004). 『시청자 주권과 시청자 운동: 한국 언론 수용자 운동론』. 한나래.

김대호(2007). 「미디어 산업에 대한 규제 체계의 패러다임 변화」. 『사이버커뮤니케이션학보』

24호. pp.195-223.
김대호 외(1998). 『콘텐츠 산업의 현황과 정책 과제』. 정보통신정책연구원.
김동규(1992). 「방송상품 생산에 관한 조직경제론적 접근: 조직의 이원성과 생산 메커니즘 간의 관계를 중심으로」. 『한국언론학보』 28호. pp.69-103.
김영임 · 김우룡(1997). 『방송학개론』. 한국방송대학교출판부.
김영임 · 이창현(2005). 『방송학개론』. 한국방송대학교출판부.
김영주(2009). 「방송산업의 구조 변화와 규제 쟁점」. 『경제규제와 법』 제2권 제1호. pp.83-108.
김우룡 · 정인숙(1999). 『방송경영론』. 한국방송대학교출판부.
김학천(2000). 「제1주제: 통합방송법, 당초의 쟁점과 한계」. 한국방송학회 세미나 및 보고서, pp.1-8.
김훈순(1999). 「텔레비전 비평에 대한 메타 비평」. 『프로그램/텍스트』 창간호. pp.15-40.
남인용 외(2006). 『방송광고 판매 활성화를 위한 거래 방식 비교 연구』. 한국방송광고공사.
닐슨코리아(2014). 『2013년 3분기 Cross Platform Report』.
미래창조과학부(2015). 『국가별 정보통신방송 현황 2015』.
박동숙(1994). 「TV를 이해하는 또 다른 시각」. 『방송연구』 통권 39호, 겨울호. pp.210-230.
박명진 · 손병우(1994). 「외국 시청자운동의 발달과정 및 현황」. 『언론과 수용자』. 한국언론연구원.
박영상(1998). 「되짚어보는 언론 윤리 규범: 덕성스러운 언론을 기대하며」. 『방송과 시청자』 8월호.
박은희(2000). 「제3주제: 새 방송법과 시청자주권」. 한국방송학회 세미나 및 보고서. pp.31-43.
박인규(2009). 「미국 텔레비전 산업의 지형변화에 따른 지상파 네트워크의 변화」. 『현상과 인식』 제33권 1 · 2호 (통권 107호). pp.254-275.
박정래(1998). 「다채널 시대, 시청률에 대한 새로운 분석틀 요구돼」. 『방송개발』 제11호. pp.147-154.
박정선(2014). 「〈비밀의 문〉은 어떻게 역사 왜곡 논란을 넘을까」. 『OSEN』 2014년 9월 23일자 온라인 기사.
박주연(2008). 「모바일 2.0 모바일 콘텐츠의 공급과 소비」. 『한국언론재단』. 연구서 2008-07.
박홍수(2001). 『디지털 미디어의 이해』. 나남.
방석호(2003). 「디지털 컨버전스에 따른 내용규제의 논리 연구」. 『사이버커뮤니케이션학보』 12권. pp.73-97.
방송개발원(1997). 『방송규제기구의 위상과 기능에 관한 비교연구』.
방송문화진흥회(1990). 『방송대사전』. 나남.
방송용어 대사전 편집위원회(2006). 『최신 방송용어 대사전』.

방송위원회(2007). 『공영방송 정체성 확립 방안 연구』.
방송통신심의위원회(2018). 『2017년 방송심의 사례집』.
방송통신위원회(2008). 『PP 등록제 효과분석 및 개선 방안 연구』.
_______(2010). 『스마트 TV 보고서』.
_______(2013). 『2013년 방송산업 실태조사 보고서』.
_______(2017). 「2016년 이후 지상파 텔레비전 방송 재허가 심사기준」. 『2016년도 지상파방송 사업자 허가백서』.
_______(2017). 『2016 방송산업 실태조사 보고서』.
_______(2018). 『2017년 방송산업 실태조사 보고서』.
방정배(2003). 『현대 미스미디어 원론』. 나남.
배기형(2016). MCN. 커뮤니케이션북스
백운춘 · 이광직(1997). 『방송용어대사전』.
백혜영(2008). 「방송따져보기―화려한 치장, 밋밋한 토론」. 『PD저널』(2008.7.15).
서병기(2009). 「서병기의 대중문화 비평―'다큐 3일'의 일상 공간 보듬기」. 『헤럴드경제』(2009.2.5).
양동복(2010). 「지상파라디오방송 소유규제와 다양성」. 『방송통신연구』 가을호. pp.70-102.
양동철(2007). 「우리나라 인터넷 내용규제 실태에 대한 소고」. 『법학논총』 17. pp.45-92.
오용수 · 정희영(2006). 「방송 · 통신 융합에 따른 규제체계 전환의 정책 방향」. 『방송연구』 여름호. pp.137-169.
원용진(2000). 『텔레비전 비평론』. 한울.
유세경(1994). 「다채널 · 다미디어 시대 방송의 공익성 개념 재정립을 위한 이론적 고찰」. 『방송연구』 여름호. pp.246-263.
유세경(1999). 「방송심의체계연구」. 정보통신부 연구보고서.
윤석민 · 박아현(2008). 「방송통신 융합시대 방송의 공익성과 내용규제 정책」. 『방송연구』 여름호. pp.209-232.
윤재식(2009). 「디지털 지상파 TV의 제작 및 유통 시스템 개선 방안」. 한국언론학회 발제문.
윤정주(2008). 「미디어비평―가족 드라마 '엄마' 고정관념 바꾸자」. 『여성신문』 997호(2009.9.12).
윤호진(2008). 「방송비평―국정감사 보도: 같은 요리 내놓은 방송3사 3년 전보다 못해」. 『신문과 방송』 11호(2008.11).
이권영(2003). 「방송사의 구조 형태」. 한진만 · 박천일 외(2003). 『방송론』. pp.156-170.
이동후(1998). 「편성전략을 위한 시청률 자료 활용 방안」. 『방송개발』 제11호. pp.121-132.
이상우(2006). 「통신 · 방송 융합시대의 수평적 규제체계: 유럽연합과 OECD의 전송과 콘텐츠 분리규제 분석」.『KISDI 이슈리포트』. p.10.
이윤진(2002).「한국 텔레비전 문화의 형성 과정: 구술매체와 구술문화의 근대적 결합」. 고려대학교 신문방송학과 박사학위 논문.
이은미(2001).『인터넷과 텔레비전』. 한울.
이은미 · 신동희(2004).「방송통신 융합시대의 공익과 경쟁: 영국과 프랑스의 사례를 중심으로」.『정보통신정책연구원』 2004-3.
이재현(2005).「한국에서 일본 드라마를 보고 즐긴다는 것: 〈쇼무니〉에서의 판타지와 이질감」.『프로그램/텍스트』 12호. pp.127-143.
이창현(2001).「시청자 주권 확보를 위한 방송 정책에 대한 평가」.『주관성 연구』 6. pp.34-55.
장용호(1989).「한국 TV산업의 구조와 행위 및 성과에 관한 연구」. 서강대 언론연구소. pp.19-20.
전용수 · 김위생 · 정승언(1995).『현대경영학: 원리와 응용』. 법문사.
정덕현(2016).「음악 경연 이젠 지겹다는데… 왜 자꾸 쏟아져 나올까」.『엔터미디어』 2016년 4월 27일자 온라인 기사.
정상근(2016).「초접전 선거, 언론은 심판이 아니라 선수로 뛰었다」.『미디어 오늘』 2016년 4월 13일자 온라인 기사.
정윤경(2002).『다채널 시대의 영상물 유통』. 한국방송영상산업진흥원.
정윤식(2005).「방송통신 융합을 위한 미래 제언」.『방송통신 융합의 과거와 미래』, 한국방송영상산업진흥회 세미나 자료집.
정인숙(2006).『방송산업과 정책의 이해』. 커뮤니케이션북스.
정회경 · 김지운(1999).『미디어 경제학의 이해』. 나남.
조민준(2008).「방송따져보기—'아내의 유혹'과 드라마 비평의 난제」.『PD저널』(2008.12.25).
조성호(1998).「시청률 자료의 의미와 한계」.『방송개발』 제11호. pp.101-111.
_______(2000).「텔레비전 방송사의 편성 전략 분석: 개편시 변경된 프로그램을 중심으로 1990-1999」.『한국방송학보』 14-1.
조소영(2009).「독립규제위원회의 전문성 제고를 위한 시스템에 관한 연구」.『공법학연구』 제10권 제1호. pp.475-500.
조용상(2011.12.26.). '스마트 미티어가 보여주는 IT 서비스의 미래, KT 경제경영연구소.
조은기(2002).「TV프로그램 시장의 저작권 거래에 관한 연구: 거래 모델과 미국의 Fyn-sinrule을 중심으로」.『방송과 커뮤니케이션』. pp.5-32.
주연자(1998).「공영방송과 시청률」.『방송개발』 제11호. pp.112-120.
주정민(2007a).「방송통신 융합과 해외의 콘텐츠 심의체계 변화」.『Media+Future』 2007년 11월호. 미디어미래연구소.

______(2007b).「디지털 융합시대 콘텐츠 내용규제 제도에 대한 비교 연구」.『Digital Media Trend』 19호. pp.5-16.
차배근(1981).『매스커뮤니케이션 효과이론』. 나남.
최병선(1994).『정부규제론』. 법문사.
최세경(2007).「영상물 유통시장의 변화와 신디케이션의 가능성」.『KBI포커스』 07-07.
최양수(1993).「방송 다채널 시대의 시청자 복지문제」.『92 방송 편성 정책연구위원회 종합보고서』. 방송위원회.
최영묵(1997, 2000).『방송 공익성에 관한 연구』. 커뮤니케이션북스.
최영재(2000).「방송조직」. 홍기선 외.『현대방송의 이해』. 나남. pp.271-301.
최정일(2008).「일반경쟁 규제기관과 산업별 전문 규제기관의 역할배분에 관한 소고: 방송통신위원회의 바람직한 역할을 중심으로」.『Digital Mega Trend』 08-07호, 통권 27호. pp.5-22.
최창섭(1986).『방송비평론』. 나남.
한국방송개발원(1997).『방송프로그램의 국제 경쟁력 제고 방안 연구』.
______(1998).「방송프로듀서 전문성 제고를 위한 교육시스템 개발 연구」.『98방송연구 조사』. pp.66-67.
한국방송학회(2000).「방송사의 사업다각화에 대한 평가와 전망」, 세미나 자료.
한국언론진흥재단(2004).『사람들: AOL 뉴스디렉터 게리케멜』.
한국전자통신연구원(ETRI) (2012).『훤히보이는 스마트 TV』. 전자신문사.
한균태 · 김재범 역(1999).『미디어 경영』. 나남.
한진만(1995).『한국 텔레비전 방송연구』. 나남.
한진만 · 박천일(2000).『방송론』. 커뮤니케이션북스.
한진만 · 정상윤 · 이진로 · 정회경 · 황성연 · 이정택(2008).『방송학개론』. 커뮤니케이션북스.
홍기선 외(2000).『현대방송의 이해』. 나남.
황상재 · 김형일(2002).「한국 지상파방송사의 사업다각화 전략과 성과에 관한 연구」,『한국 방송학보』 2003년 봄.

외국 문헌

Banfield, F. C.(1995). "Note on Conceptual Scheme." In F. Banfield and M. Meyerson(eds). *Politics, Planning and the Public Interest*. New York: Free Press. pp.326-334.
Barry, B.(1964). "The Public Interest." *Proceedings of the Aristotelian Society*, Vol.38. pp.1-18.

Beardsley, M. C.(1981). *Aesthetics: Problems in the Philosophy of Criticism*. Harcourt, Brace & World, Inc.

Bogart, Leo(1956). *The Age of Television*. New York: Frederick Ungar Publishing Co.

Campbell, A.(1999). "Self-regulation and the Media." *Federal Communication Law Journal* 51. pp.711-772.

Caves, R.(2000). *Creative Industries: Contracts between Art and Commerce*. Cambridge, MA: Harvard University Press.

Chalaby, K. J. & Segell. G.(1999). "The Broadcasting Media in the Age of Risk." *New Media & Society*, 1(3). pp.351-368.

Chan-Olmsted, S.(1991). "The market dynamics of the U. S. television syndication industry: An examination its regulatory environment and market competition, 1980-1990." Unpublished doctoral dissertation, Michigan State Univ.

Downs, Anthony(1962). "The Public Interest: Its Meaning in a Democracy." *Social Research*, Vol.29.

Eastman, S. T.(1993). *Broadcast/Cable Programming: Strategies and Practices*. 4th Edition. Belmont: Wadsworth. 전환성 역(1993). 『TV · 케이블 편성론(上)』. 나남.

______(1993). *Broadcast/Cable Programming: Strategies and Practices*. 4th Edition. Belmont: Wadsworth. 전환성 역(1993). 『TV · 케이블 편성론(下)』. 나남.

Fiske, J.(1987). *Television Culture*. London and New York: Routledge.

Flathman, R. E.(1966). *The Public Interest: An Essay Concerning the Normative Discourse of Politics*. New York: Wiley.

Francis, J. G.(1993). *The Politics of Regulation: A Comparative Perspective*. MA: Blackwell Publishers.

Griffith, Ernest S.(1962). "The Ethical Foundations of the Public Interest." In Friedrich, Carl(ed.). *Nomos V: The Public Interest*. New York: Atherton Press.

Head, Sydney W. & Eastman, S. T.(1994). *Broadcasting in America: A Survey of Electronic Media*. 7th Edition. Boston, MA: Houghton.

Head, Sydney W. & Sterling, Christopher H.(1987). *Broadcasting in America*. Boston: Houghton Mifflin Company.

Howard, H. H. & Kievman, M. S.(1986). *Radio and TV Programming*. Iowa: Iowa State University Press.

Krattenmaker, T. & Power, Jr. A.(1994). *Regulating Broadcast Programming*. The MIT Press.

Mankiw, Gregory(2005). *Principles of Economics*. 김경환 · 김종석 역(2006). 『맨큐의 경제학』. 교보문고.

McCauley, M. P.(2002). "The Contested Meaning of Public Service in American Television." *The Communication Review* 5, pp.207-237.

McLuhan, M.(1964). *Understanding Media: The Extension of Man*. New York: McGraw-Hill.

_______(1994). *Understanding Media*. The MIT Press.

McQuail, D.(1969). "Uncertainty about the Audience and the Organization of Mass Communication." In A. Halmos(ed). *The Sociology of Mass Communications*.

_______(1992). *Media Performance*. Sage Publications.

McQuail, D., et al.(2003). *Auditing Public Broadcasting*. 강형철 역(2006). 『디지털 시대 공영방송의 책무수행 평가』. 한울.

Newcomb, H. & Hirsch, P.(1983). "Television as cultural forum: Implications for research." *Quarterly Review of Film Studies*, Summer. pp.44-55.

Newcomb, H.(1986). "American Television Criticism, 1970~1985." *Critical Studies in Mass Communication*, Vol.2: 1. pp.217-228.

Orlick, P.(1994). *Electronic Media Criticism*. Focal Press.

Owen, B. M. & Wildman, S.(1996). *Video Economics*. Cambridge, MA: Harvard University Press.

Owen, M., Beebe, H. & Manning G.(1979). *Television Economics*. 최양수 역(1996). 『텔레비전 경제학』. 나남.

Rhea, J.(1970). "An Investigation of Relationship among Spoutied Variables in the Management of Television Stations." Unpublished Doctoral Dissertation. Athens: Ohio University.

Rose, B. G.(1985). *TV Genre: A Handbook and Reference Guide*. Westport, Con.: Greenwood Press.

SNTA (2007). *Syndication: Television That Engages*. NY: Syndicated Network Television Association.

Severine, W. J. & Tankard, J. W., Jr.(1997). *Communication Theories: Origins, Methods, and Uses in the Mass Media*. 4th Edition. White Plains, NY: Longman Publishing.

Sorauf, F.(1960). *The Public Interest*. Glencoe, Ⅲ : The Free Press. pp.223-224.

Sydney, W. Head(1985). *Broadcasting in America: Television and Radio*. Boston, MA: Houghton.

Syvertsen, T.(1999). "The Many Uses of the Public Service Concept." *Nordicom Review*(1), pp.5-12.

Vande Berg, L. & Wenner, L.(1991). *Television Criticism: Approaches and Application*. Longman.

Wright, J. C., Huston, A. C., Murphy, K. C. & St. Peters.(2001). The relations of early television viewing to school readiness and vocabulary of children from low income families: The early window project. Child development, 72(5), pp.1347-1366.

웹사이트

닐슨코리아(www.nielsen.com)
링서스(www.linxus.co.kr)
문화체육관광부(www.mcst.go.kr)
민주언론시민연합(www.ccdm.or.kr)
방송통신심의위원회(www.kocsc.or.kr)
방송통신위원회(www.kcc.go.kr)
세계일보(www.segye.com)
스포츠동아일보(sports.donga.com)
씨네 21(www.cine21.com)
위키피디아(www.wikipedia.org)
채널A(www.ichannela.com)
캐나다 라디오텔레비전통신위원회(www.crtc.go.ca)
한국방송광고공사(www.kobaco.co.kr)
한국언론재단(www.kpf.or.kr)
한국여성민우회 미디어운동본부(fairmedia.womenlink.or.kr)
한국청소년연맹 좋은 미디어 만들기(www.tveye.or.kr)
한국프로듀서연합회(www.pdjournal.com)
JTBC(www.jtbc.joins.com)
MBC(www.imbc.com)
KBS(www.kbs.co.kr)
SBS(www.sbs.co.kr)
TNS 미디어 코리아(www.tnms.tv)
XTM(www.xtmtv.com)
YWCA 시청자시민운동본부(www.watch.or.kr)

찾아보기

[ㅈ]

방송학 원론 (제4개정판)

펴낸날 1판 1쇄 2006년 2월 25일
2판 1쇄 2011년 2월 28일
3판 1쇄 2015년 2월 10일
4판 1쇄 2019년 2월 25일
지은이 유세경
펴낸이 김헌민
펴낸곳 이화여자대학교출판문화원
주소 서울특별시 서대문구 이화여대길 52 (우03760)
등록 1954년 7월 6일 제9-61호
전화 02) 3277-2965(편집), 362-6076(마케팅)
팩스 02) 312-4312
전자우편 press@ewha.ac.kr
홈페이지 www.ewhapress.com
책임편집 민지영
찍은곳 (주)현문자현

ISBN 979-11-5890-305-3 93300
값 24,000원

이 도서의 국립중앙도서관 출판예정도서목록(CIP)은 서지정보유통지원시스템 홈페이지(http://seoji.nl.go.kr)와 국가자료공동목록시스템(http://www.nl.go.kr/kolisnet)에서 이용하실 수 있습니다. (CIP제어번호: CIP2019004791)